中国科技之魂

中宣部主题出版重点出版物

悬壶济世 邓铁涛

中国编辑学会◎组编

陈坚雄 陈安琳 潘红虹◎编著

中国中医药出版社

北京

图书在版编目（CIP）数据

悬壶济世 ：邓铁涛 / 中国编辑学会组编 ；陈坚雄，
陈安琳，潘红虹编著. -- 北京 ：中国中医药出版社，
2024.12. --（中国科技之魂）.
ISBN 978-7-5132-9250-4

Ⅰ. K826.2

中国国家版本馆 CIP 数据核字第 20240Z3D42 号

内 容 提 要

邓铁涛是我国著名中医临床家、理论家、教育家，中医发展战略家，首届国医大师。本书采用专题写作手法，以时间为脉络，以关键事件为节点，客观真实地记录了邓铁涛不同阶段的人生轨迹和学术成就。邓铁涛毕生致力于中医学的振兴与发展。他以精湛的医术，尤其是对重症肌无力等疑难杂症的突破性治疗，彰显了中医的深邃与神奇；他在中医教育和科研上做出了卓越贡献，在政策倡导上展现了远见卓识。本书旨在传承和弘扬老一辈中医学家胸怀祖国和人民的优秀品质、敢为人先的创新精神，以期为读者带来深刻的思考和启迪。

"中国科技之魂"丛书 ZHONGGUO KEJI ZHI HUN CONGSHU
悬壶济世：邓铁涛 XUANHU JISHI DENG TIETAO

◆ 组　　编　中国编辑学会
　组　　著　陈坚雄　陈安琳　潘红虹
　责任编辑　徐　珊　王秋华
◆ 中国中医药出版社出版发行　北京经济技术开发区科创十三街 31 号院
　二区 8 号楼
　邮编　100176
　网址　http://www.cptcm.com
　北京盛通印刷股份有限公司
◆ 开本：720×960　1/16
　印张：21.25　　　　　　　　2024 年 12 月第 1 版
　字数：303 千字　　　　　　　2024 年 12 月北京第 1 次印刷

定价：99.00 元

丛书序言一

弘扬科技之魂　共筑强国之梦

　　站在新的历史起点，回望过去，在中国共产党的坚强领导下，一代代科技工作者以国家民族的前途命运为己任，投身科学救国、科研报国、科教兴国、科技强国的伟大事业。他们为国家富强前赴后继、接续奋斗，取得了无数举世瞩目的成就，实现了中国科技实力一次次的历史性跨越。这一过程中，孕育形成了内涵丰富、历久弥新的科学家精神，成为中国共产党人精神谱系的重要组成部分，长久涵养后人。

　　习近平总书记指出："科学成就离不开精神支撑。科学家精神是科技工作者在长期科学实践中积累的宝贵精神财富。"科学家的观点和思考可能只适用于某个特定的时期，但他们所代表的科学家精神却能超越个体的差异、超越时间的限制，成为一种普遍的文化遗产和精神财富，不断被传承和发扬。近代以来，那些我们所怀念的来自不同领域的伟大的中国科学家，都在自己所处的那个年代提出和倡导过某个促进科技进步、社会发展的思想、理念、观点，虽内容各异，但核心理念一脉相承——实现民族复兴的坚定信念，正如历史的洪流，滚滚向前。

　　当前，世界之变、时代之变、历史之变正加速演进，全球科技创新进入前所未有的活跃期。面对新一轮科技革命和产业变革，我们比以往任何时刻都更深切地感受到"科技兴则民族兴，科技强则国家强"的要义，实现中华民族伟大复兴之大局呼唤科学家精神，应对世界百年未有之大变局需要科学家精神。

在深入学习党的二十大报告提出的"培育创新文化，弘扬科学家精神，涵养优良学风，营造创新氛围"的号召后，中国编辑学会深感弘扬新时代科学家精神的责任重大、使命光荣。2023 年 1 月，中国编辑学会组织人民邮电出版社、人民卫生出版社、科学出版社等多家科技出版强社，共同策划了一套以中国科学家精神为主题的理想信念科普读物及精品传记力作——"中国科技之魂"丛书，旨在与当前中国科技发展的现状和挑战相结合，更好地反映科学家的精神信仰和社会价值，尤其突出科学家在时代洪流中的具体实践，形成当前新时代背景下可传承、发扬、鼓舞人心的精神力量。

"中国科技之魂"丛书共 19 分册，以习近平新时代中国特色社会主义思想和党的二十大精神为指导，以对"中国科学家精神""中国共产党人精神谱系"等"新时代、新精神、新思想"的"新解读"为定位，选取 19 位政治立场正确、党和人民高度认可、在各自领域做出杰出贡献的泰斗级中国科学家，描绘他们热爱党和人民、热爱科技事业、热爱生活的鲜活形象，详述他们可贵的精神品质、突出的科技贡献、创新的思维方式、丰富的生平故事、独特的人格魅力，大力弘扬以"爱国、创新、求实、奉献、协同、育人"为内涵的中国科学家精神，展现以伟大建党精神为源头的中国共产党人精神谱系，尤其突出新时代新思想背景下，传承中国科技之魂对赓续创新奋斗的精神血脉、凝聚民族复兴的磅礴力量的战略意义，启迪中国科技工作者自觉践行、大力弘扬精神之魂，投身科技创新，建设科技强国，让大众深刻理解科学家精神的时代价值和历史意义，激发全社会的科学兴趣和创新热情。

中国编辑学会高度重视"中国科技之魂"丛书的出版工作，集多家科技出版强社的合力精心打造，成立了审读顾问委员会，对丛书架构、目录、样章等多次进行详细指导、审校；成立了编委会，统筹安排出版工作，把握整体进度；成立了出版工作委员会，开展丛书出版过程中的组织与协调工作；

充分调动了相关部委和单位的力量，组织了强大的写作团队，各分册均由科学家、科学史资深研究者、党史党建专家、宣传思想工作专家等组成写作班子；力推融合出版，融文、图、音频、视频、动画等于一体，最大限度地提升读者的阅读体验，确保"中国科技之魂"丛书在内容上权威、专业、生动，在形式上创新、多元、互动。

　　"中国科技之魂"丛书是对中国科学家精神的汇聚，向世界展示了中国科学家的卓越智慧与崇高追求，如繁星璀璨，照亮人类文明的灿烂星河，指引后人不断奋进。出版"中国科技之魂"丛书是对时代的献礼，对历史的致敬，更是对未来的期许，让科学家精神在新时代绽放出新的光芒，这是科技出版人对时代、对历史、对未来的深切责任与庄严承诺。我们坚信，"中国科技之魂"丛书将成为传承科学家精神、弘扬科学文化、激发创新活力的重要载体。让我们携手前行，为实现中华民族伟大复兴的中国梦贡献科技出版人的智慧和力量，在新时代的征程上，共同书写中国科技事业的辉煌篇章，铸就人类文明的新辉煌！

中国编辑学会会长

"中国科技之魂"丛书编委会主任

2024 年 12 月

丛书序言二

传科技之魂　燃复兴之光

　　科技兴则民族兴，科技强则国家强。党的十八大以来，以习近平同志为核心的党中央深入推动实施创新驱动发展战略和人才强国战略，提出加快建设创新型国家的战略任务，确立 2035 年建成科技强国的奋斗目标。党的二十届三中全会提出，教育、科技、人才是中国式现代化的基础性、战略性支撑。要优化重大科技创新组织机制，加强国家战略科技力量建设，统筹强化关键核心技术攻关。在中国共产党的正确领导下，一代代科技工作者以国家民族的前途命运为己任，投身科学救国、科研报国、科教兴国、科技强国的伟大事业。他们宛如璀璨星辰，照亮了强国建设和中华民族伟大复兴之路。习近平总书记号召我们要传承老一辈科学家以身许国、心系人民的光荣传统，把论文写在祖国的大地上。

　　正是在这种背景下，中国编辑学会组织多家出版单位编写了"中国科技之魂"丛书，精心选取 19 位在工业、农业、卫生、国防、基础学科等领域做出杰出贡献的泰斗级科学家。这些科学家政治立场坚定，深受党和人民敬重，在各自领域的贡献卓著。丛书描绘了他们热爱党和人民、热爱科技事业、热爱生活的鲜活形象，详述了他们丰富的生平故事、可贵的精神品质、独特的人格魅力、创新的思维方式、突出的科技贡献。他们的一生，是对科学真理不懈追求的一生，是对国家和人民无限忠诚的一生；他们的事迹，不仅是个人的荣耀，更是时代的缩影。他们的精神启迪着广大科技工作者自觉践行和大力弘扬求疑问真、严谨求实的科学家之魂，展示了中国特色社会主义道路的科技自信和文化自信，体现了"科技为民"的初心和使命，同时也让大众深刻理解科学家精神的历史意义和时代价值。他们不仅激励着我们这一代科技工作者，更影响着未来无数的科研人员，以实现为党和国家"立心"，为科技强国"立力"，为民族复兴"立基"，为人民健康"立命"，为青少年"立志"。

科技是人类进步的阶梯，是打开未来大门的钥匙。在当前这个科技迅猛发展的时代，我们比以往任何时候都更加需要科学家精神的指引。一代人有一代人的奋斗，一个时代有一个时代的担当。"中国科技之魂"丛书的出版是对历史的致敬，对时代的献礼，更是对未来的期许，让科学家精神在新时代绽放出新的光芒。它提醒我们，无论科技如何进步，科学家的责任感和使命感永远不能减退。我们坚信，"中国科技之魂"丛书将成为传承科学家精神、弘扬科学文化、激发创新活力的重要载体，为实现中华民族伟大复兴的中国梦贡献智慧和力量。

希望广大读者能从这套丛书中感受到科学家们的伟大精神，汲取奋进力量，积极投身科技创新与民族复兴的伟大事业。今有感书将付梓，谨呈敬意，是为序。

张伯礼

中国工程院院士、国医大师

中国中医科学院名誉院长

天津中医药大学名誉校长

"中国科技之魂"丛书编委会主任

2024 年冬于天津静海团泊湖畔

前　言

　　邓铁涛（1916.11.6—2019.1.10），原名邓锡才，广东开平人。中共党员。著名中医临床家、理论家、教育家，中医发展战略家，是第一批国家级非物质文化遗产中医诊法代表性传承人、首届国医大师。曾担任广州中医学院副院长，是广州中医药大学终身教授、邓铁涛研究所创始人、国家重点基础研究发展计划（973 计划）首席科学家、首批享受国务院政府特殊津贴专家。邓铁涛是新中国中医药事业振兴发展的号手、建设者和见证者。他毕生以振兴中医学为己任，以弘扬中医药文化为使命，为中医药事业存续发展忠诚担当、攻坚克难，为中医药学术守正创新建言献策、不懈奋斗。他的精神——"铁涛精神"，是新时代中医药领域科学家精神的杰出代表。

　　中医药学是中华文明的瑰宝，是全人类的宝贵文化遗产。然而，有着辉煌和悠久历史的中医药学在近代却屡遭迫害，几经劫难。邓铁涛为中医而生，少年立志，以梦为马，他将个人的命运始终与国家和民族的命运联系在一起、与中医药事业的兴衰联系在一起，坚决与民族虚无主义作斗争，为赓续中华医脉奋勇当先、矢志不渝。在祖国医学的历史与未来的交汇点，邓铁涛发出了"新中国需要新中医"的呐喊。

　　科学无国界，但科学家有祖国。在民族积弱、祖国罹难中成长起来的邓铁涛，锻造了赤子丹心，成长为红色中医、坚定的马克思主义信仰者，他真挚地胸怀世界拥抱和平，深切地热爱祖国和人民，把中医药事业振兴发展作为奋斗终身的中医梦，"为人人享有医疗保障而努力"。

在长达八十年的从医生涯中，邓铁涛秉持仁心仁术，践行为人民服务的初心。他扶危救难，济世活人，不畏艰难攻关重大疑难疾病、耄耋之年请战"非典"、因地制宜学术扶贫，书写了新时代的"大医精诚"。在推动祖国医学的学术发展上，邓铁涛是一位坚定的历史唯物主义、辩证唯物主义者，他坚持历史思维，融古贯今、以史为鉴，守正创新，为丰富和完善中医学理论体系立言传薪。他为中医药教育和人才培养切脉问诊，针对中医药后继乏人乏术症结"辨证论治"，创新中医药师承制度，推动中医药教育教学改革，为赓续中医绝学培根铸魂，影响深远。

邓铁涛具有坚定的文化自信，是中医药文化交流和传播的引领者。他心系中国中医药事业发展，每每在中医药事业发展的关键节点建言献策，铁肩卫道。他坚信"21世纪是中华文化的世纪，是中医腾飞的世纪"，预言未来医学之路是中西医学全面而平等的合作，共同创造未来的医学，提出中西文化应当"双向接轨"，为推动中医药走向国际舞台作出了示范和引领。

"铁涛精神"是中医人的宝贵精神财富，也是中国科学家精神的重要组成部分。本书由邓铁涛的学术传承人、家人和再传弟子共同撰写，旨在记录邓铁涛为中医药事业矢志奋斗的壮丽人生，以期为后世传承和弘扬老一辈中医学家胸怀祖国、心系人民的崇高品德，以及敢为人先、开拓进取的创新精神提供标杆。

谨以此书致敬为中医学发展殚精竭虑、为中医薪火相传不懈努力、为中医药事业腾飞拼搏一生的"铁杆中医"邓铁涛，让我们在笔墨间重温这位百岁国医的中医梦，也借此书传递我们美好的祝愿，愿岐黄薪火传承，杏林长春，中医国粹生生不息。

《悬壶济世：邓铁涛》编著者

2024年11月

我们是为中医而生的人，所以一生为她奋斗。要把中医的发展，看得比自己的生命还重要。很高兴能见证中医事业的腾飞，我看到了中医药的春天，中医中药将为人民的健康发挥越来越重要的作用。

邓铁涛
1916—2019

目　录

序幕

祖国医学的历史与未来

中医学术发展的道路中央已指出来了，彷徨几十年
的中医可说已走在大路上，就看现代中医、西学中
和有志于研究中医的其他科学家们的努力了。
中医学的前途有如万里云天，远大光明，我们的责
任，任重而道远。

——邓铁涛《万里云天万里路》

2012 年 11 月 12 日，传承推广国医大师邓铁涛学术经验的国家级继续教育研修班在广州开班。96 岁高龄的邓铁涛笑称自己是"90 后"，坚持要到现场亲自授课。

授课的题目是他牵肠挂肚、日思夜想的"中医之路"。为何选择这个题目？邓铁涛说，弟子们讲授以务实的题目为主，务虚对中医发展也很重要，务虚的题目由他亲自讲。因为过去中医无路可走，所以拼命找出路，现如今我们不但有路可走，而且有多种选择或多次选择机会，但是道路决定命运，中医学选择什么发展道路，事关中医学的未来、祖国医学的未来，事关全国甚至全世界人民的卫生保健，所以作为过来人，他还是希望讲讲中医之路，希望中医药借助"高速路"早日实现腾飞。虽然讲授的是自己数十年如一日的思考与研究，但邓铁涛还是认真地提前写好了讲课提纲。要面对的是来自全国，甚至海外专程前来的青年中医，邓铁涛激动的心情溢于言表，他说，因为他们就是中医的未来，中医的路就在他们脚下。

当天一早，广州中医药大学第一附属医院的大会议室已座无虚席。当国家中医药管理局蒋健司长陪同邓铁涛步入会场时，雷鸣般掌声长久不息。邓铁涛挥动手掌，微笑着和大家致意。

2012 年 11 月 12 日，邓铁涛亲临继续教育培训班授课"中医之路"

邓铁涛说，要讲前途道路首先要回顾过去，历史是一面镜子，历史不能割断，了解历史才能更好地展望未来。祖国医学的历史，是辉煌灿烂的历史，是中华民族数千年伟大实践所创造的璀璨文明的重要组成部分，为我们遗留下一个伟大宝库。其中，包括"上医医国"的优秀文化传统。但近代，否定传统文化、否定中医药学的浪潮，对我们的中医药文化自信心造成了巨大的冲击，对祖国医学的传承发展产生了深远的影响。

新中国成立前，我们中医怎么评价自己呢？一句话就叫作"一代完人"，不是完整的完，是完蛋的完。因为民国元年北洋军阀教育系统漏列中医，决意废去中医，不用中药。1929年2月，南京政府中央卫生会议通过了余云岫的《废止旧医以扫除医事卫生之障碍案》，也要取缔中医。中医不能办教育，学历不被认可，历经了种种磨难，无路可走。又因为鸦片战争以后，我们积贫积弱，民族虚无主义影响各行各业。比如中医药提出要科学化。为什么要科学化？科学化意味着你不科学，先入为主将中医学排除在科学之外了。连伟大文学家鲁迅先生也对中医学有所批评。……新中国成立后，中医也曾走了一段歧路弯道。后来党和政府指导我们这些老头开班传道授业，引领中医走上传承发展之路，我称之为给中医学架设了一条高速公路，高速发展之道路。

邓铁涛说，一百年来中医跟国家同呼吸、共命运，经历的坎坷在21世纪不会重演了，这是值得高兴的事。我们送走了沉重的过去，大踏步走向新世纪，中华民族扬眉吐气的时候到了。当下，可以说中医已经走上高速路，中医学的前途有如万里云天，就看大家共同的努力了。

中医学是什么？

中医学是中华文化之瑰宝，是以人为本，有五千多岁了仍不断在发展，又依然年轻的健康医学。《黄帝内经》"上工治未病"讲的就是健康医学。

中医学是文化，所以学中医既要专业学得精深，又必须有广博的知识，还要放眼世界。我认为马克思的历史唯物主义和辩证唯物主义很重要，挖掘宝库要结合马克思的学说和中华文化中关于人的一切优秀的传统思想。仁的思想就是我们中华民族优秀文化传统，加上马克思的辩证法，这就是"仁心仁术"。

如何研究整理祖国医学遗产，如何对中医药学伟大宝库努力挖掘加以提高？这是以邓铁涛为代表的新中国新中医人面对的首要研究课题。在邓铁涛看来，打开中医药伟大宝库需要同时配备两把钥匙，一把是新科学技术革命成果，另一把是中华优秀传统文化。"古之善为医者，上医医国，中医医人，下医医病。"（唐代孙思邈《备急千金要方》）可以说，家国情怀、人文精神是我国古代就形成的对好医生的素质要求。今天的医生又怎能只满足于掌握诊疗技术呢？仁心仁术是中医学之灵魂，是祖国医学的优秀传统，更是未来医学的最高精神境界。

"仁心仁术乃医之灵魂"——是邓铁涛座右铭上的一句格言，这句格言既是他自己毕生思想与实践的写照，也是他倡导的医学教育与中医传承之根本。要理解邓铁涛这句格言，得体会他对祖国医学的人文观照。邓铁涛认为中医学的基本属性是文化，是"以人为本"的理论体系，"人"的存在是中医开展诊疗活动的先决条件。

"仁心仁术"为什么那么重要？邓铁涛解释说，患者是我们中医的老师，比如，我用了这个方子给患者治病，等下次他来复诊的时候，就可以告诉我用了这个方子有了什么反应，产生了什么效果。这些珍贵的信息因此就进入我的"智库"，成为我的经验。所以医学的创造发展，不是医生独立完成的，而是医生与患者共同推动和创造，我们的成功一半是患者给的。因此他认为，敬畏生命、善待生命、关爱患者、尊重患者是对一名医生的基本要求。

仁心仁术是对我们每一个医务工作者的职业要求，是必备的职业素养。没有这个素养，请你别当医生。医学是关乎国计民生的大事情、大学问。我们从事中医药学术研究，必须怀有对生命的人文关怀，对民族、对国家优秀传统文化有传承的自觉和激情。作为中医院校的医学生，肩负着传承中医药文化和促进中医药发展的历史使命，他们首先要树立继承意识，要把握继承什么内容。

继承什么内容呢？"中医学是以人为本的健康医学"，因此，要成长为一名合格的中医，首要修习仁心仁术，并且终生笃行不怠。这就是邓铁涛的答案。

关于未来医学之路，2004 年 11 月 19 日，在邓铁涛学术思想国际研讨会上，他就做了"中医与未来医学"的主题报告。邓铁涛说，医学不仅仅只有重视微观的西医才是唯一的医学科学，立足于宏观的中医学也是科学。中西医学全面而平等地合作，共同创造未来的医学，为人类的健康与幸福做出更大的贡献，前途是光明的。

论文化，近四五百年，西方文化发展很快，造福于人类不少，但并不是十全十美的。估计 21 世纪开始，将是西方文化与东方文化相融合的时代。现在世界的诸多难题，要靠推广东方文化去解决。中国是东方文化的代表，论未来医学，将是西方医学与中医相结合而成为更加完美的医学。

邓铁涛是全国著名的中医近代史研究者，他常打趣说，对自己的研究结论之一就是"我是为中医而生的人"。邓铁涛出生于 1916 年，成长的时期并不是中医学高光的年代，他有志于中医，就意味着选择了筚路蓝缕。难能可贵的是，邓铁涛不仅仅努力成长为一位医术高超、医德高尚的名中医，更致力于为传统中医学寻找方向、开拓道路。

学无止境，医道无疆。祖国医学的历史与未来，这是一个值得每一位中医人思考、探索的神圣命题。邓铁涛作为一位杰出的中医学者和实践者，他所提出的"仁心仁术"的理念无疑为我们提供了一个独特且深刻的视角。

"仁"是中华民族道德精神的象征，是儒家思想的重要组成部分，被视为中华传统文化的核心精髓。中医作为四大国粹之一，是我们华夏五千年历史长河中经久不衰的瑰宝，是中国传统文化的重要组成部分，其魅力和深厚内涵给了我们极大的文化自信。邓铁涛提出"仁心仁术是未来医学的最高精神境界"，既体现了这位国医大师对中华传统文化的强烈自信，对中医发展事业的赤诚之心，也充分传递了他对医者个人品德和医术水平、道术并重的殷切期望，只有技术与人文并重，德艺双馨，才能真正实现医学的价值和使命。

1953年，毛泽东同志对中医给予高度评价："我们中国如果说有东西贡献全世界，我看中医是一项。"2024年，习近平总书记谆谆嘱托："中医药是中华文明的瑰宝，传承创新发展中医药是件大事。要把这一祖先留给我们的宝贵财富继承好、发展好、利用好，推动中医药走向世界。"

在历史的长河中，祖国医学经历了无数次的洗礼与磨砺，却始终保持着旺盛的生命力和创造力。穿越时空，我们自豪且相信，浩瀚精深、历史悠久的中医药，既是历史的也是当代的，既是民族的也是世界的。在21世纪的今天，它正以更加开放、更加包容的姿态，迎接新时代的挑战与机遇。随着科技的进步和全球化的深入，祖国医学正逐步走向现代化和国际化。

"21世纪是中华文化的世纪，是中医腾飞的世纪！"

"21世纪，中医药已站在腾飞的起跑线上，辉煌的时刻一步步向我们走来！"

在邓铁涛的视野里，中医学不仅仅是古老智慧的传承，更是与时代脉搏同频共振的文化先锋。站在新时代的潮头，回望历史的洪流，不忘历史才能

开辟未来，善于继承才能勇于创新。继往开来，传承与创新共舞，邓铁涛用
自己的一生为新时代中医药事业，为祖国医学的未来，逐梦奋斗，从年少立
志到阅尽百年沧桑，这个中医梦未曾改变，也是他一直前行的动力……

中医之路漫漫其修远，吾仍将上下而求索；

岐黄之梦巍巍乎壮丽，吾誓以精诚而笃行。

"21 世纪是中华文化的世纪，是中医腾飞的世纪！"（邓铁涛书于 2001 年元月）

第一篇
赤子丹心，筑梦岐黄

新中国需要新中医。

——邓铁涛《新中国需要新中医》

第一章 悬壶济世梦缘起岭南

在祖国大陆的南端，以大庾岭、骑田岭、都庞岭、萌渚岭和越城岭为界，"五岭"以南，习称为岭南，古代又称岭表、岭外、岭海。岭南有广阔的海岸线，有天然的优良港湾，风土人情自成特色，地域包括现在的广东、广西、海南、香港和澳门五大省区。其中，又以广东为地域核心，广东拥有世界海上交通历史上唯一一个两千多年长盛不衰的大港——位于珠江入海口的省城广州，因此，广东自古便是祖国对外商品贸易、文化交流的南大门。一批又一批的药物，连同相关的医学知识，日积月累地影响、滋养着岭南地区的医药文化。

据《汉书》记载，西汉武帝时在岭南徐闻、合浦开辟港口，官方船队往返于东南亚和更远的西洋各国，以黄金、丝绸向沿途各国换回明珠、琉璃、奇石、异物等。这条贸易航线也被称为最早的海上丝绸之路。大唐盛世后，广州崛起为世界性港口，从这里出发，有一条一万四千公里的"广州通海夷道"经南海直抵西亚。彼时港口的盛况，文献记载可窥一斑："江中有婆罗门、波斯、昆仑等舶，不知其数，并载香药、珍宝，积载如山，其舶深六七丈。"（日本真人元开《唐大和上东征传》，撰于779年）海上交通的发达，使岭南成为海内外商品的集散地，港口装载或卸运的诸多商品中，药品始终是其中一个重要品类。因为大宗商品中，除宝石、犀角、珍珠之外，还有一大类是香药，如苏合香、乳香、沉香等，唐宋时期的海上丝绸之路又有"香药之路"的称谓。珍珠、琥珀、香药等商品的药用价值被中医所吸收，成为中医临床常用药品，影响深远。

岭南有丰富的药材资源，当地所产的新会陈皮、阳春砂仁、巴戟天、广藿香等道地药材被称为"广药"或"南药",与四川、云南、贵州特产齐名,历来以"川广药材"统称,或"川广云贵"药材并论。岭南与内地的货运通道除穿越五岭的驿道之外,大宗货物主要走海路。初春季风北吹时节,"红头船"或"大眼船"船队从广东出发,将广藿香、广巴戟、广陈皮、益智仁、春砂仁、玉桂、槟榔等南药和来自海外的西洋参、龙涎香、犀牛角等洋药运抵北方天津港。秋季,岭南药商船队扬帆从天津启程,满载着黄芪、甘草、麻黄、肉苁蓉、关东人参等北方药材返回岭南。

伴随着"蛮夷之地"的开发,南迁而来的中原地区医药文化在岭南扎根发芽,逐渐开出繁花并结出硕果。凭借中药材资源之丰富,岭南地区中成药开发起步较早,加之便利的航运条件,成就了历史悠久的岭南药业。明清到20世纪初,西学东渐,西方医学的传入对传统中医学的主流地位产生了强烈冲击,然而,岭南医学却逆风生长,在开放包容中真正崛起。这期间,中医药与老百姓的日常生活联系日益密切,其预防、治疗、保健等作用深得人们信赖,中医药发展一直呈现生机勃勃的局面。中西医学在岭南地区激烈交碰,岭南名医应时而生。

出身于岭南传统医药世家

与省城广州相距百余公里,珠江三角洲西南部,有一个著名的侨乡广东开平。19世纪中叶,"淘金潮"席卷开平大街小巷,家家户户有青壮年选择漂洋过海出国谋生。但受到中国传统的落叶归根思想影响,无论船只漂得多远,回乡"买地、起屋、娶亲"始终是亘古不变的主流。于是,大量万里之外的西洋风物,随着开平人的脚步,落入岭南乡野之间。鸦片战争以后,开平大量当地民众靠侨汇生活,衣、食、住、行,无一不资外洋。随着大量华侨回乡置业,开平碉楼主动融入国外建筑技术,广泛使用进口水泥、木材、钢筋、玻璃等材料，具有浓郁的中西合璧风格的多层塔楼式建筑散落在乡村田野之间，别具一方特色。至 20 世纪二三十年代，开平碉楼鼎盛时期数量多达三千多座。碉楼里的人们"喜番服，进西餐"，甚至用上座钟、留声机、浴缸、暖水瓶等舶来品。开平，当时可谓中国最洋气的乡村。这也是发达的海路交通所产生的深远影响之一。宁静闲适的乡野阡陌烘托着坚固高大的钢铁碉楼，"开平碉楼与村落"展现出一幅西洋、岭南、乡土气息融会交织的世界名画，寄托着乡民与游子对安居乐业共同的期盼。

20 世纪初，能住上洋气碉楼的人家毕竟还是少数，更多的开平村民还是以传统的土坯房、青砖瓦房为居所。钱岗乡石蛟村的一间青砖瓦房里住着一户邓姓人家。邓家既非侨商富贾，也不是乡绅地主，男主人叫邓梦觉（1886—1939），女主人潘氏。1916 年农历十月十一，邓梦觉喜得贵子。邓梦觉的父亲邓耀潮荣升祖父，喜逐颜开，亲自琢磨推敲，给长孙起名为"锡才"，锡字通"赐"，期盼长孙将来才华天成、财运亨通。

开平故居的生活，在邓锡才的记忆里是短暂而模糊的。他长大后曾描述起仅有的三个记忆深刻的场景：第一个是祖母用背带背着他出门，经过池塘边的一段路时，耳旁呼呼作响的风声成为他人生最初的记忆。第二个场景是一个黑夜里的敲锣声。夜晚敲锣说明村里发现土匪强盗，急促的铜锣声警醒各家各户做好应对。抵御强盗土匪是开平建碉楼的主要原因之一。对于一个未满三岁的幼儿，划破乡村安静夜晚突然响起的铜锣声着实让人心有余悸。第三个记忆犹新的场景是跟随母亲乘船前往省城。彼时锡才三岁，邓家迁往省城广州居住。

锡才随母亲坐船走水路，到广州后住在"河南"（现海珠区）同福上街。"河南"是广州珠江南岸的旧称，和广州城区一江之隔，同福上街就在南岸不远，属于近郊区。此时邓家家境算不得优渥，但总算在省城有了立足之地。也正巧是邓家迁往广州的光景，广州城开始拆除城墙铺路搭桥。至1933 年，广州市第一座跨江桥梁"海珠桥"飞跨珠江南北，"河南"成为省城重要的组成部分，开始展露勃勃生机。

邓家祖籍河南南阳，邓梦觉的祖父是清朝咸丰年间秀才，写得一手隽秀雅致的正楷，父亲邓耀潮在广州天福堂药材行参股，经营中药——这在当时是个炙手可热的职业。正如前文介绍，明清以降，岭南中医药文化崛起，罗浮山"百草油"远销海外，洞天药市闻名遐迩，"南海明珠"何梦瑶等中医名家辈出。

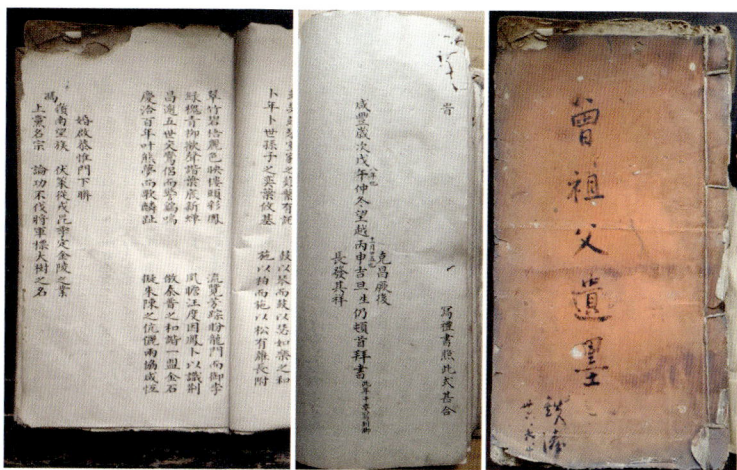

邓铁涛曾祖父咸丰八年（1858）遗墨

发展至20世纪初，岭南本地药材种植产量和药材进出口量都明显增长，药材、药品交易空前活跃，岭南中医药业成行成市，广州城里"药铺多过米铺"。广州药业经营，分为南北经纪（主营药材批发）、西土（专营岭南道地药材）、参茸幼药（专营参茸药材）、药片（主营中药饮片）、熟药（专营汤剂）、丸散膏丹（专营成药）、樽头（主营冬虫夏草等名贵药材）、生草药（主营未经炮制的生鲜中药材）等八个行当，统称药业"八行"。"生草药"是岭南医学特色行业，主营药材多为火炭母、狗肝菜、车前草、穿心莲等岭南新鲜草药。该类药物多未见本草典籍，但对于某些疾病，民间有"单方一味，气煞名医"的说法。这类药铺往往连医带药收费，价格低廉，服务主体为广大贫苦民众。"八行"通过同德堂、大昌堂、昭信堂、杏泉堂等商会组织，参与公益捐款、集资兴建中医药学校等社会活动，譬如资助建成广东中医药专门学校，此为后话。

彼时，名医纷纷在西关（现荔湾区）开设医馆，并以十三行西侧的洗基、上西关的洞神坊一带最为集中，形成多条"三步一馆"的中医药街，人们称之为"中医街"，民谣曰："西关中医两行铺，洗基龙津和平路；内外妇儿骨伤科，奇难杂症妙手多。"

许多至今人们耳熟能详的中药老字号在此期间诞生并达鼎盛，包括陈李济、何明性、梁财信、敬修堂、保滋堂、王老吉、采芝林、李众胜、潘高寿等，广州一时间聚集了全国数量最多的药坊，盛况空前。当年的药业大都医药合营，铺面出售熟药，郎中坐堂应诊，店后设作坊炮制药材和制作中成药。在现在的浆栏路、十三行路、杉木栏一带，当时集中形成了药街药市，密集的药铺，门连户接，走在街上，敬修堂、王老吉、潘高寿、天好堂等招牌，相继映入眼帘，让人目不暇接。现今的广州清平药材市场便是以此为基础建设起来的。各家生产的成药品种丰富、各具特色，如陈李济乌鸡白凤丸、敬修堂追风透骨丸、王老吉凉茶、潘高寿蛇胆川贝枇杷膏、梁财信跌打田七药酒、李众胜保济丸、马百良安宫牛黄丸、保滋堂保婴丹等，畅销全国各地，甚至风靡海外。马百良药房不但在汕头、江门、香港、澳门等地设分店，而且在泰国、新加坡、印度尼西亚等国也开办粤东马伯良药房；潘高寿、王老吉等也纷纷在海外建设分支机构，迅速向外扩张。

邓家的药材生意主要由邓梦觉的父亲经营。邓梦觉不喜欢摆弄算盘珠子，无心商品经营之道，一直没做好接管父亲生意的打算。岭南药业坚守的济世活人情怀，如"陈李济"取一个"济"字，表明广东南海商人陈体全和李升佐两位创始人同心济世的决心。邓梦觉对此十分赞赏，故对中药之效用每每多加留意，倾心于探究济世活人之术。就在邓家迁往广州这一年，邓梦觉听闻番禺名医陈庆保在香港办中医夜校，毅然辞别爱妻稚子，只身前往香港寻访名医拜师学艺去了。

陈庆保是岭南地区伤寒派医家，与新会陈伯坛、顺德黎庇留齐名。邓梦觉主攻《伤寒明理论》，三年苦学，正式就业于陈庆保门下，跟师临证又三年，1925年学成出师，邓梦觉从香港返回广州。其间，锡才曾陪同母亲前往香港探望邓梦觉，这是邓锡才第一次乘坐轮船，此行成了他难忘的童年趣事之一。

邓锡才六岁童蒙开笔。小学期间国文老师给他留下印象最为深刻。国文老师特别严厉，十分认真地使用北京口音教授国语。不同于粤语的发音引发了锡才强烈的好奇心和求知欲，对该课程学习尤为投入，这为他以后学习和使用普通话打下了良好的基础。锡才小学期间喜欢踢球。有一回踢球后，他用从屋门外一口地下井打上来的井水洗澡后便发烧了，并且持续反复了相当长的一段时间，虽经父亲邓梦觉几番调治得以康复，但人也因此消瘦了很多。病退康养阶段，第一回喝参汤也给他留下难忘的记忆——原来中药的味道并非都是苦涩，参汤微苦而实则甘香。锡才从此对参汤的味道闻之能辨。小学毕业后，锡才考入南武中学（现广州市南武中学）。南武中学建校于1905年，是海珠区最古老的一所中学，也是广州市历史最悠久的名校之一。

且说锡才9岁时，父亲邓梦觉从香港学成返回省城广州，开始在蒙圣上街坐堂应诊。那一年，广州"干霍乱"流行，求诊患者腹痛如绞，欲吐不能吐，欲泻不能泻，痛苦不堪。邓梦觉往往第一剂药就能缓解患者的痛苦。

"干霍乱"又名绞肠痧，邓梦觉使用的方药是温病学派名家王孟英的蚕矢汤。据邓铁涛长大后回忆，他父亲跟师学伤寒，又自学研习温病，于伤寒、温病能兼收并蓄。概因广州地处华南，故温病为多，当年广州医家之门诊量，伤寒派医家一般每天接诊十人左右，而温病派医家一般每天接诊二三十人。他父亲临床常使用温病派清热养阴祛湿的治法治愈染疫热病患者，故以善治温病闻名。

开业后邓梦觉仍坚持学习，他常以背诵《黄帝内经》为乐，对吴鞠通、王孟英及唐容川等名家医著相当重视，同时期医家中比较崇敬张锡纯。邓梦觉学"温病"，主要研习清代淮阴吴鞠通的《温病条辨》。他对该书评价极高，断言医者熟读此书便可在南方立足。其友人郭耀卿遵照执行，精研《温病条辨》，后来果然跻身岭南妇儿科名医之列。郭耀卿日后曾指导邓锡才，是其临证指导老师之一。

锡才放学后喜欢跟随在出诊的父亲身边。一天，患者洗栈，因咽喉疼痛，紧急从香港返回广州寻邓梦觉医治。上午九点就诊时，患者病情加重，已不能言语发声，只能用笔书写病情病史。邓梦觉一边诊察患者咽喉，一边告诉锡才，这个病叫"乳蛾"，又名"缠喉风"，判断病情危急，旋即处方《重楼玉钥》之喉散方"金锁匙"，研为细末，招呼锡才给患者吹喉上药，半小时一次。吹药后，患者吐出痰涎甚多。下午一时服食汤药，至三时已能发声，喉痛大减。第二天患者可以正常前往香港工作，继续吹喉，服药仅两剂便告知病已痊愈。

又一次，一位姓黄的教书先生带着妻子求诊。患者产后腹痛，在西医处用吗啡止痛数天，用药痛止，但几小时后又发作，反反复复疼痛，坐卧难安，把患者折腾得死去活来。邓梦觉切脉问诊，处方开药，其中有枳实、赤芍、麦芽等是锡才熟悉的药物。患者服药两日即痛止，身心轻松如获新生。黄老师感激邓梦觉妙手回春，特意定制了一块大牌匾，上书"中医邓梦觉"，横跨蒙圣上街悬挂，尤为醒目。当时父亲只告诉锡才，这个方是医圣张仲景的经方。长大学医后，锡才忆起此案，明白父亲开的处方是《金匮要略》里的枳实芍药散。目睹父亲解危救难的种种情景，锡才对中医的好奇与兴趣也日益加深。

锡才在学校的功课并不拔尖，二十余人的班级，他经常排在第九位。毕业于中山大学的四叔父对此颇有微词："他不是读书的料，不如跟三叔学做药材买卖好了。"三叔父是祖父做药材生意的得力助手，其经营才干深得家人赞可，在四叔看来，锡才能继承祖业才是光宗耀祖之路。锡才不为所动，他已然下定决心要当一名中医。

初中毕业前夕，锡才发现了广东中医药专门学校的招生广告，他自作主张悄悄报了名，随后又悄悄地到位于麻行街的广东中医药专门学校参加考试。医学，包括生理学的题目，竟然占到全部考试内容的一半，锡才考试后感叹不已，因为近几年他在父亲那里日积月累学到不少医学知识，特别是中医学，他可谓拥有扎实的"童子功"。

放榜那天，不出所料，锡才考中了。巧得很，又是第九名。然而，这次第九名是全广州、全省，甚至全国报考该学校的第九名。锡才喜不自禁，兴高采烈地一路跑到天福堂，将"好消息"第一个告诉了祖父邓耀潮。邓耀潮是知道广东中医药专门学校的，这个学校和省港药材行可是有着深厚渊源的，中医药行业正是寄希望于专门学校培养青年才俊传承中医药薪火。不承想这个行业期盼竟然也落到了自家孙子身上，他这个老中药人的济世情怀有了新的寄托。祖父激动得热泪上涌，看着锡才稚嫩而又坚定的目光，连声说：好！好！好！……

那时候，广东中医药专门学校的学费是每年一百银圆，另外还须二十银圆购买讲义，而父亲邓梦觉最高诊金为四银角（毫子），对贫苦人家甚至不收费，执业六七年并无多少积蓄，一下子竟拿不出一百二十银圆，勉强只够支持锡才的生活费用。好在祖父开明，一口承诺学杂费由他老人家支付。在这人生关键时刻，祖父尽心尽力的支持，令锡才一生感恩不已。

就读早期中医专科院校

广东中医药专门学校，当地简称"中医专"，1924年建成招收首届学生，校址在广州城内大德路麻行街（现为广东省中医院所在地）。邓锡才1932年入学，是该校第九届癸甲合班学生。中医专以天干命名各年级学生，第一届称甲班，第二届为乙班，至1931年开设辛、壬两个班级，其后又合为一班，称辛壬合班。

中医专校门用石刻横匾书写"广东中医药学校"七个大字。学校建有礼堂、教学楼、宿舍楼、印刷厂，还有运动场、药物标本园，图书室、实验室、药品陈列室、诊病室、赠医处（门诊部）等也一应俱全。未来的实习基地"国学医院"也已经在紧锣密鼓地建设中。

学校的礼堂可容纳四五百人开会，正面最显眼处悬挂着的一副木刻篆体字对联——"上医医国，先觉觉民"。

1924年广东中医药专门学校"头门"、1933年附属广东中医院正面图、1937年毕业合影

八字校训"上医医国，先觉觉民"，前句出自《国语》，后句出自《孟子》，警醒医者精进医术，以自身之所学，为社稷苍生谋福祉；学者智者当以己之所学所悟，启迪民众，使华夏文明得以绵延不绝，生生不息。这八字校训既有浓厚的国学底蕴，又鲜明地表达了创办者维护传统文化、振兴中医的愿景。正是有这样的家国情怀、历史担当，正是有这样的先觉思想、大勇大为，才改变了近代中医发展的命运。

学校这个八字校训给新生锡才带来了强烈的冲击和久久不息的震撼，这是在父亲身边跟诊所未曾感受到的，他开始体会到他即将要学习的中医学和今后所要从事的工作不只是祖父所经营的药材，也不仅仅是父亲所执着的临证，校训是在警醒学生们要当一名"上医"，要有自觉主动的思想。至于为什么要当"上医"，什么是必须自觉主动去做的，刚入学的锡才带着这两个疑问开始了他的漫漫求索之路。

入学后，锡才逐渐明白祖父在得知他考中中医专时为何异常激动。原来学校的创办是省港中医药界自觉救亡图存努力抗争的结果，其过程充满了难以想象的荆棘和艰辛。

广州是近代最早开放的口岸之一。这里先后出现了国内最早的西医院和西医院校。广东中医药界有识之士早已深切地认识到，中医必须改变千百年来以家传或学徒为主的传统形式，也应该兴办学校、医院以争取未来之生存和发展。屋漏偏逢连阴雨，1912 年，北洋政府教育部未将中医列入"医药学教育规程"。广东中医药界积极参与抗议的同时，愈发意识到中医中药发展力薄式微，已经到了不得不自救图存的时刻。1913 年广东九大善堂集会倡议联合创办中医中药学堂，号召省港各地商会和药行给予支持。3 月，广州和香港药行付诸行动，正式发出《筹办广东中医药专门学校宣言书》，推选著名教育家卢乃潼为省港筹办处主席，开始了筚路蓝缕的筹建历程。其间，筹办处一边联合穗港药业筹措资金，一边选址购地建设，一边不断向政府申请备案立案。至 1924 年，广州药业八行与香港药业三会共汇捐大洋十万，卢乃潼则一人筹募了大礼堂全部建筑费；南方政府批文立案，曰："筹设医学专校，时历数年，规模已具，其宗旨在保持旧学，牖启新知，兼习中西，一炉共冶。宏愿热心，深堪嘉许。"至此，筹创虽屡遭挫折，学校终见黎明破晓。1924 年 9 月 15 日学校开学典礼上，首任校长卢乃潼发表了至理深情的演讲。

锡才常常忆起卢乃潼校长的开学训词。有感于广东中医教育的重大历史意义，四十多年后，他指导自己的研究生刘小斌主修广东中医教育史，仍强调该篇讲演。特摘录如下：

中国医学，肇自轩辕。逮乎宋明，始分科教士。晚近学术不讲，庸医充斥，为世集矢。然此非中医之不良，实习医之无人耳。不知中国天然之药产，岁值万万，民生国课，多给于斯。傥因中医衰落，中药随之，其关系至大。本校设立之宗旨，习中医以存中药，由中医以通西医，葆全国粹，维持土货，以养成医药学之人才，而举国皆登仁寿域矣。诸生来学斯校，志愿甚闳。唯医学博大精深，非研精覃思，不能探其奥，且为人民生命所托，意见不容稍偏。千里毫厘，此尤不可不注意者也。鄙人滥竽学界十有余年，时会多艰，愧乏成效，唯差可自信者，诚心毅力而已。本校发轫伊始，建设万端，樗栎庸材，深虞陨越。赖董事诸公同心协力，粗具规模。兹所期望于诸生者，勇猛精进，极深研几，一雪医学空疏之耻，他日学业成立，蔚为通才，非待一校之名誉，抑亦全粤之光荣也。诸生勉旃！

卢乃潼校长当年的开学训词使锡才深刻认识到中医教育的重要性，对锡才有着深远的影响，它承载着学校和师长的殷切期望，凝聚了智慧精髓，也是锡才后续漫漫医学探索岁月里始终坚持精诚济世的精神灯塔。

锡才就读期间，学校校长为陈任枚，学生人数多达五百余人。20 世纪二三十年代，正是中医备受压迫摧残之际。1927 年南京国民政府要求中医学校不得使用"学校"名称，中医专不得不暂时改称"广东中医药学社"。1929 年"废止中医案"，经过中医药界之抗争及请愿，虽然没有通过，但实际上，中医之生存危机并没有消除，中医药界谋求十多年的将中医学纳入国家教学课程体系的努力并未实现。中医请愿团撤退仅一个月，国民政府教育部便发出布告，通令中医学校一律改称传习所，不久，卫生部门又通令将中医医院改为医室，中医药界不得不再次为中医药之生存延续而抗争。邓铁涛后来对陈任枚也高度评价，认为他继承了卢乃潼遗志，从 1927 年至 1936 年，领导学校度过了恶劣时局，对岭南中医药发展发挥了中流砥柱的作用。学校的建设赢得了社会和官方肯定。1928 年，省督学马衍盘视察学校后，报告中称赞"校舍宽敞，各科讲授，均甚严密"。1937 年春，国民政府教育部来粤视察，到学校巡视，称赞"系国中不可多得之医校"。

　　1934 年毕业班的学生郑炎（第六届）在《克明医刊》评论说："夫中医之校，草创简陋者固多，而办理完美者亦匪鲜，如广东中医专门学校、上海之中国医学院、浙江中医专门学校……其著然者也。其中尤以广东医专为美备焉。是校也，举凡化学、物理、生理、解剖……之学，莫不列为初级课程，而其课程，复以科学为依归，其修业为五年，其实习时间为二年，盖即医大之学制也。其设备方面，如化学实验室也，生理解剖室也，图书馆也，手术室也……医科大学所应有者，罔不毕具，其外国文则以日文为主要科，仿日制也，余如设医院以供临床，辟药园以为实用。巍峨校舍，蔚然大观；富丽院垣，洁而壮美，方之国内医校，其设备亦有弗能及者！"

　　当时的中医专，不但课程、学制、设备、校舍等要素齐备、质量优良，更难得的是名医荟萃、大家云集，教职员工多是广东医学教育两界之佼佼者，陈任枚、刘赤选、梁翰芬、卢朋著等均为近代岭南杏林翘楚。他们医术精湛，教学生动，各有特色。陈任枚校长擅长温病，编写《温病学讲义》，于岭南温病学派有开创之功。卢朋著老师拙于口才，而学问文章皆登峰造极，堪为医者楷模。陈汝器老师言谈生动，阐明中医经典的主旨思想深入浅出，令人记忆犹新。陈惠言老师讲杂病、古绍尧老师讲痘症、管季耀和管需民父子讲外伤科……

邓锡才在校课程有生理学、解剖学、病理学、卫生学、药物学、诊断学、方剂学、医学史、西法诊断、西药概要、伤寒学、温病学、杂病学、妇科学、儿科学、痘科学、眼科学、喉科学、外科学、伤科学、花柳病学、针灸学、法医学等二十余门。但他读书不限于此，自谓"饥不择食"，涉猎甚广，举凡文史哲及其他自然科学知识之书兼收并蓄，在此过程中，他也养成了自学的信心与习惯。五年的系统学习，锡才在浩如烟海的中医典籍里如鱼得水，大大开阔了视野。

1935 年 5 月 20 日中国针灸学研究社社员证书（邓铁涛，原名邓锡才）

课余时间，锡才谨记父亲"早临证，重跟师"的嘱咐，开始跟随不同派别、各有专长的老前辈临证学习，如陈月樵、郭耀卿、谢赓平等。陈月樵，精研并教授《黄帝内经素问》，是近代岭南著名儿科医家，在省城南关清水濠寿世善堂坐诊，他先主持广州医学卫生社，后又创办广东中医教员养成所并担任首任所长，为中医药高等教育做了诸多探索与铺垫。老师们有一个共同特点，既扎根临床，又继承中医经典学术，这个治学方法对锡才产生了深远的影响。

拒领"学社"毕业证书

1933 年 3 月，锡才入学的第二年，学校的教学实习医院也基本竣工。医院位于广东中医药专门学校对面，中间就隔着一条麻行街，建筑为三层洋楼风格，初始病房 20 间，病床 30 多张，特别建有独立的传染病室，与其他病室完全隔离。6 月 2 日学校将赠医处迁入，医院正式收住留医患者。

实习基地未使用最初的"国学医院"名称，最终正式使用了"广东中医院"之名。医院初设，主要分内科和外科（伤科附于外科）。陈任枚校长兼任医院院长。除了医院自己的驻院医生，学校的教员也在此出诊、带教。医院诊疗服务仍然坚持赠医性质，一般医生不收诊金，外聘的名誉医生才收一定的诊金。

教师以病室为课堂，以患者为案例，广东中医院发挥了重要的教学作用。除了接纳本校学生实习，广东中医院还成为当时广州市中医生资格考试合格者的实习考核点。学生在该医院临床实习 3 个月并取得临床考核合格成绩，才能取得广州市卫生局的行医许可证。邓锡才毕业前也参加了中医生资格考试，并取得第三名的好成绩。正是这次资格考试，报考时他觉得"锡才"二字

1937 年自刻处方抬头"国医邓铁涛"（宣纸底板）

俗气，便决意改名"铁涛"。

1937年8月，邓铁涛完成学业，为第九届毕业生。他毕业之前，学校已被迫经历了数次更名。1936年更名"广东中医药专科学校"获批，1937年又被国民政府教育部勒令改称"中医学社"，并且不得以学校名义招生及颁发毕业证书。

眼看中医陷入"废医存药"之歧途，甚至出现"中医若存无天理，中药若亡无地理"之类论调，邓铁涛不得不思考中医出路何在，自己选择的良医济世道路何在？当时广东谭次仲、上海恽铁樵和陆渊雷等先生提出了"中医科学化"。邓铁涛认为，"中医科学化"虽是对唐容川等医家的"中西汇通"思想有所发展，但为何要"科学化"，如何"科学化"？也许是限于当时的历史条件，邓铁涛并没有找到自己满意的答案。

邓铁涛最终拒绝了领取盖着"广东中医药学社"印鉴的所谓毕业证书，既是对当时政府中医政策的不满和抗议，昭示了他会为中医而战的决心，更是对自己中医信念的坚守和执着，他相信中医的价值和贡献，并愿意为之奉献一生。因为考取了行医资格证，从医的大门还是对他敞开着的。但祸不单行，日本侵略者的铁蹄直接踏碎了邓铁涛的前程。

战火飘摇中悬壶自立

1937年7月7日，日本制造卢沟桥事变，发动了全面侵华战争。

1938年日军入侵广州，侵略者的飞机，对广州狂轰滥炸。邓铁涛居住的"河南"，还有西关、黄沙等地方，一次又一次地被日机的重磅炸弹夷为平地，一时间生灵涂炭、百业凋敝。中医专学校和医院所有设施，均在战火中损毁。10月，日军侵占广州，各行各业损失惨重，广州许多药厂遭受掠夺、摧毁，或被日军、日伪强占。当时在永汉路一带的陈李济、橘香斋、保滋堂等企业的厂房、货栈、铺面，有的被炸塌，有的被焚烧殆尽，大部分医药老字号被迫停业或外迁。广州陷入火光血海，没有容身之地，邓铁涛只好与父母一道回开平避难。但开平的碉楼，在飞机大炮面前，也毫无招架之力，安居生存毫无保障。不久，邓铁涛和家人只能和许多难民一样，涌向香港避难。

到了香港后，为了立足谋生，邓铁涛找到了中医专同学康北海。康北海在中环办了一间小学学校，便聘请邓铁涛暂时在他那里教书。当时按照英属香港政府条例，教小学也要接受教育司的考试，因邓铁涛是学医的，就给他发了卫生教员的资格证书。一开始工作只管饭，没有工资，后来是一个月报酬 15 元港币。老师们都很努力，学校逐渐扩大，再租了一处校舍，成为八桂禺山中学附小。

虽然有了安身之所，糊口生计，邓铁涛仍放不下从医的梦想。他和康北海一商量，没想到一拍即合，便又联合到两位同学，一共 4 人，创办了一所夜大，叫"南国新中医学院"。第一年，没有钱租校舍，上课场地是向香港文咸东街"南北药材行"借的，水电也由他们捐助供应。学校的学生年龄最大的 40 多岁，人数最多时只有 7 名，但几位青年中医教师却十分认真地备课、编写教材。邓铁涛只有 20 岁出头，为了显得老成持重，特意身穿棉布长衫，脚踏圆口布鞋。办到第二年，他们还租了一间学校的课室作为诊室，以便临证带教。就这样，他们整整坚持了 3 年，直至香港被日军占领，不得不停止办学。

1939 年，在香港南昌街芝兰堂坐堂应诊的邓梦觉突然不幸病逝，邓铁涛接替父亲成为坐堂中医。因为初出茅庐，开业 15 日竟没有一个患者就诊。店主每日供应的免费午餐使他承受着"吃白饭"的心理压力。然而不到半年时间，邓铁涛便小有名气，靠诊金收入渐能自立。

彼时，香港树仁中学女教师林玉芹与邓铁涛相爱，两人于 1940 年结婚。

林玉芹（1919—2001），广东新会人，1938 年毕业于广东省立女子师范

1940 年林玉芹与邓铁涛结婚照

邓铁涛、林玉芹夫妇与大儿子邓中炎
（后排右）、二儿子邓中光（后排左）

学校，曾任教职于穗港两地。林玉芹是位年轻美丽的知识女性，当时不顾世俗偏见，毅然嫁给中医郎中，有情人终成眷属，两人一生相濡以沫风雨同舟。

第二章　东江纵队地下交通员

　　东江纵队，全称为"广东人民抗日游击队东江纵队"，是在抗日战争时期，中国共产党在广东省东江地区创建和领导的一支人民抗日军队。东江纵队坚持在华南敌后开展抗日游击战争，是华南抗日战场的一支坚强的武装力量，对抗日战争的胜利做出了重大贡献。

参加"文艺通讯社"

　　1938年上海、武汉沦陷，在香港避难者中有大批进步人士，他们并没有放弃抗战。1939年，作家杜埃等发起组织了中华艺术协进会，邀请了茅盾、夏衍等老作家在九龙深水埗一间民房里，向爱好文艺的青年做有关抗战形势和文艺问题的报告，每次参加报告会的都有近百人，有工人、店员、文员以及各阶层的青年，邓铁涛也在其中。同年6月，中华全国文艺界抗敌协会香港分会宣告成立。8月6日，又成立了"文艺通讯社"。文艺通讯社从1939年8月成立到1941年太平洋战争爆发为止，在组织发动香港的文艺青年，宣传党的抗战主张和方针政策，培养年轻的文艺工作者方面起到应有的作用。邓铁涛在文艺通讯社成立之初，就参加了这个党的外围组织，他给自己取了个笔名，叫"邓天漫"。令他印象最深刻的是参与一场反对"新式风花雪月"的大论战。这场论战由香港《大公报》副刊编辑杨刚著文批判胡春冰为代表的文人所写的无病呻吟的文艺作品引发。杨刚等人指出，这类新式风花雪月的作品，企图把读者引向脱离现实，漠不关心国家抗战的歧途。胡春冰不服，论战从报章发展到面对面的辩论。1940 年 11 月 24 日下午 7 时，在坚道文艺协会举行了"反对新式风花雪月座谈会"。参加者有 80 多人，"邓天漫"即席做了 2 次发言。

令邓铁涛感到自豪的是，他不仅坐而论道，而且起而行之。当时文艺通讯社有一位青年名叫谭军，是邓铁涛好友，两人一起在香港世界语学会学习世界语、组织读书会、编辑油印会刊《绿钉》。绿是世界语旗帜的颜色，钉是表示钻研学问要有钉子精神。那是用针笔刻印的油印刊物，大家写文章，互相传阅。谭军才华横溢，参加了东江纵队，在文工团中创作了《保卫大东江》《人民军队来啦》等歌曲，在部队和群众中广为传唱。

谭军（左）与邓铁涛在东江纵队成立 50 周年纪念大会后的合影

东江纵队秘密交通站

1941 年 12 月，太平洋战争爆发后，日军向英国海外统治地进攻，香港再次陷入危机。店铺关门，米贵如金。更令邓铁涛心惊肉跳的是日军攻岛，一个炮弹打中了他住的房屋，房屋猛烈地震动，沙尘纷纷落下，事后想起仍令人后怕不已。全家人只好顶着箱子护着头部躲到附近的小学暂避。天亮时，铜锣湾一带尸横遍野，英军阵地处处竖起白旗。

1942 年，邓铁涛携家人回到广州，日常在太平南路药材店坐堂应诊。谭军奉东江纵队司令部之命找到邓铁涛，请他做秘密交通站的地下交通员。当时广州是华南日寇统治中心，参加秘密交通站工作如履薄冰，但邓铁涛却慨然允诺。地下工作者以看病为名，到邓铁涛坐堂的地方接头。他以医生职业作掩护，经常与东江纵队派来的乔装打扮的同志上街购买游击区急需的各种物资，先存放在邓家，然后待游击队派人取走。东江纵队委派彭会同志和他单线联系。作为单线联系的上级领导，备受尊敬的彭会与邓铁涛亦师亦友。

彭会（左）、罗旭（右）伉俪与邓铁涛

邓铁涛还启发药材行一位叫冯元杲的少东家阅读进步书籍，动员他参加交通站工作。冯元杲曾在香港英文书院读书，懂英文。彭会觉得抗战时期急需这样的人才，便通过邓铁涛交给冯元昊一份英文文件，由他完成了翻译工作。第三天，冯元昊被接到东江纵队成为游击队战士。

若干年后，彭会在《关于东江纵队驻广州地下交通站的回忆》一文中披露了这段鲜为人知的历史，文中回忆说："东江纵队司令部一位女同志交给我两个关系：一位是中医师邓铁涛，他在太平南路一家中药店替人看病抓药；另一位姓冯，他家在十三行开药材行。经请示后，我们又将这两处作为联络点，因为看病和抓药更便于接头。所以，这里也起过很好的作用。"

1945年8月抗战胜利，1946年东江纵队奉命北撤烟台，邓铁涛与东江纵队彭会单线联系从此中断。此后，他辗转于武汉、广州之间为人诊疾治病，坚持救危济世。

1948年邓铁涛一家在武汉。左一长子邓中炎、左二邓铁涛、右一太太林玉芹抱着次子邓中光

艰苦岁月铸就战友情深

邓铁涛与冯元昊在香港时认识，因为职业和工作的原因，彼时志趣相

投，无话不谈。邓铁涛将自己的经历和思考一一与冯元杲分享，特别是阅读的进步书刊和他所理解掌握的马克思主义，亦即历史唯物主义。冯元杲后来回忆说："那时老邓引导我读艾思奇的《辩证唯物主义纲要》，这是最终引导我走上革命道路的决定性因素。"

冯元杲加入东江纵队并利用自己懂英文的特长，承担大量翻译工作。抗日战争胜利后，东江纵队北撤山东，扩编为中国人民解放军两广纵队，冯元杲随军北撤，参加过徐州战役并立下战功。之后服从组织安排一直定居香港工作。1997 年 7 月 1 日，冯元杲与中资机构粤海集团的员工共同迎接香港回归祖国。冯元杲是一位党性极强严于律己的革命老人，他生前坚持每半年回广州一次，到广东省委交党费。

2001 年，邓铁涛（右）获香港浸会大学荣誉理学博士学位，冯元杲（左）到场祝贺

冯元杲自幼喜爱画画，是香港木刻学会会员。1955 年，有感于新中国新气象，为缅怀先烈，邓铁涛作《红棉诗》一首。1992 年 11 月，冯元杲为应和邓铁涛《红棉诗》而作画《羊城红棉》，并在画中题字："铁涛吾师指正，下录尊诗作并绘此重温五十多年前你作诗、我木刻，从而获教。并借此

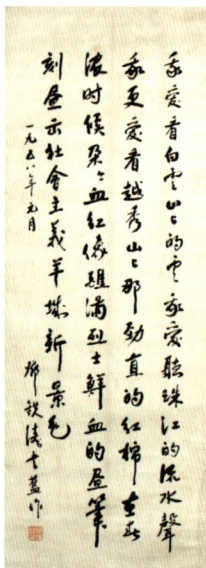

冯元昊画作《羊城红棉》　　　　　邓铁涛书法《红棉诗》

现藏于广州中医药大学图书馆全国优秀共产党员邓铁涛教授文献展览室

感谢储存我仅存之木刻两幅五十多年之恩。"

　　1993年12月3日，东江纵队成立50周年纪念。早在7月，邓铁涛接到此次活动筹备组的通知，他激动地提交了自己的简历并写了一首《东江水》抒发半个世纪投身革命洪流的情怀。

　　东江水，五十年过去。回头望，北风凛冽抹不掉。岭南树上枝头绿，东江之水接延河。八十年代，十多年来，东江水奏鸣曲，掀起了经济大潮，席卷三山和五岳。

　　　　　　　　　　—— 一九九三年六月廿八日，纪念东江纵队成立五十周年

　　大会上，曾经并肩战斗过的老战友齐聚一堂，回忆峥嵘岁月，展望美好未来，大会还为每一位东江纵队的战士制作了纪念章。

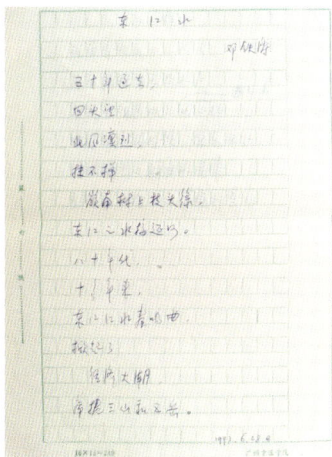

《东江水》手稿

东江纵队成立 50 周年纪念章

　　纪念会上，还有一对夫妻，李英和邓华，也是邓铁涛结识多年的"老战友"。不过，他们是在"文革"时期相识相认的。李英是革命烈士后代，夫妻俩在抗日战争期间共同参加东江纵队游击队，曾做地下情报工作。1971年，李英被派到广州中医学院担任学院革委会副主任，入驻学院工作后，认识同样参加过东江纵队游击队做秘密交通站工作的邓铁涛。交往中，邓铁涛

邓铁涛和李英（左）、邓华（右）伉俪在 1993 年 12 月 3 日
东江纵队成立 50 周年纪念会上合影

的医德医术给李英留下了深刻的印象。后来，李英和家人遇到病痛常常找邓铁涛诊治。因邓铁涛年长，李英亲切地称邓铁涛为"大哥"，两个毫无血缘关系，来自不同地方、不同背景的邓氏家庭自然而然走到了一起，彼此以亲人相待，以兄弟相称。

第三章　坚定的马克思主义信仰者

引领，哲学思想之光

在香港避难期间，邓铁涛没有停止学习、思考，阅读和自学的习惯使他思想越发活跃。邹韬奋主持的三联生活书店，提供大量进步书籍，邓铁涛是书店的常客。他买回了首部收录鲁迅全部著译作品的《鲁迅全集》，如饥似渴地通读了全部二十卷。还有翻译小说高尔基的《母亲》《童年》，绥拉菲摩维奇的《铁流》，果戈理的《死魂灵》等。这些作品对于揭露不合理的旧制度和砸碎旧社会都是一种呐喊，使他看到人类追求光明的执着。

特别是 1941 年 1 月延安出版了毛泽东的《新民主主义论》，邓铁涛从书

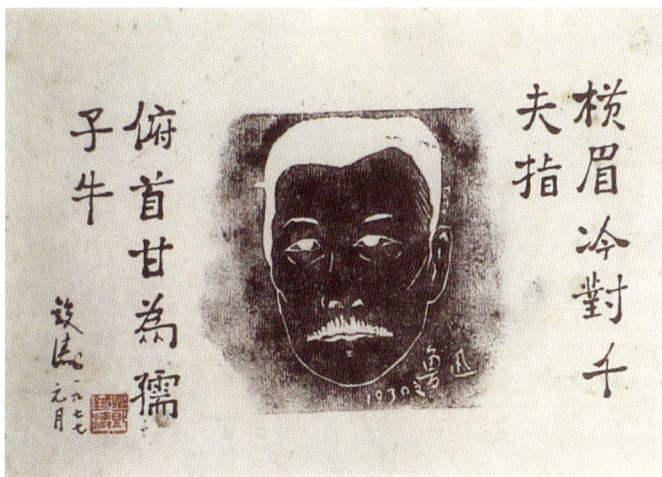

1930 年邓铁涛木刻画《鲁迅》，1977 年木刻题字

店买回，如获至宝，逐字逐句咀嚼品读，书中勾勒了中国的前途与出路，如同阳光一扫他心中阴霾。还有马列主义的著作，如艾思奇的《大众哲学》，以及恩格斯的《反杜林论》中有关哲学的内容，邓铁涛都读得津津有味。特别是，当他联系到中医学的理论，他认为唯物辩证思想就是他一直苦苦寻找的打开中医理论宝库的金钥匙。如果说年少时所受儒家道家学说的熏陶，在他心中种下了济世救民的思想种子，而马克思主义思想则提升了青年邓铁涛的世界观和人生观，是照亮种子茁壮成长的阳光。

邓铁涛在写给东江纵队的战友谭军的信（1999 年）中曾这样写道："我自愿地、积极地学习马列主义，直到今天已 60 多年，世界几经变乱，中国知识分子几经挫折，我至今毫不动摇信奉马列主义，相信不断发展的马列主义。不但为人做事，我研究中医也离不开历史唯物主义和辩证唯物主义。我的著作足以说明马列主义帮助我的轨迹。没有历史唯物主义与辩证唯物主义的思想指导，中医药学将无法发展，中医的现代化，必须从马列主义入手，这就是我的信念。"

起跑，广东中医教育接力

1949 年，新中国成立，广东中医药专科学校（原广东中医药专门学校，1936 年更名）所有资产终于全部物归原主。1950 年春，校董会正式委任比邓铁涛早两届的学长罗元恺为广东中医药专科学校校长。1 月，邓铁涛受聘广东中医药专科学校，回到了母校任教，7 月起，担任教导主任。

十余年斗争锤炼，铸就了邓铁涛锐利的抗争精神。1950 年一篇《在一定的政治基础上产生一定的医药组织形式与思想作风》的文章作为中西医卫生从业人员思想改造必读材料，一时间流毒全国。文章认为中医产生于封建社会，是"封建医"，中医只能在农民面前起到精神上的安慰作用，中医是应该被取缔的，暂时没有取缔是因为尚来不及培养出大批有科学水平与经验的新医生，旧医长时期同人民一道生活，与人民有密切的关系，过早地取缔他们，会造成人民的误会，中医应在技术上开训练班，合格者给予"医助"资格等。余云岫等人则在上海故伎重演，新鲜炮制所谓"改造中医方案"，邓铁涛随即撰写批评文章《评所谓"改造中医方案"》，发表于《广东中医药》5 月创刊号上，反对以"改造"之名行废中医之事，反对把中医改造成为"医佐"。同时，其积极探索"中医怎样提高一步"的文章在《星群医药月刊》第五期上也正式发表。

作为私立学校，一直到 1953 年，学校的基本费用仍靠粤港两地中药业支持。1950 年，广东省文教厅承认广东中医药专科学校是广州 11 所大专院校之一，归文教厅领导，并拨给图书补助费及学生助学金，毕业生证书由教育部门盖印颁发。这是该校开办 20 多年来首次获得政府教育部门正式的承认与支持。由于有了政府和人民团体的支持帮助，学校很快修复被破坏了的校舍，并新建了人体解剖室、微生物寄生虫室、药理室等，教学设备渐趋完善，师生教学工作走上正轨。

然而，1950 年 5 月，教导主任赵思兢呈报的广东中医药专科学校教学大纲草案，转至中南军政委员会卫生部（以下简称中南卫生部）后却遭到某些人反对，并于 6 月 18 日批复"勿需培养新中医"。对此，邓铁涛持不同意见，他针尖对麦芒，发出"新中国需要新中医"的呐喊。《新中国需要新中医》全文刊登在《广东中医药》季刊第 2 期上，坚决对"勿需培养新中医"错误观点提出抗议。文中指出："新中国在共产党正确领导之下，一切学术只要于人民有益，服务于人民的就一定得到合理的发展。"邓铁涛还指出："中医科学化的定义，应该是为中国人民最急切的需要，是应该有计划地订出我们共同的学习和行动。而不是教条地钻古籍，去找出肝藏血古说就是今日新说之血凝素说，这种钻牛角尖精神是无价值的。"

新中国成立后，由于多数传统中医师没有学习过西医学尤其是预防医学的相关知识，因此卫生部提出在全国范围内开办中医进修学校。1950 年 12 月和 1951 年 1 月，邓铁涛参加了两场重要的座谈会，分别是广州中医教育界的座谈会和广州中医界的座谈会，两次座谈会均有卫生部中层干部参加，邓铁涛负责执笔整理会议纪要，并分别在《广东中医药》《现代医药杂志》公开发表。

中医界座谈会于 1951 年 1 月 16 日上午 9 时开始，参加者除中南卫生部副部长齐仲桓及省卫生厅有关人士外，中医界有黄耀燊、张景述、梁乃津、司徒铃、谢香浦、谢炜南、邓铁涛、庄省躬等人。齐仲桓赞扬："中南各省市，以广州的中医比较多一些，也比较先进一些……本市的广东中医药专科学校和广东中医院我看过了，办得也不错，在向前发展中。"他指出："西医帮助中医更科学化的问题，这不是说中医不科学，而是在 20 世纪 50 年代的科学成就中，中医很少运用这些科学成就……中医有数千年的历史，有丰富的经验，但不容易为现代的科学所了解……现在中央已有进修学校帮助中医们去研究科学的医学，这并不等于把中医的东西不要，而是帮助中医打好科学的基础，把中医提高。中南卫生部准备在武汉、广州也设中医进修学校帮助大家发展中医学。"

与会中医基本支持中医进修与成立中医实验医院，但也提出要保持中医特色。

罗元恺说："广州大部分中医都希望进修，假如需要广东中医专科学校对于进修方面有什么帮助的话，中医学校将尽力帮助，希望政府早一点办进修学校。至于中西医合作研究，本来中医学校一向就是走这个方向。"

梁乃津说："中医的科学化，并不是书面上的皮毛说说就可以解决的……现在的重点是诊断问题，比方明明中医治好了这个病，而西医说不是这病，转过来说，中医以为治好了某病而实际上却不是的，所以实验医院是需要的。"

邓铁涛发言："西医治病唯物方面是很对的，但有时机械一点。中医是辩证的，但这个辩证法和黑格尔的辩证法一样头下脚上地和唯心论结合起来。所以我们要保留辩证法的理论而抛弃唯心的理论和唯物论结合起来，就成一个好的新的东西。""中医的文化水平不齐，技能各别，所以不能把一般的全面地去量度。也许有些中医只会治一种或两种病，但有时所治的病却是专家治不好的。还有些在治疗上有一技之长的普通人，也应该是我们研究的帮手。"

邓铁涛既感受到来自中央对中医药工作的重视，也体会到中医药事业任重道远。但最重要的是，新中国的成立给走在漫长黑夜里的中医药带来了黎明破晓的晨光，前进的道路逐步展现光明。邓铁涛抑制不住内心的兴奋与热情，他将个人的思考也做了整理，写成《中医当前的任务》一文，发表在1951年第一期《星群医药月刊》上。邓铁涛分析，新中国成立后，有些中医对前途悲观，消极地准备转业，有些年轻人又觉得中医落伍，性急地转学西医，但他们共同之处都是从个人出发。他认为，中医界既要响应政府号召学好细菌学，加强卫生防疫措施，还要"全体中医朝着中医科学化的大路共同进发"，即要以人民最急切的需要为导向，有计划地学习和行动，而不是毫无目的地随波逐流和穿凿附会。

1952年12月，广东省中医进修学校正式成立，借用广东中医药专科学校的校舍。1953年2月，广东中医药专科学校董事会一致决定将全部校产和院产献给国家。广东中医药专科学校1953年停止招生，但是没有停止办学，高年级继续完成学习直至1955年7月。

1953年8月，广东中医药专科学校正式合并改制为广东省中医进修学校，罗元恺任进修学校副校长，邓铁涛任教务主任。二人针对"中医进修学校不进修中医"的怪现象，开始增添中医学课程。1954年2月，党中央对中医进修工作有了新的指示。当时召开的第三届全国卫生行政会议在决议中提出："中医进修的主要目的，在于提高政治觉悟和业务水平，进修内容应交流中医临床经验，同时学习一些必要的西医的基础医学知识和政治知识。

交流中医临床经验的办法可请名医做报告，相互讲述经验，进行讨论。"中医进修只学西医的现象得到了制止。罗元恺、邓铁涛等原中医药专科学校教职员工，着手为中医进修班重新设计课程。1954 年，进修学校试用了多部自编教材，包括《中药学》《中医诊断学》《中医内科学》《中医儿科学》《中医妇科学》《中医外科学》《常见病临床治疗学》《针灸学》《中国医学发展简史》《中医学术研究》等。

1956 年，国务院正式批复卫生部，同意在北京、上海、广州、成都分别成立四所中医学院，正式把中医教育纳入了国家高等教育系统。《健康报》为此事发表社论："创办中医学院，是继承和发扬祖国医学遗产，发展我国医学的重要方法之一，是极其重大的历史任务，它将为国家培养出具有一定的马克思列宁主义修养的，体魄健全的，具有教学、研究和医疗工作能力的高级中医人才，使他们在继承与发扬祖国医学遗产和提高我国医学科学水平的伟大任务中，起到重大的作用。"广州中医学院筹备委员会确定办学地址设在广东省中医进修学校内。中医教育真正步入正轨，驶入了快车道，邓铁涛毕生为其呕心沥血，弦歌不辍。1958 年 4 月，广东省中医进修学校正式并入广州中医学院。邓铁涛先后担任医史各家学说、中医诊断学、中医内科学教研工作。1973 年 9 月开始担任广州中医学院教务处副处长。

1958 年 8 月 15 日，邓铁涛获广州市先进工作者荣誉称号

砥砺，"三同"生活历练

1951 年，在北京地球物理研究所工作的彭会出差广州，特意找到邓铁涛。在邓铁涛执业的天福堂，两人见面时四手紧握，共同回忆起地下交通站抗战的峥嵘岁月，激动不已。彭会关切地说："当年你没能赶上参加武装斗争，如今全国正轰轰烈烈地开展土地改革运动，我建议你参加土改，这种锻炼对于知识分子来说是十分重要的。"邓铁涛这时膝下已有邓中炎、邓中光两个儿子，但他渴望进步的热情不减当年。回家与妻子林玉芹商量后，决定留职参加土改。林玉芹一人承担起照料家庭养育子女的重担。

1952 年邓铁涛（左一）在新会参加土地改革运动

妻子的支持使他无后顾之忧，邓铁涛立即去广州市人民政府文教办公室报名，编入广东省广州市政协委员会新会土改第一队，分配到中共华南分局所属新会县（现广东省江门市新会区）土地改革工作团，来到新会县睦州乡，身份是"开业中医"，土改队中唯一的中医。

当时土改工作相当艰苦，潜伏敌特常造谣破坏，土匪恶霸横行乡里。由于贫穷，睦州乡土匪头子以一条枪作诱饵，逼迫不少善良农民为匪。为防不测，邓铁涛这位知识分子也须随身携带着手枪，处境之艰苦超乎想象。广东省土地改革委员会决定把新会作为全省土改试点，队员下乡宣传落实共产党的土改政策，与农民同吃、同住、同劳动。同吃，吃的是"禾虫酱"送稀粥；同住，钻进低矮的草寮，夜间与农民同席而眠；同劳动，和农民播种施肥插秧割稻。"三同"中同住最难，当时农村卫生条件恶劣，经常身上爬虱子。工作开展以查田评产最难，要协调群众、集体、国家利益。邓铁涛坚持了两年艰苦工作，直到土改胜利结束，他也由一名普通队员成长为土改工作队队长。与别人不同的是，他身上总背着一只药箱，一边开展土改动员一边为农民治病，使几辈子缺医少药的村民真切感受到共产党和政府的关怀。

回忆从读进步书刊到参加土改的历程，邓铁涛说："这一段的土改经历使我亲身体验到了中国农民的苦难，也扩大了我的视野。我的心，从我的职业，从中医，扩大到国家民族之上，扩大到整个世界。而马列主义的辩证唯物主义哲学，更是我日后在中医学术上不断取得成就的基础。"

1958 年 12 月，邓铁涛加入中国共产党，从此把自己的中医药工作与党和国家的中医药事业紧密地结合在一起。

回看邓铁涛的前半生，早年经历为其振兴中医、筑梦岐黄奠定了深厚根基。

深厚的家学渊源，家庭的熏陶与启蒙，自幼深受父亲邓梦觉的影响，对中医药学耳濡目染，立下悬壶济世的宏愿，这是他个人梦想之花含苞待放，更是一棵承载着中华传统医学传承使命的幼苗破土而出。彼时最高规格的中医院校教育，深入学习中医经典著作和各科专业知识，跟师名家练就扎实根基，使其日后在中医领域厚积薄发，不断探索创新。

青年时期，穿越抗战的烽烟，目睹人民的苦难，避难流离的动荡经历不仅没有击垮他，反而磨炼了他坚韧的意志，使他更加深刻体会到国家兴衰与中医药事业发展的密切关联，进而更加坚定了他传承和发展中医事业的决心和用中医为人民服务的信念。在香港期间，邓铁涛深受救亡运动、进步文化的影响，参加文艺通讯社等团体，阅读了大量进步书籍，接触到了不同的思想和文化，这为他日后将马克思主义哲学与中医学理论相结合提供了契机，也让他能够以更广阔的视野和更开放的心态来研究和传承中医。

　　他积极投身抗日救亡运动，参与地下交通站工作，这段经历让他深刻认识到自己作为一名知识分子的社会责任，培养了他强烈的社会责任感和使命感，使他在日后的工作中时刻以国家和民族的利益为重，积极为中医事业的发展奔走呼吁。

　　从参加土改到加入中国共产党，成长为一名坚定的马克思主义信仰者，他更是将个人的医学抱负与党的伟大事业紧密相连，自此融合"仁心仁术"的医学追求和"精诚济世"的家国情怀，筑牢初心使命，倾尽全力推动中医药事业发展，务求实现医学普惠万千百姓之目的。

　　山高路远，风雨兼程。邓铁涛怀揣着赤子之心，与人民同呼吸、与国家共命运，坚定不移地跋涉于追寻岐黄之道的漫漫长途。

第二篇
仁心仁术，大医精诚

中医学目前仍具有巨大的理论和实践优势，它保障了中华民族的繁衍生息，也为世界科学的多元化做出了应有的贡献，同时也是中国原创的、自主的知识体系的代表。只有积极探索其研究方法及方向，在理论和临床上不断创新，才会有利于国家医药事业的健康发展，才可能解决十三亿中国人的健康问题。

——邓铁涛《继往开来，开创中医学发展新局面》

第一章　临床急症的挑战

有一种偏见，认为中医只能治慢性病，急性病并非中医擅长。然而，邓铁涛的中医临床水平与成就最初是在处理急症病例的过程中提升和积累起来的。

"慢郎中"善治急性病

20 世纪 50 年代，邓铁涛临床用针灸、中药及外敷成功救治急性阑尾炎，并总结自己的临床经验和依据，撰写了《试论中医治疗阑尾炎》一文并分享于 1956 年 11 月《中医杂志》上，打破了西医主张急性阑尾炎必须在 24 小时内手术切除的定论。此后，广州中医学院附属医院（现广州中医药大学第一附属医院）成立了急腹症研究小组，"应用广东白花蛇舌草为主治急性阑尾炎"研究成果获 1978 年首届全国科学大会奖。该项成果基于长达 8 年的临床观察，从 1969 年 4 月至 1977 年 10 月，研究小组共收治各种类型急性阑尾炎 574 例，以白花蛇舌草为主，非手术治疗 453 例，占 78.9%。综合分析 8 年的临床观察结果，结论支持对单纯性急性阑尾炎和轻型局限性腹膜炎病例可以使用单味白花蛇舌草治愈。

又如，抢救脑出血急症。老战友彭会的妻子曾 3 次发生出血性脑血管意外，都是经邓铁涛挽救，且没有后遗症。

一位香港公务员，突然发作头痛欲裂，因为邓铁涛曾经治好过他的皮肌炎,所以他径直找到邓铁涛治疗。邓铁涛建议先做 CT 检查,CT 发现脑出血约 9 毫升。邓铁涛为其开具内服汤剂,患者服后头痛逐渐缓解,治疗 3 周后复查 CT,瘀血已全被吸收。

对于颅脑外伤等急危重症,邓铁涛积累了不少抢救经验。医院骨科,一名车祸颅脑严重受伤致脑出血的患者昏迷了 2 日。邓铁涛会诊,用安宫牛黄丸点舌、中药灌肠的办法,翌日患者有苏醒征象,继续用点舌、灌肠的办法治疗 4 天,患者清醒,再用内服中药治愈。追踪数年,患者无后遗症。

邓铁涛经常用点舌法及灌肠法抢救内科、外科昏迷患者。1983 年 9 月 16 日早上,29 岁男青年吴某在清理砖窑煤炉时,不幸一氧化碳中毒晕倒在地,2 小时后才被工友送至广州中医学院附属医院急诊室抢救。当天下午,患者持续高热 39.8℃ 以上,双侧瞳孔不等大,对光反射消失,痰涎壅盛,四肢不时抽搐……第二天上午 9 时,患者仍呈深昏迷状态,急诊室邀请邓铁涛会诊。他见患者昏迷不醒、呼之不应、呼吸喘促、二便闭塞不通,诊断为痰毒蒙心,制定了给药于舌、灌药入大肠的治疗路径。

"点舌法"即给药于舌,用安宫牛黄丸一枚,以 10 毫升水化开,棉签蘸之,不停点于患者舌面上,通过舌头吸收药物。"灌肠法",即用生大黄、崩大碗、苏叶等中药煎水,再将紫金锭 3 片研细入药,保留灌肠。至 20 日早晨,患者从深昏迷转为浅昏迷。邓铁涛再次会诊,将安宫牛黄丸改为牛黄粉,仍每日点舌;灌肠法也继续进行。23 日,患者恢复吞咽反射,邓铁涛为他开了内服处方,以经鼻腔插胃管方式给药。

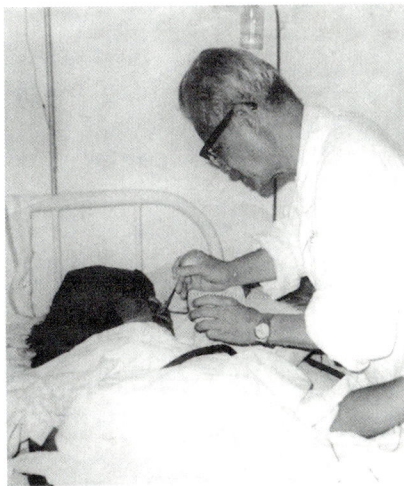

1983 年 9 月,邓铁涛用安宫牛黄丸点舌救治一氧化碳中毒昏迷患者

至 26 日，患者能够睁开双眼，可辨认家人，神志逐渐清醒。

某血崩症患者，每次月经来潮，总出血不止，经期起不了床。邓铁涛收集理发室剪下的头发一大包，洗净、晾干，塞入铁罐中，放入炉火中煅烧，从冒黑烟转为冒白烟，制成中药血余炭。患者月经来潮时服一匙，如血止不住再服一匙。就这样，出血减缓了，100 克血余炭未用完，血崩之疾就断根了。

急性心肌梗死，也是极易置人于死地的急症。邓铁涛参与抢救了不少心肌梗死患者。有一回，他的长子邓中炎收治了一位急性心肌梗死的农民，第二天，患者昏迷，急请邓铁涛会诊。正讨论病情，护士报告，患者吞咽反射消失，危在旦夕，邓铁涛嘱咐立即用开水调至宝丹点舌，不久，患者有了吞咽反射，病情得到逆转。邓铁涛再开中药，解暑、清热、活血，还用一味高丽参益气强心，一番寒温并用、攻补兼施，终于将患者抢救过来。

广州部队总医院胸外科主任突发心肌梗死，心绞痛发作，用吗啡针也止不住。邓铁涛会诊，嘱先予服用 2 粒云南白药的保险子（每瓶药散里附的一粒红色药丸），患者疼痛缓解。病愈后，这位外科专家坚持到广州中医学院跟随邓铁涛门诊学习了半年时间。此事传为佳话。

急诊急救技艺汇演

1955 年 4 月，广东省第一届中医代表大会在广州市召开，会议及时传达贯彻中央对中医药工作的指示精神，号召全省西医学习中医，并决定将一批西医生安排到中医院工作，将一批有名望的中医生安排到人民医院工作。1956 年，省、地、县医疗卫生单位开始举办在职、半脱产、脱产等形式的西医学习中医学习班。

1958 年 9 月 25 日，卫生部直属中医研究院第一届西医离职学习中医班结业，卫生部向党中央呈送了该班的总结报告。11 月 20 日，《人民日报》公开发表毛泽东同志的重要批示和党中央的工作部署。随后，西医学习中医成功经验在全国进行推广。

1959 年，广东掀起西医学习中医的高潮。解放军第一五七医院（现南部战区总医院附属一五七医院）迎来了邓铁涛带领的"西医学习中医高研班"，学员 81 名，邓铁涛担任班主任。在一五七医院，青年邓铁涛等中医学老师们遇到了更多急危重症，如同遭遇一场中医急诊突击考试。中医到底能否治急症？中医如何治急症？学生们翘首以盼，西医同道拭目以待。

"瓜菜代，度饥荒"的年代，胃肠急症特别多。一青年士兵，突发腹痛，持续难忍，又兼呕吐、腹胀、大便不通，针灸大夫用耳针治疗，患者疼痛逐渐缓解，后内服中药，大便得通，腹胀、腹痛顿消。针灸治疗急症，是中医的看家本领，邓铁涛对此胸有成竹。每次会诊急性腹痛患者，他都会首先考虑针刺疗法。最典型的一次，患者肠梗阻痛得嗷嗷叫，邓铁涛请针灸大夫在他耳朵上才扎了一针，患者腹痛骤减，马上安静了下来。

一天中午，管床医生匆匆跑到宿舍找邓铁涛，原因是一位不完全性肠梗阻青年士兵，常规治疗后，出现肠鸣音消失，病情发生变化，主治医生一边准备手术，一边咨询中医还有无良方秘籍。邓铁涛即随管床医生赶往病房。查患者，仍腹痛拒按，无发热烦躁，又望舌，见剥苔，仔细观察，剥苔下覆有薄薄新苔，他自己脸上紧绷的表情稍稍轻松了些，他说，胃阴未竭，且有气津来复之象，建议用中药灌肠方法。主治医生遂请示医院政委。

且说医院政委谢旺，他是切身体会过邓铁涛的诊疗水平的。他因患肝硬化，术后伤口一直不能愈合，渗液不断，无奈，半夜三更邀请了邓铁涛和广州部队总医院外科主任一起来会诊。外科主任为谢旺做了个"纽扣"，渗液有所减少，但仍止不住。邓铁涛则开中药内服方，加服中药后，伤口渗液明显逐日减少，很快便愈合了。因此，他打心里认可"稳当"的邓铁涛。

政委表示同意中医的建议，指示密切观察患者病情，随时做好手术准备。邓铁涛随即处方：大黄、厚朴、枳实、芒硝，灌肠。灌肠一刻钟后，患者肠鸣、腹痛复作，便意明显，20分钟左右，成功泻下燥屎。手术警报解除。

见到中医"保守"有效应对急症，儿科也来请中医会诊。一名五六月龄的婴儿，呕吐啼哭2天，腹部可触摸到条状包块，经腹透确诊为肠套叠。邓铁涛这次没有开中药，他嘱咐，取30毫升蜂蜜，兑入90毫升开水，37℃灌肠，同时用梅花针叩击腹部隆起的肠形包块。稍后，患儿排出宿便，腹软，旋即安静入睡。

妇产科也请邓铁涛会诊。一位过期流产患者，妇产科非手术治疗多日未效。邓铁涛诊察后，使用中医常规疗法，用妇科"脱花煎"（川芎、当归、牛膝、车前、桂枝）加平胃散和芒硝，患者服药一剂后三四个小时便开始宫缩，再加针灸，是夜完整排出死胎。应效之快，不少师生觉得事出偶然，难以置信。不久，妇科又接诊一例过期流产患者，再次请邓铁涛参与救治。患者35岁，妊娠8个月，胎动消失7天入院，胎心音消失。邓铁涛诊其舌有剥苔，脉大而数。问诊知其妊娠反应较甚，呕吐较剧，是虚人病实之证，与之前病例不同。果然，经用常规攻下方剂攻之无效。邓铁涛果断改用攻补兼施方案，采用开骨散加黄芪，下午3时许服药，6时多患者开始出现宫缩，10~20分钟一次，是夜8时学员为之按摩三焦俞、肾俞（行脏腑之气），但按摩后宫缩反而减慢减弱，显然又是欲速不达，按摩用泻法与体虚病实证情不符，邓铁涛嘱咐学员改用艾灸足三里以强壮体力，艾灸30分钟宫缩明显加强。继而针刺中极穴15分钟左右，每两三分钟捻转一次，针后每1~3分钟宫缩一次，甚有力。晚上11时，死胎产下。经过这一次，学员们彻底明白医学没有"灵丹妙药"可以一劳永逸，学好中医理论才能用对中医方药，发挥不同治法的最大效能，达到最优效果。

邓铁涛带着几个高研班的学员到新会县的崖西公社卫生院开展临床实践

教学。一天，卫生院接诊了一名产后大出血的妇女，卫生院医务人员如临大敌。因为诊疗条件和设备简陋不堪，当地没有血库，到省城广州又交通不便，抢救产后大出血尚未尝胜绩，不久前刚经受过一次挫败，大家还心有不甘，不想今天又遭遇了。今天的患者病情危急程度同样让人感到窒息，该名产妇出血量评估超过1000毫升，已经休克了。除了输注葡萄糖盐水维持循环容量，无计可施。邓铁涛指导学员第一时间参与抢救，一组学员急施艾灸，灸百会、足三里、隐白、大敦等穴位。一组学员取出急救药箱中的云南白药，兑温水，患者清醒即服用。一组学员按照邓铁涛的处方紧急配药，并亲自动手煎煮。约半小时，患者血压升上来了，但一停止艾灸，血压就下降，故继续艾灸至40分钟，患者血压终于稳住了。汤剂煮好，兑入阿胶，予患者服下。查患者四肢回暖，出血也较前缓和，抢救第一步成功了。随后，继续针药并用，产妇病情逐日好转，第3天出血止住了。家人为表达感谢，送来了家里全部的鲜鸡蛋。邓铁涛拒绝了，他说坐月子正是需要补充营养的时候，鸡蛋留着给患者吃。

此后还有一例。另一个村子的一位产妇，生产时子宫被产钳挫伤，流血不止。产妇体质素来不佳，一时面色蜡黄，腹胀不堪。邓铁涛带着学员赶到村里，查患者并非气随血脱之虚脱证，而是外伤所致血瘀气滞，于是吩咐患者家人取葱花拌粗盐炒热，用棉布袋装，隔棉布熨烫患者肚子，又吩咐学员艾灸足三里，开处内服中药，产妇当日好转，平安度过一劫。

在一五七医院，邓铁涛还带领学员灵活运用中医活血化瘀方法，成功救治多例外伤致血胸、胸腰椎骨折患者。在充分展示中医急救"神奇"效果的同时，邓铁涛与学员们结下了不解之缘。特别是他所带班级的班长靳士英，毕业后仍在中医学术道路上一直追随陪伴邓铁涛，成了他的第一位军中弟子，两人亦师亦友一甲子光阴。

呼吁抢救中医急诊术

新中国成立初期，全国卫生防疫基础条件薄弱，感染性急症、传染性疾病多发，抗生素依赖进口，价格昂贵，这是邓铁涛临床实践的切入点。他研究中医学术发展历史，发现诊治急性传染性发热疾病是中医的传统、是医生的一项基本功。其临床上在感染性、发热性、传染性急症等方面先行积累了丰富的经验，为他打下深厚的中医科研功底奠定了坚实的基础。

20世纪50年代，广东地区两度暴发流行性乙型脑炎（简称乙脑）。邓铁涛意识到博大精深的中医学还有许多特色优势未被传承和利用，他开始结合诊疗实践深入地研究中医温病学说。1955年，他撰写《温病学说的发生与成长》一文，发表在当年创办的国家级中医学专业权威期刊《中医杂志》；撰写《试论温病的卫气营血与三焦》一文，发表在《江西中医药》杂志。1957年，《吴鞠通〈温病条辨〉读后》一文发表在《广东中医》。1957年7月，邓铁涛在广东省科学馆作"宋代以后祖国传染病学的成就"专题学术讲座，极大地鼓舞了广大中医药工作者参与流行性传染性疾病防治的信心和主动性，产生了积极深远的影响。

1958年6月，广东各地乙脑疫情严重。7月3日，广东省卫生厅紧急发文《有关中医治疗流行性乙型脑炎问题》，要求中西医团结合作，降低死亡率，减轻后遗症。据统计，1958年乙脑住院患者的病死率达25.5%，但与1955年高达40%的病死率相比，有所减低。其间，邓铁涛主要到广州市儿童医院会诊，他总结治疗情况，撰写《乙型脑炎治验小记》一文，发表在当年的《广东中医》第10期上。邓铁涛分析总结，1958年广州地区的乙脑，与石家庄1955年证候偏热、北京1956年证候多湿，都不相同；广州1958年乙脑暴发前多雨，暴发后天气极热，患儿发病相应多表现为热盛湿伏，治疗上推荐清热与透湿同施。他统计参与治疗的乙脑患儿计10例，仅

1 例死亡。

随着被邀请到外院会诊、抢救急危重症的情况越来越多，邓铁涛感受到西医发展的迅猛势头，所接诊急危重症的数量直线攀升。他深刻意识到中医学的发展仍不够理想，未能像党和人民所要求期盼的那样发展壮大。1983年2月，邓铁涛在《中医杂志》第2期上发表文章，呼吁"中医急诊术必须抢救"。因为，"中医治疗急症的宝贵经验其未知数，比之已知数，不知大多少；因为中医儿千年来的成就，一直未经系统而全面的整理之故"。

邓铁涛说，历代名医，都是能救急扶危，"劈得开大柴节"才称得上名医。那种认为中医只是"慢郎中"的观点，是部分人的偏见和成见。当然，在西医医院林立的环境，如大城市，中医失去很多参与急救的临床机会，也是一个原因。因此，对于广大农村患者来说，尤其需要简、便、验、廉的中医急救办法。

下乡巡回医疗所遇到情况，使邓铁涛对广大农村的需求有最直观和最深刻的认识。有一次，邓铁涛随下乡巡回医疗队到顺德县（现佛山市顺德区）陈村潭州，该村一位老年男性患者，患肺结核，吐血不止，卫生所的人担心传染，不敢前往诊治。邓铁涛知情后，嘱咐患者家人买7支针灸针，另取一根竹筷子劈开一头，再绑上7支针做成梅花针，用它来叩击患者的人迎穴。同时，他从随身药箱中拿出止血药散，又嘱咐取患者孙子的新鲜尿液中段，用它冲止血药散给患者服下。随后开了中药给患者煎服，当天，患者吐血就止住了。

破伤风，可以打针预防，但如果已经发病，就很难救治。有一次，邓铁涛下乡巡回医疗来到了村里的卫生所，碰到一位母亲，突然把婴儿塞进医生的怀里转身就跑。原来是破伤风患儿，其母亲放弃治疗了。这时，小娃娃已口唇紧闭、口撮如鱼嘴，面如猪肝色。医疗队一时束手无策，邓铁涛提出使用中医儿科的"灯火十三燋"治法抢救，这是中医用于救治小儿惊风的一种外治法，找到一段灯心草就可以实施治疗。一位有西学中经历的医生表示听说过这个治法，主动要求当第一助手。其他医护也都尽己所能动手协助，找来灯心草、油灯……邓铁涛一边点穴定位，一边解说，灯火十三燋是用灯心草燃火点灼小儿的十三特定穴位，囟门、眉心、人中、承浆，两手大指少商穴，肚脐心神阙穴和脐周一围六灼。每点灼一处，灯心火便发出啪一声脆响，灼到人中穴时，婴儿哭喊出声，施治完毕，小儿全身松弛下来，所有人惊叹不已。

1981 年卫生部部署对热证、中风、厥脱、血证、痛证等五大急症进行临床研究，为配合这一全国性中医急症科研工作，邓铁涛献出家传验方"五灵止痛散"。该方是由宋代《太平惠民和剂局方》失笑散再加冰片而成，因其服食方便、起效迅速，成为邓氏医学传家宝之一，该方之分量配伍，则是经过半个世纪临床摸索优化后确定。五灵止痛散有镇痛解痉及消炎止痛作用，该药 1984 年 8 月通过技术鉴定后成为三类中药新药。邓铁涛把研究成果转让给广州中药三厂，又把技术转让费 5 万元全部捐献给中华中医药学会。

1992 年 10 月 27 日，在广东省中医院举办的全省急诊学习班上，邓铁涛再次呼吁"抢救中医学术与急诊术"。特别针对热病用寒药的诊疗惯性、用药定式，邓铁涛补充强调，中医还有"甘温除大热"辨证思维以及相应方药经验值得发扬和应用。他说，李东垣的"内伤发热辨"是在世界医学史上处于领先地位的。随后，他举了一个自己的验案。

邓铁涛的一位学生，某大医院的中医科负责人，其母亲入院手术后发热达 38～39℃，用了各种抗生素都降不下来。学生请他前往会诊，他辨证后竟然开了补中益气汤。学生熬好药却犹豫不决，不敢给她母亲喝药。晚上 8 点钟，学生打电话咨询："药里有黄芪、白术、当归呀，高热的患者喝下去可得了？我怕，不敢给我妈喝。"邓铁涛说："你不放心，就先给她喝一半吧，3 小时之内，体温不升高，再喝剩下的一半。"果然，翌日患者的温度开始有所下降。邓铁涛嘱咐："今日连用 2 剂。"温度终于降到了 38℃以下，又几日，患者体温恢复正常。学生感慨地说："高级的抗生素都用上了，烧就是退不下来，住院费用花了 30 多万，用了数天中药就解决问题，而且才花了 200 元。"

第二章 一生的对手——重症肌无力

邓铁涛接诊重症肌无力患者是在 20 世纪 70 年代。精益求精、"治病求本"的思想，使邓铁涛从一开始就高度重视这个陌生而熟悉的对手。陌生是因为病名来自西医学，熟悉是因为类似的病症及相应的治法方药，中医古已有之。

罕见病激活九百年古方

1971 年一个冬日，邓铁涛出诊时遇到首例重症肌无力患者。患者小娄是一位 15 岁少年，3 个月前一次感冒发热之后，突然出现左侧眼睑下垂不能上提，症状早上较轻，傍晚加重，几乎遮住整个眼球，紧接着左侧眼球运动不如往常灵活，转动如有卡顿，1 个月后，右侧眼睑也出现下垂睁不开的情况，到医院做过新斯的明试验，阳性，诊断为重症肌无力，但经抗胆碱酯酶药物治疗 1 个多月未见疗效。邓铁涛仔细诊察患者，除见眼睑下垂、眼球运动不灵活及复视外，身体其他部位肌肉未见累及，饮食、呼吸、肢体活动均正常，仅体力较差，舌嫩无苔且有裂纹，脉弱。

重症肌无力是一种罕见病，对邓铁涛而言，这是他接诊的第一例患者，恰恰是这一罕见病例，引起了他高度注意。首先是诊断问题，中医学虽没有重症肌无力这个病名，但清代眼科名著《目经大成》有关于眼睑下垂的记载，称之为"睑废"，可沿用参照。至于辨证，按照五轮学说，上睑属于脾，按照脏腑辨证，脾主肌肉，该证候当属脾虚证。但患者还有眼球运动障碍、裂纹舌无舌苔等症状，是肝肾阴虚的征象。因此，邓铁涛为患者制定了每周6天温益脾阳，1天滋补肝肾的治疗方案。益脾阳选用补中益气汤为主方，补肝肾选用六味地黄丸。补中益气汤是"金元四大家"之一的李杲创制的古方，距今八百多年。六味地黄丸创制更早，是宋代的儿科医家钱乙所发明。

患者每3个月复诊一次。至1972年6月三诊时，亦即治疗半年后，患者除左眼球向上活动稍差，其余基本正常。继续治疗半年余，患者两眼球活动及眼裂大小相同，早晚无异。邓铁涛对该患者追踪观察了3年，未见病情反复。

此后两年，邓铁涛又成功诊治了两位重症肌无力患儿。3位患者均属眼肌型重症肌无力，治疗以脾为主，兼顾肝肾，都取得满意的疗效。邓铁涛总结的《眼肌型重症肌无力的中医治疗与体会》于1977年由学生整理发表。

之后，来自全国各地的重症肌无力患者陆续到广州求诊，交通不便成了大家普遍存在的难题。为了减轻患者因路途遥远带来的身心劳倦和经济负担，邓铁涛特别为重症肌无力患者开辟了一条"绿色通道"，即重症肌无力函诊。患者或其家属通过写信详细地描述病情，并附上当地医院检查结果及医生的舌脉诊断说明，条件允许的附上最近的照片，邓铁涛收到信件后，综合分析患者的情况，将处方用药和医嘱用信件形式回复患者。1个疗程后，患者把服药情况反馈回来，并附上次的处方。如鸿雁往来，直至患者病情稳定甚至痊愈。邓铁涛二儿子邓中光是重症肌无力函诊的主要助手，父子俩一直坚持义务函诊，一直到2011年。因函诊常收集不到舌象、脉象信息，增加了辨证论治的难度，这对医者和患者都提出了更高要求，一方面要对整个疾病的轻重缓急、治疗方案和转归预后有确切的掌握；另一方面还要加强对该病的健康科普，提高患者叙述病情和自我判断病情轻重缓急的能力。后来有了电话之后，有的患者便函诊加电话问诊。

电话诊疗方便患者及时反映病情，却容易给医生带来意外的打扰。邓中光印象最深的是一名广东汕头的重症肌无力患者张某，因多年的病情缠身令她高度紧张，每次函诊收到邓中光开处的药方，她都要再打电话确认，一定要听到邓铁涛的声音才肯服药。而且每隔几天，就会迫不及待打电话向邓铁涛诉说病情，不管几点钟，一定要邓铁涛亲自接电话。邓中光考虑到父亲的作息和身体，便在回信时稍稍批评了两句，提醒患者重症肌无力是慢性病，对付这个病要打持久战，请她注意不要频繁影响老人家休息。而邓铁涛却始终站在此患者的角度，有问必答，每每多加安慰，从未拒绝她的要求。经过医患双方一段相当长时间的不懈努力，张某的病情好转，并找到了工作。她用第一个月领到的工资买了一包茶叶寄给邓铁涛父子，感谢他们对她的温情救治。

函诊的治疗方案中，使用最多的便是补中益气汤，当然，邓铁涛会加以化裁，最后也形成了他自己的创新方药。邓铁涛生前救治的一位重症肌无力患者韩女士，非常细心地保存着邓铁涛历年给她开的药方，因此，至今我们还能看到20世纪70年代邓铁涛的处方真迹。

1979年11月18日邓铁涛开给韩杏枝的处方　　1983年2月28日邓铁涛回复韩杏枝的信件

　　1978 年，考上大学的韩女士被诊断患有重症肌无力，疾病罕见，病情危重，几经反复，康复无望。所幸，她通过报纸得知广州中医学院附属医院（现广州中医药大学第一附属医院）有一位名老中医邓铁涛在重症肌无力治疗方面有专长，便尝试写信联系。邓铁涛很快回复表示愿意为她诊治。处方用药仍是以"补中益气汤"为基础。

　　得到邓铁涛诊疗后，韩女士病情稳定了下来，顺利完成学业。因为这场突发危急"怪病"，韩女士从此与邓铁涛结下了深厚的医患情缘。在之后的数十年里，韩女士一直得到邓铁涛及其儿子邓中光的诊治和救护，先后战胜了重症肌无力、习惯性流产，以及数不清次数的大小病痛。即使后来病症已基本痊愈，她仍然每年前去拜访邓铁涛。

　　2017 年 10 月，韩女士到医院探望"恩医"邓铁涛，随身携带数十年来保存下来的 57 份手写处方和 10 封书信。在征得邓铁涛同意后，她将这批手稿无偿捐献给广东中医药博物馆。

　　2019 年邓铁涛逝世，71 岁的韩女士全程参加了告别仪式和追思会，之

韩杏枝（右一）与邓铁涛

后更是坚持每年清明节前往广州中医药大学第一附属医院的铁涛广场向邓铁涛雕像鞠躬献花以表纪念。

　　2024 年 5 月 14 日下午，广州中医药大学第一附属医院收到了一份特殊的"礼物"——一尊国医大师邓铁涛的汉白玉雕像。雕像的赠送者正是 76 岁的退休教师韩女士。捐赠仪式现场，韩女士表示，她经常回忆起中医泰斗邓铁涛的慈祥、仁爱、智慧和坚定不移，希望这尊雕像能够让正在和病痛作斗争的医护和病友受到鼓舞，增强战胜疾病的信心和勇气，也希望中医发展能如邓铁涛所希冀的，实现腾飞。

科研攻关寻求临床突破

　　从 1970 年至 1986 年，经跟诊的二儿子邓中光临床观察，邓铁涛一共治疗了重症肌无力患者 51 例，治愈 21 例，好转 26 例，有效率 92.15%。邓铁涛并没有就此止步，他提出要总结自己的诊疗经验和特色，进一步系统研究

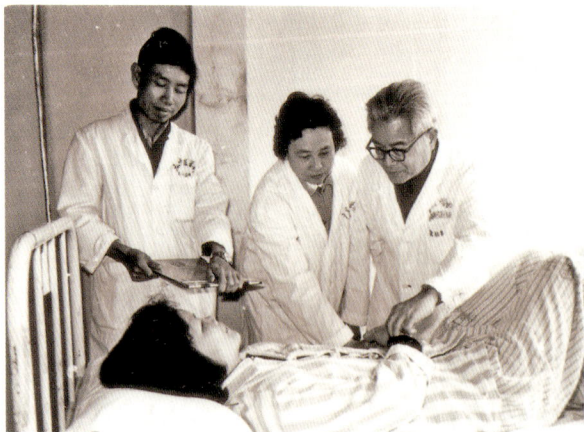

20 世纪 70 年代邓铁涛在附属医院查房

该病的辨证论治规律，形成较为完备的理法方药体系，以期在提高临床疗效上有所突破。

1986年10月，邓铁涛承担国家科委"七五"攻关课题"重症肌无力疾病脾虚证型的临床研究及实验研究"，参与研究的有张世平、刘小斌、李顺民、邓中光、杨文辉等。具体实施时分为文献与邓铁涛经验总结研究、临床和实验研究两个阶段进行。

文献研究结果表明，邓铁涛治疗重症肌无力的经验，以古代医家的学术成果为基础，很好地体现了继承与创新的辩证统一。首先，他继承金代李东垣的脾胃内伤理论、益气升阳治法和补中益气汤方，又综合融会清代王清任大剂量使用黄芪（又称北芪）的用药经验，创新性使用岭南本草五指毛桃（有"南芪"之称），形成南北芪对药并用特色。在理论与诊法上，他首次明确提出重症肌无力的病机为"脾胃虚损，五脏相关"，实现了对该病的整体辨证（区别于分型辨证）。"脾胃虚损，五脏相关"说的是重症肌无力不是一般的脾虚，而是虚弱到有所损坏难以修复的程度，病理机转与五脏相关联，如眼球斜视凝视提示损及肝，吞咽不下提示损及肾，危象出现呼吸困难提示损及肺肾，一言以蔽之——"脾胃虚损，五脏相关"。

临床证候观察：纳入患者233例，收集全部中医症状58个，统计分析表明该病以眼睑下垂、四肢无力、纳差、便溏、舌淡胖、边有齿印、苔薄白、脉细弱等为主要临床表现，支持该病以脾胃虚损为主的观点。

临床治疗观察：中医治疗以邓铁涛自拟"强肌健力饮"处方为主，疗效采用临床综合记分的方法定量地判断。对252例重症肌无力患者进行治疗前后对比观察。结果：临床治愈119例，显效97例，好转33例，无效3例，总有效率为98.8%。

课题组还采用随机分层配对的方法，对94例重症肌无力分别采用邓铁涛处方制剂强肌健力饮和泼尼松（强的松）进行疗效比较性治疗。经统计学分析，提示强肌健力饮与泼尼松一样，对重症肌无力有较好的疗效，但无泼尼松的不良反应。

　　研究期间，课题组主要在广州中医学院第一附属医院针灸科收治重症肌无力患者，自1987年4月至1990年8月间，共收治了患者302例，抢救重症肌无力危象8人次。抢救措施中西医结合，在常规方案的基础上，使用大剂量的强肌健力饮鼻饲或灌肠。危象抢救结果：成功7例次，1例因第二次危象时呼吸衰竭死亡。

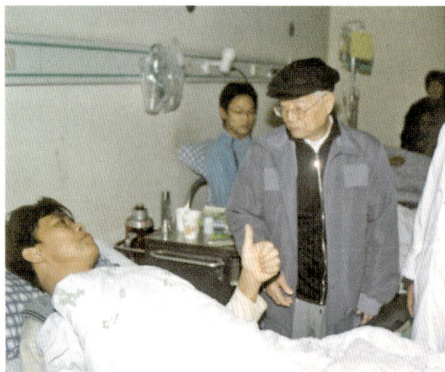

成功抢救重症肌无力危象患者陆某。陆某称赞中医顶呱呱

　　实验验证"脾胃虚损"理论假说，课题实验研究方案的设计成了一大难点，邓铁涛为此想了不少办法。他把博士研究生派到上海系统学习造模、生化实验与统计分析。采用当时最权威的脾虚证实验诊断标准，从微观实证实验研究角度开展了积极的探索。

　　邓铁涛对重症肌无力的研究，以医疗的需要为出发点，以服务于临床为依归。在科研的过程中，按照中医认识疾病的自身规律，并与现代的一些科研方法有机地结合起来，为中医治疗重症肌无力提供了较完备的理、法、方、药整体方案。1991年1月，课题研究成果通过国家中医药管理局组织的技术鉴定。在鉴定委员会的7名成员中，协和医院神经科许贤豪教授、广州呼吸病研究所钟南山院士都是当时我国西医界著名专家，他们肯定了中医中药治疗重症肌无力的效果。12月，课题研究成果经评选获得国家中医药管理局科研成果奖一等奖。经国家中医药管理局推荐，荣获1992年国家科技进步奖二等奖。

　　1991年之后，重症肌无力留医患者在广州中医学院第一附属医院主要由脾胃病科收治。75岁的邓铁涛仍不定期到针灸科、脾胃病科查房指导重

1991年国家"七五"攻关项目重症肌无力辨证论治研究技术鉴定会（前排中间为邓铁涛）

症肌无力等神经肌肉疾病的诊治。1993年邓铁涛主持开展国家中医药管理局课题"强肌健力饮治疗痿证开发应用研究"，研制强肌健力口服液制剂，以解决给药途径、通道等临床难题。张世平、刘小斌、邓中光、邱仕君等参与研究。

　　建设重症肌无力中医专科是邓铁涛的心愿之一，为此他捐出首届"岐黄奖"一百万元用于资助一附院开展重症肌无力与心血管疾病的中医诊疗研究。经过多年沉淀发展与专科分化，2023年10月广州中医药大学第一附属医院肌病科正式成立。"在邓老的带领下，经过几十年对重症肌无力治疗的研究积累，目前中医已经形成了一套行之有效的治疗体系。"弟

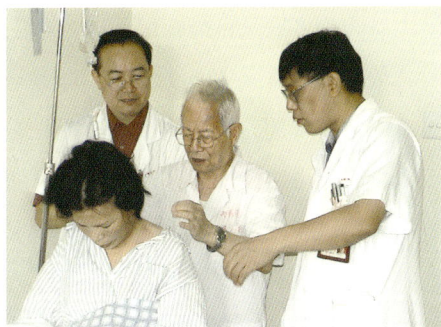

邓铁涛在广州中医学院第一附属医院查房示教
左一为弟子刘小斌，右一为弟子刘凤斌

子刘小斌说，"他接触过的重症肌无力患者人数已经过万，参与抢救危象患者超 500 人次，门诊外地患者占 80% 以上。一附院成立肌病科，将有利于更好地将邓铁涛的学术经验发扬光大，有利于更好地解危救急服务患者。"

抢救"危象"勇攀山外山

重症肌无力的治疗是世界性的难题，而危象的抢救则是难中之最。该病患者发生危象时呼吸困难，吞咽不下，往往需要使用呼吸机辅助呼吸，装置胃管鼻饲食物、药物。重症肌无力危象的病死率，20 世纪初为 20% 左右，80 年代以前为 43%，90 年代为 36%。这是一个高风险的病种，危象可多次发生，抢救是一次更比一次难。

1989 年 11 月 23 日，一位刚从医学院校毕业的女学生，因罹患重症肌无力，要找邓铁涛治疗。她从河北出发，舟车劳顿来到广州，诱发感冒，入院时即发生危象。邓铁涛主持抢救，处方用黄芪 120 克、五爪龙（五指毛桃）120 克。因邓铁涛这个大剂强肌健力方剂量太大，煎药房此前就曾回复无法浓煎至符合药专力宏的要求。危机紧迫，邓铁涛直接安排研究生为这位学生煎药。之后又自掏腰包请退休职工满婶为她专门煎煮中药，前后达一个月之久。跟诊研究生问邓铁涛，患者感冒未愈，为何还能用这个方？还能用这么大量的黄芪？邓铁涛说，患者是虚人外感，处方中已经加用了防风、豨莶草、浙贝母、桔梗等药疏风化痰利咽。再者患者住院留医，检验结果如合并有感染，常规会用抗生素治疗，所以中药处方要坚守"治病求本"，可以攻补兼施，以补为主。因为抢救及时、用药有效，患者很快转危为安，临床治愈出院。回到河北，这位准医生坚持遥从学习邓铁涛诊疗经验，选择了中西医结合治疗重症肌无力的专业方向，再后来还在当地创办了重症肌无力专科医院，《光明日报》称她为"给力天使"。

类似的故事还有很多，有一位香港教师曾详细地记录了她患病并发危象的经过。1998 年 2 月的一个晚上，她忙着批改学生作业，突然发觉眼睛异样感、眼睑耷拉了下来，心想还没困怎么眼就睁不开了，不敢大意，当晚早早休息了，翌日早晨起来观察眼睑无异常。但是，随后几天，每

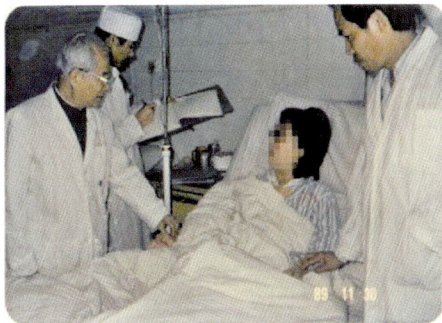

1989 年 11 月 30 日，邓铁涛教授查房，为重症肌无力患者制定诊疗方案

到晚上双眼眼睑还是惯性一般下垂，想撑开眼皮却撑不起来，很快晚上休息后第二天也没有完全恢复。紧接着症状多起来，她觉得头部很重，颈部无力支撑，四肢也乏力。她像往常一样捧着几本书、挂着扩音器上楼讲课，才走几级楼梯便气喘不休，抬手在黑板上书写也异常吃力。随后，出现视物重影，一专注则晕头转向，无法批改学生习作。于是决定看医生，眼科检查后，医生说复视现象与眼科无关，建议她转到脑神经内科，诊断结论是重症肌无力。稍作咨询，她心里开始忐忑不安。原本以为只是工作紧张，又经常失眠，导致了疲劳过度，没承想，患上重症。医生立即嘱咐她停止工作请假休息，并开了泼尼松和溴吡斯的明两种药给她内服。患者不敢怠慢，一切按照医嘱进行。治疗了 1 个月，病情却未见好转，反而还出现说话话音含糊不清、吞咽困难，时不时还呛咳，四肢的力量似乎完全消失了，梳洗抬不起手臂、上下楼梯抬不起大腿，切身体会到举步维艰。

才 3 个月时间，患者便开始感到呼吸乏力了。复诊医生说内服药已经用足量了，接下来只能住院采用其他方法治疗。自此，患者不得不频繁留院治疗，接受了“洗血”（血浆置换）治疗两次，但缓解时间很短暂。患者丈夫开始到处寻访名医，针灸、气功治疗都尝试过，依然一点进展也没有。有的医生直接坦言没有治这种病的经验。患者病情又严重了，不得不再次入院。

这次患者在"洗血"治疗后昏迷不醒，被送到深切治疗部（即重症监护室）抢救。苏醒后，医生建议做切除胸腺手术。彼时，患者的体重只有29千克，家人心疼不已，咬着牙做着接受手术治疗的准备。恰巧前来探望的朋友提到报纸有一则相关消息，说的是近日香港浸会大学的学术研讨会邀请了不少内地名老中医出席，其中就有擅长治疗重症肌无力的邓铁涛教授。患者丈夫确认消息后立即致电报社询问有关研讨会的详细信息，及时地在第二天赶到浸会大学会场，并找到了邓铁涛。没想到的是，邓铁涛精神矍铄全然看不出已是耄耋之年，更没想到的是，他们才简单说明来意，邓铁涛便爽快答应出手救治患者，并且立即随他们前往医院看望患者，令他们喜出望外、感激不已。

患者丈夫自我介绍姓凌，说："我是香港特区政府的公务员。我的太太患了重症肌无力，玛丽医院要为她开刀摘除胸腺，我在网上查了很多资料，知道现在对这种病有效治疗仍然不多，唯独您老人家有办法。我知道你来开这个会，就一直在门口等您。我求求您，救救我太太，现在就跟我去玛丽医院好吗？"

邓铁涛望着这张陌生的脸，充满了祈求与希望，虽然素昧平生，但医者仁心仁术，怎能拒人于千里呢？于是，他点点头与一同赴会的次子邓中光副教授一起随凌先生到了玛丽医院。

邓铁涛走到患者床边，和蔼地看着她，就如家中长辈一样亲切，脸上的笑容温暖从容，如同春风晓日。这是她患病后所未曾遇见过的。患者很想向他道谢，但无奈奄奄一息，说话力不从心。邓铁涛微笑示意："不用说话了，我知道你很辛苦，我会医好你的！"患者听完泪如泉涌。

邓铁涛仔细诊察患者舌脉，又详细了解了病史病情，开了中药处方，不厌其烦地讲解生活起居和日常调护注意事项，还告诉患者家人，目前体质太虚弱不建议冒险手术。患者丈夫跟邓铁涛要了联系电话，如释重负。他最后虽然拒绝了手术治疗，但内心反而重燃希望和信心。

返回广州后，邓铁涛主动和患者丈夫联系，了解病情，处方用药。经邓铁涛精心诊治后患者病情稳定，便出院了。家里则配备了呼吸机，此后每个星期，患者丈夫都会向邓铁涛报告患者情况。邓铁涛遇到出差等事务，都会亲自提前告知患者家人，并交代他们有需要可以联络他的儿子邓中光。

从这一天起，凌太太服他的中药，从住院靠西药支持到出院回家用中药调理；从中药、西药并进，再后来只服中药，情况一直平稳，生活能力亦不断增强；从肌肉全身乏力，离不开家到恢复生活自理能力，到能行走自如地往返于广州、香港之间。邓铁涛父子或以赴港之便为她面诊，或通过电话调整处方，或患者亲自到广州面诊。此后，2010 年，患者曾因为食物中毒诱发重症肌无力危象，两次昏迷，心跳曾一度停止。邓中光立即从广州赶赴香港为患者诊治，依照邓铁涛的方案服药，使患者再次逃离了鬼门关。

更有意思的是，邓铁涛去玛丽医院为凌太太诊治的那天，同病室有一位张太太，她的病情比凌太太轻。她听说中医专家来到，便也"搭顺风车"，请邓铁涛为她把脉，邓铁涛慨然应允，认真地为她诊脉开方。但这位张太太对中医将信将疑，心里七上八下，究竟去不去买药？恰巧，一位正在学中医的亲戚来探望她。问她：

"你这个处方是谁开的？"

"邓铁涛！"

"嗳！邓铁涛开的，你闭着眼睛吃都不怕！"

结果，她也成了邓铁涛的忠实患者，从行动困难到神清气爽地出了院，恢复生活自理。

邓铁涛发现，抢救重症肌无力危象，中药剂型的改革是关键。中药制剂，必须药专力宏，

2003 年抢救重症肌无力危象患者杨某，抢救成功后患者送锦旗以示谢意

避免汤剂煎煮容量过大，减少水分在胃肠潴留或减少药物堵塞胃管。再者，对于危象患者的抢救，护理工作也特别重要，医院每次成功抢救危象患者，护理工作都功不可没。因此，邓铁涛创办的邓铁涛科研基金中，每年都会资助重症肌无力护理相关研究。

恫瘝在抱彰显人文关怀

邓铁涛生前，收到患者赠送的锦旗多不胜数，其中较为特别的是几块大牌匾，每块牌匾背后都是一段医患情缘。邓铁涛只将"大医精诚""仁心仁术"和"恫瘝在抱"展示在家中客厅显眼处。为什么不展示"妙手回春""扁鹊再世"之类称赞技术高明的牌匾呢？他说，展示这些不是为了自矜己德，"大医精诚"是中医学古已有之的医学伦理、医德规范，"仁心仁术"是中医的"医学宣言"和从业准则，"恫瘝在抱"是仁者爱人的具体表现，体现中医的文化特色，充满人文关怀精神，是医学不可或缺的重要组成部分。把它们挂在客厅最显眼处，首先是为了自勉，医师要把中医的精神传承给后学，而不仅仅是传授冰冷的医学知识。

"恫瘝在抱"木匾来自故乡开平父老乡亲的嘉许。邓铁涛说，所谓"恫瘝在抱"，就是要把患者的病痛看作医生自己的病痛，处处全心全意为患者着想，绝不能为了搞科研写论文甚至为了获取更多金钱而给患者增加不必要的检查项目、增加非必要的手术类带有创伤性质的诊疗项目。

2003 年 4 月 17 日，在广州中医药大学第一附属医院，一对青年夫妇突然闯入禁止探视的重症监护室（ICU），奔向他们年仅 12 岁的儿子小林（化名）的病床，他们慌乱地拔掉孩子的呼吸机套管和氧气管，弃孩子于不顾。

这是一个患有重症肌无力危象的小孩。此前行气管切开，使用呼吸机辅助呼吸，装置胃管鼻饲食物，但经过 38 天的治疗后，他的父母被告知治疗无望。孩子父母未绝望，多方打听，得知广州的邓铁涛擅长诊治这种病，便决定南下。为救孩子，他们变卖了仅有的房产。4月10日坐火车来到广州，孩子病情加重，被紧急送进广州中医药大学第一附属医院重症监护室抢救。是时，孩子已经意识模糊，面如死灰，嘴唇发绀，痰涎分泌物从气管套管口涌出，血氧饱和度仅83%，重症监护室值班医生马上给患儿接上呼吸机进行抢救。经过五天的奋力抢救，孩子的病情有所稳定，但他父母亲卖房的一万元已告罄。接下来，拿什么来救孩子？夫妻两人绝望了，执意要放弃对小孩的救治，并签字愿意承担一切后果。

就在小林命悬一线之际，邓铁涛得知了此事，马上赶到重症监护室了解情况。他翻开患儿的被褥，见小孩奄奄一息瘫软地躺在病床上，身体干瘦如柴，弯缩如虾。邓铁涛对主治大夫说，小孩瘦成这样（当时体重17千克，正常应为32千克），单靠药物如何能起作用？说完，他拿出事先准备好的5000元交给重症监护室的护士长："到营养室买鼻饲食物，要保证每天所需要的能量，有胃气才有生机。"又对重症监护室的主任说："重上呼吸机，费用我先垫！"在场的人无不为之感动。

邓铁涛接着又和医护人员研究治疗方案，他说，从目前孩子的情况看，感染是诱发危象、加重病情的重要因素，建议选用价格低廉的抗生素，不必进行丙种球蛋白冲击治疗，既能对抗感染又可以解决费用过高的问题；其次，中医治疗重症肌无力以升阳举陷为治疗原则，重在健运脾胃，然后才能强肌健力，建议免费给患儿使用他的经验方制剂"强肌健力口服液"鼻饲，一次一支，一日四次；另外，护理不能精简，要加强日常的护理，吸痰除痰、翻身拍背、清洁口腔，增加饮食量以支持营养，不必拘泥于儿科会诊17千克体重每天液体入量不超过800毫升的常规用量。

孩子终于得救了。4月21日，邓铁涛再次来到患儿床边。孩子微微睁开双眼，看到一位慈眉善目的老人正用关爱的眼神望着他。护士告诉孩子："这是给你治病的邓爷爷，是他救了你的命。"孩子的眼眶瞬间湿润了，因为插着气管无法说话，他示意护士拿来纸笔，歪歪扭扭地写了几个字："邓爷爷，您为什么要救我？"老人倒一下子被这个突如其来的问题问住了，"学雷锋，希望你长大报效祖国。"老人的话言简意赅，孩子点点头，表示领悟了。

4月28日，小林成功脱离呼吸机。孩子的父母闻讯赶了回来，两人一见邓铁涛，赶忙双双下跪，以这种最质朴的方式表达感激之情。

5月19日，患儿可以自行吞咽饮食了，医生拔除了他的胃管，解除了鼻饲。孩子吃饱饮足，此时体重已增至21千克，可以步行活动了。六一儿童节那天，小林高高兴兴地参加了广州一日游。

邓铁涛在抢救患儿的同时，还多方求助，想方设法帮小林解决欠下3万元医疗费的难题。一位来自香港的方太太笃信佛教，每年都拿点钱做善事，听到此事后便捐出2万元，从经济上解决了患者一家的燃眉之急。香港《大

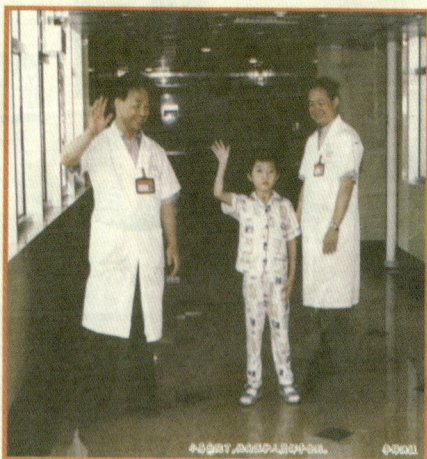

2003年邓铁涛师徒传承仁心仁术抢救患儿故事见报
邓铁涛弟子：刘友章（左）、刘小斌（右）

公报》登载此消息后，又有热心读者捐赠1万元用于孩子的后续治疗。

2003年6月9日，小林终于出院，随父母返回湖南老家。一时间，广州名医治好小林绝症的消息轰动远近乡村。中央电视台《东方时空》节目组对事件做了专题报道。

2004年7月，小林与父亲一起返回广州探望邓铁涛

根据病历日志记载，从2000年1月至2007年12月，邓铁涛专科门诊共诊治患者1145例，住院患者212例，危象抢救105例次。2003年邓铁涛回忆说："我们的研究证明，凡未用过类固醇和新斯的明类药物的患者，疗效更快更好，凡胸腺切除后复发者最难治，30多年来根治的患者不少，严重呼吸危象者，抢救成功率也比较满意，中药功不可没。该研究足以证明，用中医的宏观理论是能够指导临床与科研，并且可以攻克世界医学上的难题。"

第三章 诊治冠心病彰显南派特色

心血管疾病是邓铁涛临床与科研的主要对象之一。他通过对冠心病住院及专科门诊患者的临床调查与治疗观察，发现中医气血痰瘀的理论对指导冠心病及其他心脑血管疾病的防治均有现实意义，又结合地域医学流派研究，将中医学"三因制宜"思想落实到冠心病的诊疗实践中，创新性地针对岭南地区冠心病患者制定了诊疗方案。

六十岁迎来学术的春天

1978 年 3 月 18 日，新中国首届全国科学大会在人民大会堂隆重召开，在有 6000 余人参加的开幕会上，邓小平同志发表了重要讲话。同年 5 月，《实践是检验真理的唯一标准》在《光明日报》刊发，掀起全国真理标准大讨论。1978 年 12 月，党的十一届三中全会召开，邓小平做了《解放思想，实事求是，团结一致向前看》的报告，由此拉开改革开放的大幕。

这一年，邓铁涛 62 岁。他参与主编的《新编中医学概要》荣获全国科学大会奖，该书 1972 年由人民卫生出版社出版，是西医学习中医的重要教材。令邓铁涛高兴的不止这一件事，医院还有"以白花蛇舌草为主治疗急性阑尾炎"和"蛇伤解毒剂（广州钟氏蛇药）治疗研究"两项关于中医急救的成果也获得了全国科学大会奖。

这一年，邓铁涛被国家教委批准为首批有权授予中医硕士学位研究生导师，5 月招收硕士研究生梁德任、李杰芬。邓铁涛感受到了新中国科学的春风扑面而来。在心血管病方面，他继续加强对冠心病、高血压、心衰等疾病的临床观察研究，接连发表《略谈心悸的辨证论治》《高血压病辨证论治的体会》《冠心病辨证论治的认识与体会》等论文。一直到 2007 年，91 岁的邓铁涛仍坚持每月一次到广东省中医院二沙岛分院心脏中心查房。

　　所谓教学相长，邓铁涛先后指导了 12 名心血管病研究方向的研究生，这些学生从多个角度促进了邓铁涛的学术研究。如 1978 级研究生梁德任做了"脏腑相关学说探讨冠心病"研究，1979 级研究生丁有钦开展了"心血管病痰证患者血液流变性的初步研究"，同一年的研究生蔡桂英开展了"从原发性高血压病、冠心病患者血浆 cAMP 的变化研究阴虚阳虚之病机"研究，1985 级研究生方显明完成了"益气除痰法对冠心病的临床疗效及其血液流变性影响的初步研究"。

　　也是这个时候，邓铁涛开始对"岭南医学"展开专题整理研究。改革开放如同春雷，他心中憧憬岭南中医药再现繁华盛景的种子破土而出。自1979 年开始，邓铁涛先后指导 4 名硕士研究生以岭南医学为方向开展课题研究，分别是 1979 级肖衍初研究岭南近代伤寒家陈伯坛、1982 级邱仕君研究广东儿科医家程康圃与杨鹤龄、1985 级王伟彪研究岭南名医何梦瑶、1988 级粟俊研究何克谏与《生草药性备要》。

　　广东作为岭南地域的核心，站到了改革开放的潮头浪尖。邓铁涛则对岭南医学寄予了无限的期望。1986 年，邓铁涛在广东医史学会（现广东省医学会医学历史学分会）重组后的第一次学术大会上做学术报告"略谈岭南医学之特点"，正式提出"岭南医学"概念，自此开启岭南医学研究之先河。2010 年 9 月 12 日，由科技部、国家中医药管理局和广东省人民政府共同主办的首届国家中医药发展论坛在广州举行。论坛又名"珠江论坛"，旨在打造代表国家中医药发展水平、国家级的、永久性的中医药学术交流平台。2011 年，邓铁涛为第四届"珠江论坛"做了视频讲话，并用毛笔书写下寄语："中华文化黄河发源，长江发展，珠江振兴。"

对冠心病患者的临床观察结果，支持他对岭南地域医学特殊性的判断，岭南医学的研究必将有益于临床实践。因为邓铁涛临床观察发现，北方冠心病患者多突出表现为瘀血标实，而岭南地区的冠心病患者，以气虚痰浊证候多见。1977 年他撰写的《冠心病的辨证论治》一文在《中华内科杂志》第 1 期公开发表。论文既总结了冠心病的中医辨证分型系统诊疗方案，又点出了邓铁涛的临床经验特色，文中强调："正气内虚是本病的决定因素"，"临证观察，冠心病患者一般以心阳虚而兼痰浊者为多见，中后期或心肌梗死的患者则心阳（阴）虚兼血瘀或兼痰和瘀者多见。因此对本病的治疗，岭南比较着重于补气除痰；除痰是一个通法，与补气药同用，通补兼施，有利于心阳的恢复，故本病心阳虚型，我们常用温胆汤加参治疗"。

邓铁涛的这篇论文产生了深远的、国际性的影响。当年，日本神户中医学研究会将它全文翻译并转载于日本《汉方研究》第 11 期。后来，一位西医学博士研究生导师立意拜邓铁涛为师，究其原因，正是读了邓铁涛该篇论文产生强烈触动。

益气除痰治法确立与应用

在历代医家中，清代王清任是邓铁涛研究最多的医家之一。早在 1958 年，他就将"清代王清任在临床医学上的贡献"研究结论在《中医杂志》上发表。邓铁涛首先肯定了王清任的革新精神，不泥古重实用，但他不接受王清任在解剖学方面的"改错"成果。他认为，王清任提出的"业医诊病先明脏腑，定论立方要明病之本源"，这一目的和观点是正确的，尤其"医家立言著书，必亲治其证，屡验方法，万无一失，方可传与后人"的想法和精神是值得发扬的，但受历史条件局限，王氏本想改前人之错，访验脏腑实体却并没有达到真切的程度。因此，邓铁涛认为王清任的主要贡献在于丰富了中医的治疗学，尤其是他创立的一系列活血化瘀的方子，确有疗效，实用价值很高，至今为临床所喜用。邓铁涛对王清任的系列活血化瘀方药做了深入研究和临床应用观察，发现又以补气祛瘀治法为特色之最，补气使用黄芪用量达到四两（120 克）更是其创新之处。

　　之后，邓铁涛梳理了中医"祛瘀法"的学术源流，发表论文《祛瘀法及其应用》（1975 年《新中医》），全面介绍中医传统"祛瘀法"的丰富内涵，强调了"气为血帅"的重要临床意义。但邓铁涛也发现，王清任并非中医"祛瘀法"的极限，诊治岭南地区的冠心病患者，机械应用王氏的方药难免"古方今病不相能"。

　　《医林改错》有气血理论及补气祛瘀治法，但未有论及"痰"的问题。邓铁涛结合岭南医学临床实践，创新性提出了"痰瘀相关"理论。岭南身处祖国南方滨海，土卑地薄，气候炎热，环境潮湿，人群身体禀赋多属气虚或气阴不足，临床所见，冠心病患者或有瘀血证候，或无瘀血证候，但"痰证"却普遍存在。那么，痰与瘀之间是否有联系呢？

　　研究生的课题研究结果，证明了邓铁涛的理论假说。实验研究提示，冠心病痰证患者的血液流变学检测指标也存在不同程度异常。治疗前后的临床观察研究表明，临床常用的益气除痰方药，对改善心血管疾病痰证患者的血液流动性、凝集性有帮助，治疗痰证总有效率为 82%，非痰证为 75%，提示益气除痰法治疗冠心病，无论是对痰证患者还是对非痰证患者均有一定疗效。研究结果支持益气除痰作为岭南地区治疗冠心病的主要法则。

　　邓铁涛"痰瘀相关"学说认为，痰和瘀都是人体津液的变化，两者既是病理性产物，同时又可以成为致病因素；痰是瘀的初期阶段，瘀是痰的进一步发展；痰多能瘀脉，聚瘀可凝痰，因此祛瘀可考虑除痰，除痰宜结合化瘀，或痰瘀同治。这是邓铁涛对中医传统"祛瘀法"的重要发展，并将其应用于指导高血压病、脑动脉硬化、心律失常、风湿性心脏病、肺源性心脏病等心脑血管疾病的防治。

邓铁涛认为冠心病、风湿性心脏病、高血压病多属中医本虚标实之证，标实强调痰、瘀二邪，治疗时重视兼治痰瘀。如冠心病，邓铁涛认为："广东地处南方卑湿，至易聚湿生痰，故以心阳虚兼痰者最为多见。""临证观察，冠心病患者一般以心阳虚而兼痰浊者为多见，到中后期或心肌梗死的患者，则以心阳（阴）虚兼血瘀或兼痰和瘀者为多见。因此对本病的治疗，比较着重于补气除痰；除痰是一个通法，与补气药同用，通补兼施，有利于心阳的恢复，故本病心阳虚型常用温胆汤加人参治疗。"又如风湿性心脏病，邓铁涛认为："风湿性心脏病是以心阴虚及风湿重者为多见，常以生脉散益气养阴，用威灵仙、桑寄生、蒺藜、木瓜之属以疗风湿。若兼瘀则以丹参、红花、桃仁之类以祛瘀。"对高血压之辨治，邓铁涛列气虚痰浊一证，法主健脾益气，自拟赭决七味汤治疗，该方重用黄芪合六君子汤补气以除痰浊，配以赭石、决明子以降逆平肝。

"仁心仁术"木匾的故事

"仁心仁术"木匾是何万全（老何）等患者联名赠送的。老何是 1987 年求诊于邓铁涛的一位冠心病心绞痛患者。

老何自 1983 年开始感到身体不适，心绞痛频频发作，心悸、气短、乏力、冷汗直流。最长的一次住院长达半年时间，出院后仍全身浮肿、视物重影、手脚麻木、不能行走、声如蚊叫，终日靠吸氧度日，生活不能自理。原本一米八的身高，体重 90 千克，病后消瘦到 55 千克。好几家大医院都认为并发症太多，开始嘱咐家人准备后事。50 余岁的老何自己也感到"在劫难逃"，因为他的家族中老一辈的男人都活不过 50 岁，并且他所在岗位上的前辈不少正是相仿年龄死于心脏病。

　　1987 年，彷徨中的老何碰巧看到了报纸上报道邓铁涛的文章，中医的疗效让他眼前一亮，于是他把自己的病痛写成信，试着寄给这位名叫邓铁涛的老中医。本来不抱什么希望，不承想邓铁涛不但复信，还免费附赠了一个处方。收到复信的老何激动不已。就这样，邓铁涛的一信一方，点燃了老何求生的希望。1989 年 2 月，老何克服困难专程来到广州中医学院附属医院住院加强治疗。这回没有让他失望。经过邓铁涛益气除痰法治疗和医院的精心医护，老何的病情明显好转。出院后，邓铁涛主动把家里电话告知老何，并叮嘱他每个月复诊。经过"邓氏温胆汤"（即"温胆汤加参"）汤药的治疗，半年后，老何的心绞痛、心悸、气短、乏力，以及哮喘等病症都得到明显改善，能够正常行走，生活也能自理了。

　　邓铁涛在给老何治病过程中，得悉老何是共产党员，在农村基层工作几十年。这掀起了他尘封已久的记忆。他回想起新中国成立后参加土改、清匪反霸、清缴黑枪、分田分地，和农民同吃、同住、同劳动的情景，邓铁涛会经常向老何询问农民兄弟的生产生活状况。他用毛笔书写毛主席诗词《清平乐·六盘山》之"今日长缨在手，何时缚住苍龙"赠予老何，鼓励他增强战胜病魔的信心和决心。还多次将出版的医学著作赠给老何，教授他养生防病的"治未病"理论和方法。老何很受启发，2007 年冬成功发明了药膳"云松粉"（由云苓、松子仁、怀山药、莲子、芡实等药食同源材料组成）。老何坚持"治未病"收到了显著的效果，体重增至 155 斤，生活质量也明显提高。

　　20 多年过去了，不管有什么病痛，老何一家都是找邓铁涛治疗。老何对邓铁涛的医德医术十分敬佩，2011 年 11 月与其他几位患者联名制作"仁心仁术"牌匾赠予邓铁涛。

调脾护心助益冠脉搭桥

冠脉搭桥围手术期的中医干预，是邓铁涛临床的另一研究领域。他一向主张中医学要和最新的科学技术相结合。冠状动脉搭桥手术为当今心血管学科前沿尖端技术，但如何提高手术安全性，降低手术后并发症，提高术后生存质量又成为现代医学研究的课题。

从 1999 年开始，邓铁涛在长期心血管疾病临床研究基础上，与西医博士生导师阮新民、张敏洲，中医博士生导师吴焕林、邹旭等一起探讨冠心病冠状动脉搭桥手术期的中医诊治问题：心室射血分数低于 30% 不能做手术者，应用调脾护心方药提高射血分数达到手术标准；手术过程中创伤者，心阳受挫脾失健运，聚湿于肺成痰，或术中麻醉及气管插管等刺激气道，肺失宣发通调，水饮内停成痰浊，给予除痰化湿中药；手术后康复期，"气虚"则为血管易再堵塞、再狭窄之根本，选用红参、田七、茯苓等组方，名邓氏冠心方，方中以人参补益元气、温通心阳，田七活血祛瘀通脉，茯苓、竹茹、枳壳等药除痰理气，共奏益气除痰、祛瘀通脉之功。

从 2001 年 10 月至 2003 年 10 月，邓铁涛实践"益气除痰调脾护心法治疗冠心病冠状动脉搭桥围手术期临床研究"，试验组 59 例，对照组 55 例，共进行 114 例临床观察。结果显示：手术后两组临床症状均较术前有显著改善，自术后 2 个月开始，试验组症状计分总分就显著优于对照组，随着治疗时间的延长，两组的差别越来越明显。至试验终点，试验组多数症状的改善情况均显著优于对照组，如心悸、乏力、肢冷等症状，两组有非常显著的差别。治疗组临床总有效率达 98.2%，其中显效率 81.8%；对照组总有效率为 96.3%，其中显效率 55.6%。治疗组临床疗效显著优于对照组。这一研究后来滚动成为科技部"十一五"支撑计划"冠心病血运重建术后中医综合干预方案临床研究"项目。

第四章　医道精处是苍生

2002 年年底开始，广东佛山、中山、河源先后发现有发热患者，症状类似肺炎，又找不到病原体。2003 年 1 月 7 日，广州第一位染病的患者，因高热不退住进了广东省中医院（广州中医药大学第二附属医院）。其后，接诊和护理该患者的 7 位医护人员也先后染病，而且症状相似。这就是后来被命名为"非典"（SARS）的疫病。时年 87 岁的邓铁涛每天从新闻上关注着相关报道，一开始并没有放下手头的工作，会诊、讲座、科研各方面工作仍在紧锣密鼓进行着。

耄耋之年战瘟疫

1 月 28 日，春节临近，医院却一反常态地处于忙碌和紧张氛围之中。因为有一位外国友人需要请邓铁涛会诊，弟子邹旭照例提早到广州中医药大学教工宿舍区接上邓铁涛前往广东省中医院二沙岛分院，会诊肌萎缩侧索硬化症的俄罗斯患者和心血管病科的疑难重症病例。

路上，邹旭忧心忡忡地告诉老师，他妻子（广东省中医院大德路总院急诊科护士长）感染了"非典"，"病情进展非常快，第 3 天了，高热不退，白细胞及血小板均低下，肺叶大片阴影，全身骨痛"。邓铁涛根据所描述的病情，提出要坚持中医辨证论治，以中医治疗为主的原则，并强调没用激素可以不用，用上了必须停用。在二沙岛分院会诊之后，回程时，邓铁涛严肃地对邹旭说，外感病用激素，从战略上讲是"投降主义"错误，是不可取的，千万不可随意用激素。中医用药不必固执伤寒或者温病，统一辨证论治，机圆法活用药，务求邪有出路。至于肺部症状突出时，中医还要从痰瘀相关考虑，"阵地战"工事很重要，可以用古方中治疗阳痈的方药——仙方活命饮加减化裁。听了老师的讲解，邹旭顿感信心百倍，他也意识到自己不仅是一名丈夫，还是一名中医大夫，忧虑没有用，得打起精神想办法。

邹旭是 2001 年 4 月拜邓铁涛为师的，他的专业方向是心血管病。在拜师之前，邹旭刚从日本进修回来，满脑子都是支架、心脏搭桥等新技术名词，反而将中医经典理论束之高阁。事实上，在"大温课，拜名师"之前，从广州中医药大学毕业，分配到广东省中医院工作，相当一段时间里，邹旭的临床诊疗多局限于严格遵循西医规范路径和方案，有时开一开中药汤剂，而针灸、推拿等治疗手段则几乎没有用过。

虽然跟师两年多，但像今天这样，针对急性传染性热病的实战教学还是第一次。然而，正是这次实战，邓铁涛醍醐灌顶，邹旭豁然开朗。十几年后，邓铁涛仙逝这一年的年底，"新冠"来袭，邹旭毅然披挂驰援武汉，在雷神山医院，他以针药并用、治法灵活多变、确有疗效而闻名荆州。

在邓铁涛的指导下，邹旭自己到大德路总院给妻子开中药处方，化裁用上了仙方活命饮，6 天后妻子退烧，肺部阴影吸收也快得出乎意料，不到 1 个月，这位护士长就重新回到抗疫一线。

就这样，邓铁涛拉开了他抗击"非典"之战的序幕。

进入 2003 年 2 月，多家大医院接诊此类患者，医护人员便紧随着成批地感染发病，疫情态势比大家想象的严峻得多。邓铁涛开始思考如何能提振医护队伍的士气，特别是中医药队伍的自信心。随后，他出席专家讨论会，为制定中医诊疗方案出谋划策；接受粤、港两地多家公众媒体采访，历数中医药在数千年历史长河中曾遭遇的重大疫情考验，阐明中医诊疗"瘟疫"的科学内涵，给全线医护人员加油打气。

2月5日，癸未年大年初五，广东省中医院便紧急召集专家开会讨论治疗方案。邓铁涛结合自己对温病50多年的临床与研究，提出了"春温伏湿"的观点。他认为，对于瘟疫，中医决不能袖手旁观。中医治疗瘟疫，有经验、有理论，还有不少成方便药，只要辨证使用，中医药能派上大用场！再者，中医的诊疗不受病原体困扰，因为中医药治病并非直接杀灭病原微生物，而是"治人"，改变人体的内环境，杜绝病原体留恋生存。同时，他强调要重视预防，即中医所讲求的"正气存内，邪不可干"。

2月14日，正月十四，邓铁涛对《广州日报》记者发表讲话，继续为中医药摇旗呐喊。针对医护人员感染发病较多的情况，他认为是因为医护人员超负荷加班加点，夜以继日救治患者，正气劳伤暗耗，卫外不固所致，呼吁要加强预防意识，并公开他亲自拟定的预防处方，供广东地区医护和群众使用。

元宵节后，广州市"非典"进入发病高峰期，疫情愈加紧急。广东的中医药队伍没有畏惧退缩，而是迎难而上。广东省中医院建立起隔离病区，腾空重症监护室（ICU），集中全院人力、物力全力救治该病患者。其后，又在芳村的分院也建起了隔离病区。广州中医药大学第一附属医院也积极收治该病患者。彼时一附院有多栋相对独立的矮楼，其中有一栋楼在最外围，又没有中央空调，天然成了隔离病区。根据邓铁涛和刘仕昌等老专家合议拟订的预防方，医院药房大锅煎煮中药汤剂，摆放在门诊大堂，免费提供给医患服用。一附院院区紧挨着大学校园，一墙之隔，但隔而不断，师生有多个通道可往返校园与医院。很快，寒假结束，师生们回到校园，校园内的教学活动照常进行。学校也煎煮预防中药，免费派发给师生服用。大学与各地中医院的专家还担负起外出会诊任务，可以说，广东中医界全线毫无迟疑地"赤膊"上阵了。

经受过考验的"武器库"

2 月中旬，在广东省名老中医的座谈会上，邓铁涛谈到疫情的致病原因和走势时说："按《黄帝内经》七篇大论中五运六气的学说，2003 年是癸未年，是火运不及之年，司天之气，为太阴湿土，在泉之气，为太阳寒水。所以这一年的气候以湿寒为主导。而'疠气'，或者说致病物质，与气候有关，这种湿寒气候适合这种邪气的生活、繁殖。到了夏天，天气转暖，湿寒过去了，瘟疫就会逐渐消失。"后来，疫情在同年 7 月被正式宣布结束，恰如他所推断。中医五运六气的妙用，这一年他自己有了切身体验，他说："任应秋老兄诚不欺我也！"原来，他是在任应秋的引导下才开始钻研五运六气理论的。

"非典"致病元凶尚未缉拿，到底是衣原体，还是支原体？实验室莫衷一是；病房里广谱抗生素、激素，只能地毯式轰炸。广东医学界坚持自己的观点：是病毒。但是，已有的抗病毒药物，未见疗效。因此，特效药没有，病因不明，西医院一时间只有对症支持疗法可用，中医院则还有中药、针灸等方法，邓铁涛比喻为双拳出击。这样的情况，中医药反而显得优越了。

一天，邓铁涛与广东省中医院院长吕玉波同车赴会，他发现身旁的这个 50 岁刚出头，平常自诩"没有跨不过的坎"的坚强汉子，一脸疲惫、紧张，一下子苍老了许多。是的，疾病迷离在暗处，医院上百名患者的安危、几百名员工的防护时刻让人揪心，战斗这么久居然还"看不见敌人"，他心里别提多难受，压在肩上的担子像是吸水海绵，越来越沉重。邓铁涛最了解吕玉波雷厉风行的行动力，他是真遇到疑虑了。邓铁涛便鼓励他说："玉波啊！不必焦急慌乱。中医数千年应对瘟疫，遗留下来有现存的武器库。'非典'对于中医来说，是个挑战，也是一个展露拳脚的机会。"

吕玉波刚听得起劲，车子已经到了。他还想听邓铁涛继续讲解，索性放下其他事务，在前排坐了下来。

邓铁涛针对一些年轻医生对病因不明，难以应战的顾虑，针对社会上不少人对中医没有病原体理论的不理解，条分缕析地从源头讲起。他说："中西医有不同的理论体系。对于感染性传染病，西医的途径是找到致病的病毒或细菌，然后想各种办法务求将它杀死。而中医虽然看不清'邪气'形态，但论攻邪也是理法方药齐备，自成一派。总体说来，中医着力点放在'邪气'进入人体后，与人体正气斗争所表现出来的证候，治疗则相应地不拘泥于灭菌杀毒。"

这位医史大家还援引几千年来中医与瘟疫作战的历史功绩，用一个个历史事实来唤起中医界对自有"武器库"的信心，提升大家的作战能力。他说，20 世纪 60 年代广东麻疹大流行，因合并肺炎而死亡的婴童不少，广州中医学院医疗队用透疹清热之法，使病死率迅速下降。广州流感大流行，中医用吴又可达原饮也救治了许多患者。"七五"攻关科研项目"流行性出血热中医辨证治疗"，南京周仲瑛组治疗 1127 例，中医组病死率为 1.11%，江西万友生组治疗 413 例，中医组病死率为 3.7%；而对照组病死率南京为 5.08%、江西为 10.7%，中医组的治疗效果明显优于对照组。由于时、地、人不同，同一病毒性疾病，周氏、万氏辨证论治实施不同的方案。所以病原体只能作为中医诊疗的参考依据，不能简单——对应、机械用药。

最后，邓铁涛掷地有声地说："总之，抗击'非典'我们中医有一个武器库！"

3 月，科技部中医药科技情报所所长贾谦等为抗击"非典"，到广州中医药大学调研，周六这天拜访邓铁涛："中医能否治疗'非典'？中医对'非典'的诊治有什么看法？"邓铁涛向他阐述了上述观点和广东中医治疗"非典"的情况。他们虽是第一次见面，却越谈越投机，贾谦越听越兴奋，像战士获得了新武器。他对邓铁涛说："我回北京马上组织一个老中医抗'非典'的座谈会，请您就这些见解写一篇文章，三日之内寄到北京。可好？"

贾谦告辞的当晚，邓铁涛整夜没有离开过书房一步，他又做了系统的思考与文献复习，执笔写好主要观点和提纲，不觉已见东方鱼肚白。第二天是周日，一早，外出正在爬山的学术继承人邱仕君接到了老师的电话，邓铁涛只说："十万火急，速回，到家中来！"把未完成的文章交由门生邱仕君写完。因为这是一种从未见过的传染病，必须言之有据。因此邓铁涛又打电话给邹旭，请他把诊治妻子的经过详细整理出来。他要让更多的人看到中医可以战胜时行瘟疫，要让更多的人相信还有中医药可以依靠。

这篇《论中医诊治非典》的学术论文，如期寄去北京，先是被科技部刊物刊登，继而在全国名老中医座谈会上由邹旭代表宣读。这是我国首篇正式发表的研究讨论中医治疗"非典"的文章，随即被国内外多家报纸杂志转载，成为中医抗"非典"的"经典"。它给了广东、全国以至世界中医界以武器，以信心，以力量！

中医还可以发挥更大作用

2003 年 4 月 15 日，广东人民永远不会忘记，胡锦涛总书记不顾安危，从北京飞临疫区广东。他深入医院、街巷、工厂、社区、学校，还亲临广东省疾病预防控制中心视察，与广东医疗卫生专家座谈。邓铁涛从电视上看到这些镜头，内心激动不已。晚上，吕玉波打来电话说："邓老，我见到胡总书记了！""我与总书记握手，当我介绍'广东省中医院'时，总书记似有所闻，轻轻地'啊'了一声，我感到很奇怪。后来，我在告别的时候，向总书记建议，治疗'非典'最好采用中西医结合。总书记马上说：'我在网上已经看到了，世界卫生组织评价很高，中医药学是我们祖国伟大的医学遗产，应该发挥它的作用。'"

后来，即 4 月 18 日，邓铁涛看到卫生部"非典"防治领导小组的通知，向全国推荐由国家中医药管理局组织有关专家制定的《"非典型肺炎"中医药防治技术方案（试行）》，通知指出："广东省实践表明，采取中西医结合的防治方法优于单纯的西医方法。"但是，由于种种原因，在部分地区，中医未能发挥应有的作用，邓铁涛感到十分揪心。心急如焚的邓铁涛，在2003年4月26日晚上，拿起毛笔，在灯下疾书：

尊敬的胡锦涛总书记：

　　您亲临广州指挥"非典型肺炎"之战，爱民亲民的形象永远留在广州人民和全国人民心中。

　　您对吕玉波说："中医是我们祖国的伟大宝库，应该在'非典型肺炎'的治疗中发挥作用。"

　　我是一位中医，今年87岁了。我有责任出点力！我是中共党员，有责任向您反映中医的问题，供您决策参考，因此附上拙作三篇，希望总书记在

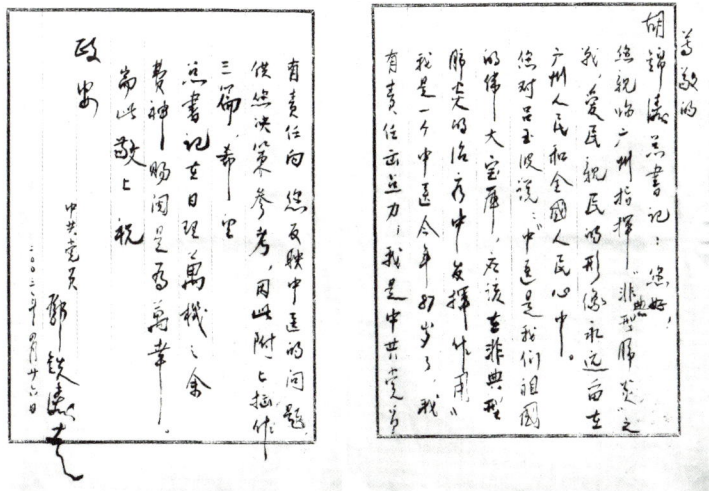

2003 年 4 月 26 日，邓铁涛写给胡锦涛总书记的信

日理万机之余，费神赐阅，是为万幸！

　　专此敬上　祝

政安！

中共党员邓铁涛

2003 年 4 月 26 日

　　邓铁涛急急草就书信，连"非典"掉了个"典"字也来不及抄正，只是在旁边加上，就附上《论中医诊治非典型肺炎》及《正确对待中医药学》等3 篇文章，连忙用特快专递邮寄到北京，请彭珮云副委员长收转呈胡锦涛总书记。同时还写了短信，也附了 3 篇文章给国务院副总理兼卫生部部长吴仪。

　　一周之后，邓铁涛接到北京来的长途电话："邓老啊！您写给胡总书记的信，他收到了，他要我打电话谢谢您！谢谢……"

　　对方很激动，声音分辨不清是谁。"嗳，您是谁啊？"

　　"我是佘靖！"

　　原来是卫生部副部长兼国家中医药管理局局长佘靖。佘副部长在电话中说，邓老的意见已直达中共中央总书记。

　　接着，邓铁涛从《新闻联播》中得知：中共中央政治局委员、国务院副总理兼卫生部部长、全国防治"非典型肺炎"指挥部总指挥吴仪，与在京知名中医专家座谈。吴仪强调，中医是抗击"非典型肺炎"的一支重要力量，要充分认识中医药的科学价值，积极利用中医药资源，发挥广大中医药医务人员的作用，中西医结合，共同完成防治"非典型肺炎"的使命。

　　吴仪指出："中医药学凝聚着中华民族的聪明智慧，是我国各族人民在长期与疾病作斗争过程中不断创造、积累、丰富和发展起来的一门科学，在重大疾病防治方面积累了丰富的经验，形成了许多独特的理论和有效的方法，是我们优秀传统文化的重要组成部分，中医药学不仅对中华民族的繁衍昌盛做出了杰出贡献，而且对世界文明进步产生了积极影响。……此次疫情发生之后，中医药专家研究探索'非典型肺炎'的发病和诊疗规律，积极运用中医药、中西医结合的方法救治病人，发挥了积极的作用。"邓铁涛觉得这番话，说到他心坎里去了，他深信，全国人民众志成城，中西医并肩作战，战胜疫情指日可待。他由衷感到欣慰。

借抗疫进行中医实战教学

邓铁涛一贯重视临床实践，坐而论道不是他的性格。他虽不是战斗在病房，但他却发挥了特殊的作用。在抗"非典"的日子里，他家电话铃声响了，他说，这是抗疫信息战打响了。他的主动参战，全凭老共产党员的忠诚与老中医的剑胆。国家中医药管理局任命他为专家顾问组组长的文件是2003年5月5日发出的。而5月3日，他已经主动担任广东派往支援香港抗击"非典"医疗队的专家顾问。

这事还得从2003年4月说起。

香港特区政府医管局几次派人考察广东中西医结合救治"非典"患者的效果之后，在4月中旬正式邀请广东省中医院派中医专家支援香港。吕玉波院长犹豫了，派什么专家去合适呢？派有经验的老中医吧，担心老中医年事已高，体质不如年轻人，被传染上的可能性太高；派年轻人去吧，他们缺乏经验，疗效如何保证？一向把邓铁涛当作自己的主心骨的吕院长电话咨询邓铁涛。

邓铁涛说："派年轻人去！经过这两年的中医大温课和名师带徒，他们的中医水平提高了，也该让他们去锻炼锻炼了！"

吕玉波于是下定决心，选派呼吸科主任林琳副教授、院长助理杨志敏副教授支援香港。她们俩是从中医院收治"非典"患者起就一直负责这件事的。林琳是南京名老中医周仲瑛的徒弟。杨志敏是上海名老中医颜德馨的徒弟，为跟邓铁涛学习治疗重症肌无力，她也被邓铁涛收为"编外徒弟"。

两人出征前，吕院长请邓铁涛参加送行宴会，为将士壮行色。

两位年龄不到 40 岁的女专家，在师父面前坦露心迹。杨志敏说："这次任务很有意义，但压力也很大！全新的疾病，虽然我们在广州接触了 100 多宗病例，但对它的整个发病特点未必已经完全掌握。"

邓铁涛叮咛说："最紧要的是辨证论治。你们在香港遇到的情况可能与内地不一样。因为在你接诊之前，患者用西药的时间比较长，或比较多，会影响和干扰疾病的整个演变过程。辨证论治不一定照搬内地经验。"

最后，邓铁涛铿锵有力地鼓励她们："你们二人不是孤军作战，身后有整个省中医院，有我们这班老中医撑着你们，有任何困难，有什么事情，随时电话联系，晚上 7 点至 9 点定期联系，我随时贡献智慧支援你们。"

两人噙着眼泪，聆听这位悬壶济世 66 载的老中医的嘱咐，心里热乎乎的，增添了不少勇气与力量。

2003 年 5 月 3 日林琳、杨志敏到达香港的当天下午，就去重症监护室（ICU）看第一位患者，第二天又查看了两名患者，全部都是病程长、病情重，有的长期上呼吸机，有的眼肿、脚肿、面肿，用手指轻轻一压表皮就会破似的，有的眼球像水泡一样突出来。长期服用激素、抗生素，病程长的都是低血红蛋白、低蛋白血症。多数整体状态属于中医学气阳亏虚证候。她们开出的第一剂方药作用是益气温阳、通利二便。两人开出方子前，分头打电话给南京的周仲瑛、上海的颜德馨和广州的邓铁涛，详细讲了患者的症状，说：按中医是阳虚的，但用温药治疗热病，心里没有把握。电话里传来邓铁涛果断的声音：

"有这样的证，就用这样的药。"

几位老师分别提了处方用药建议，提醒她们注意化痰祛瘀，邓铁涛还建议选用安南玉桂 6~10 克，用热开水焗服，既可暖阳气又可以利小便。

5 月 5 日，到达香港的前 3 天，杨志敏一个人给邓铁涛等师父打电话就花了一千多元港币的电话费。她在"援港日记"上写道："幸好有一批有丰富临床经验、身经百战的老专家做我们的后盾，我们还有什么可怕的呢？"

邓铁涛牵挂着在香港支援的弟子，每晚都按时在家等她们的电话，哪一晚没有通话，他就主动打电话问吕院长："杨志敏、林琳那边的情况怎样了？"

有一位昏迷的重症患者，经过她们治疗 1 周后，神志清醒，成功拔掉气管插管，但患者全身肌肉无力，连指头也不能动了，呼吸浅促，讲话无气力。两人考虑是使用激素和长期卧床的缘故，杨志敏想到用邓铁涛治疗重症肌无力的经验，她立即打电话给老师。

邓铁涛说："先用轻剂的补中益气汤，加理气化湿活血的药。"果然用药后，患者无力症状很快好转，整体病情也有了起色。

一些患者到了康复后期，出现了在广州未见到的症状，如严重的掉头发、没有来月经等。

邓铁涛指导说："发为血之余，月事关乎冲任盈亏。总的指导思想要抓住脾胃化生气血的功能和病机。康复期，运化脾胃基础上，可以放心选用归脾汤、八珍汤，或者六味地黄汤。"

正当两位专家的医疗工作进入高歌猛进阶段时，杨志敏突然发烧了，一开始没敢告诉邓铁涛，然数日不退，只好打电话请教自己开的药方。这次，邓铁涛向杨志敏要了她在香港的电话号码。邓铁涛果然牵肠挂肚，半个小时之后，他又打电话到香港，叮嘱杨志敏加一味鱼腥草，还说："幸好刚才要了你的电话，不然找不到你，我会坐立不安的。"

两位青年中医专家凭着责任心、诚心和爱心，认真地辨证，也有赖于邓铁涛等老中医的及时点拨，她们在香港很快显示出中西医结合治疗"非典"的优势。2003 年 5 月 30 日，杨志敏向邓铁涛报告：从 2003 年 5 月 3 日起她们一共诊治了 39 人（115 人次），其中 19 人是 ICU 的重症患者，20 人是普通病房患者。目前 10 人已出院，9 人病情有改善，一人离开 ICU。6 月 23 日，杨志敏又向邓铁涛报告：到目前为止，两人已经到 9 所急诊医院诊治了 48 人（204 人次）；康复医院一所，诊治了 56 人，工作重点转移到康复患者身上。7 月 7 日晚，杨志敏兴奋地告诉邓铁涛：今天香港 60 多个社团向在抗击"非典"中表现突出的医护界精英进行嘉奖表彰。我和林琳被评为有特殊贡献的中医师，获得了"抗炎勇士"纪念章。

杨志敏在她的"援港日记"中写道："其实今天我们两个之所以能到香港开展中医药治疗 SARS（非典）工作，完全得益于 2 年前邓铁涛等人的倡导，那时，我们能够跟师全国名老中医们，让我们能够在名家的指引下，更深刻地理解中医药学，全面地提高中医临床能力。"

"治未病"安万家

2003 年 5 月 23 日，世界卫生组织取消对广东、香港的旅游警告，标志着广东抗击"非典"斗争的胜利。

6 月 19 日，广东省抗击"非典"先进集体和先进个人表彰大会隆重举行。8000 多名白衣战士雄赳赳气昂昂地进入中山纪念堂，接受中共广东省委员会和广东省人民政府的表彰。林琳、杨志敏等荣立一等功。

庆功大会之后，邓铁涛出席广东省科技界、医疗界攻关会议，继续呼吁重视中医药抗"非典"的重要作用，建议组织大型协作攻关。

对于这位在"非典"时期，以特殊的方式投入战斗，做出非常贡献的老人，广东中医界不能忘记，全国中医界也不会忘记！中华中医药学会授予邓铁涛"中医药抗击'非典'特殊贡献奖"。7 月 18 日，中国科学技术协会授予他"全国防治'非典型肺炎'优秀工作者"称号。

然而，让邓铁涛最为欣慰的是经此一役，他看到了中医学在实战战场上顺利完成了一次交接棒。这是中医之幸！是苍生之福！

2003年3月15日，邓铁涛接受香港特区《大公报》记者专访，他表示：中医不像西医（那样）去分析病毒的类型，中医对流感的治疗是针对不同致病环节予以干预，而不是只把目光盯在抗病毒上。中医治病不以病毒为本，并非只治病症，而是要治病人（即病毒侵入的机体）和病源。其对付病毒，并非直接杀灭，而是找出病源，杜绝病毒在人体内的生存环境；再加上扶正的做法，通过辨证，分期或分类进行针对性治疗。此外，增强病人的"正气"也是非常重要的——正气内存，邪不可干，病毒也就无法入侵。

访谈中，邓铁涛还强调："非典"并非不治之症，预防此病中医也有方法，最主要的措施是清热、解表，同时注意生活起居要有规律，饮食要有节制。他根据中医"调养则法四时"的理论观点，向读者公开了一条他的经验处方，一条适合用于冬春季节"治未病"的凉茶组方：金银花、野菊花、白茅根、桑叶、蒲公英、甘草。——这就是后来被亲切地称为"邓老凉茶"的最初处方。邓铁涛说，此方是中医经典方"五味消毒饮"的衍化方，以辛凉解表、清热解毒的金银花为君药；以野菊花为臣药，增强清热解毒的作用；而蒲公英能利湿通淋、白茅根能清热利尿，二者加强祛除湿热邪气；此外，桑叶清热润肺、白茅根味甘生津、甘草调和诸药。整个药方既能清热解毒，又不会过于苦寒、苦燥，轻清甘淡，适合大多数人群用于保健预防。

抗疫期间，邓铁涛还无偿转让了他的预防"非典"处方。"上工治未病"，作为一名名中医，就应该有"治未病"的思想，他自己也不例外，因为这样才能帮助到更多的人。"邓老凉茶"的名字，在粤、港、澳地区不胫而走。据邓铁涛的一位在香港大学中医药学院任教的弟子莫飞智博士的调查：香港一公司按配方煲大锅茶供给两千人饮用，饮用15～30日，全公司无人出现发热等"非典"症状。北京的一个数千人的工地，原有2位职员发病，按邓铁涛的处方煮中药给工人服用，之后再没有一个人发病。

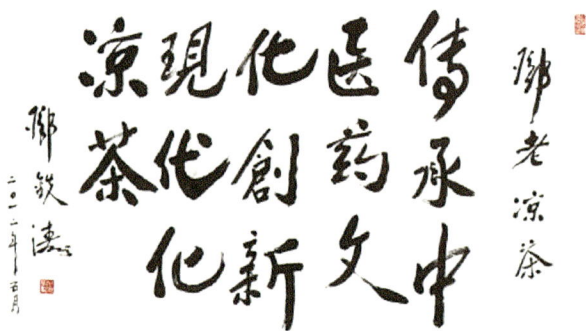

邓铁涛为"邓老凉茶"题字

　　"邓老凉茶"在市场被广为宣传，有人以为这会有损学者的清誉。当时有一位记者大惑不解地问邓铁涛："您作为一名德高望重、知名的老中医，为什么在 87 岁高龄时，决定进入商界呢？"

　　邓铁涛坦然地说："我不是进入商界从商，我只是把我的知识化成了生产力，服务大众健康。我这么大年纪了，不缺名，也不求利。你再给我一二百万元，我的生活也不会有什么改变的。让我天天吃鱼翅，我怕会吃坏身体；让我睡总统大床，我也睡不下。我的目的很简单，就是为了方便更多的人，更好地发挥中医的作用。"

　　2004 年元旦，《中国中医药报》以大半版的篇幅刊出他的肖像，题为"2003 年度新闻人物邓铁涛"。

　　2009 年 12 月 5 日，邓铁涛指导钟嘉熙、邓中光、邱仕君、邹旭、肖鑫和等岭南中医专家共同起草了《关于应用中医药预防甲型 H1N1 流感的建议书》，为广东提供了防治流感的中医方案。

　　2013 年，抗击"非典"十周年之际，邓铁涛特别指导广州中医药大学第一附属医院撰写《中医抗 SARS 启示录》，总结收治 73 例 SARS 患者的"战疫"经验。他亲自作序，盛赞一附院创造了患者"零转院""零死亡""零后遗症"和医护人员"零感染"——"四个零"的奇迹。

《中医抗 SARS 启示录》邓铁涛序言手稿（写于 2014 年冬）

第三篇

融古贯今，立言传薪

研究本来是一个扬弃的过程，它包括取与舍两方面。思想方法不同，对这个矛盾的态度也不相同，可以把重点放在"舍"的方面。以研究五行学说为例，我们可以定两种题目：①五脏相关学说；②五行学说的局限性。从题目上看来不能说哪一题目更科学些，我的浅见认为选择前者比较好。可以把祖国医学精华部分提炼出来，更有利于"民族遗产的发扬，又有利于现代医学的发展"。

——邓铁涛《如何研究整理祖国医学遗产：
与崔宏同志商榷》

第一章　如何整理挖掘祖国医学遗产

"太好了！太好了！"1958年11月20日，邓铁涛一边阅读《人民日报》，一边招呼同事们，"大家快看，《努力发掘中国医药学伟大宝库——中央卫生部党组关于西医学习中医离职班情况、成绩和经验给中央的报告》刊登出来了！""还有中央的批示，大家快看！"

原来，当天的《人民日报》全文刊登了"中共中央对卫生部党组关于组织西医离职学习中医班总结报告的批示"："中国医药学是我国人民几千年来同疾病作斗争的经验总结，它包含着中国人民同疾病作斗争的丰富经验和理论知识。它是一个伟大的宝库，必须继续努力发掘，并加以提高。我们必须组织力量认真地学习、研究，加以整理。……"邓铁涛和同志们不约而同地读出声来。"中国共产党万岁！"同事们激动万分，奔走相告。

新中国成立后，党和国家制定了团结中西医，为开展伟大的人民卫生工作而奋斗的方针政策。为了贯彻对待中医的正确政策，1954年成立中医问题临时工作组，提出了卫生部设立中医司、成立中医研究院、吸收中医进大医院、改善中医进修工作、整理出版中医古籍等一系列发展中医的建议。1955年12月，中医研究院正式成立，这是新中国第一所全国性中医科研机构。1958年9月25日，卫生部党组向党中央呈送了第一届西医离职学习中医班相关工作的总结报告。也就是11月20日全文刊登在《人民日报》上的报道。毛泽东同志为此专门致信中央办公厅，11月18日中共中央把卫生部党组报告批示各省区市党委："……根据中央的方针，卫生部曾经举办了少数西医离职学习中国医学的学习班，经验证明这种办法很好。各省、市、自治区党委，凡是有条件的，都应办一个七十人到八十人的西医离职学习班，

以两年为期。学生的条件，应该有大学毕业水
平和二三年临床经验，最好能有看中医书籍的
中文水平。这样，在 1960 年冬或 1961 年春，
全国大约就可以有两千名中西结合的高级医生，
其中可能出几个高明的理论家。这是一件大事，
不可等闲视之。请你们积极办理。中央。1958
年 11 月 18 日。"

　　邓铁涛心里清楚，西医学习中医的过程，
也是中西医一起研究如何整理挖掘祖国医学遗
产的过程，这对中医学是挑战也是发展的良机。

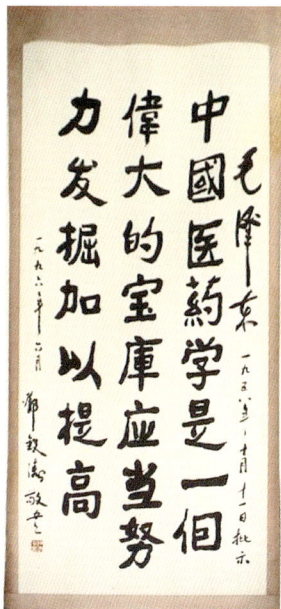

开荒拓野探索中医临床科研

邓铁涛 1996 年 6 月书录 1958
年 10 月 11 日毛泽东同志批示

　　1956 年 9 月，国家创办四所中医学院，广州中医学院地址就设在广州
市大德路麻行街广东中医药专科学校内。1958 年经广东省人民政府批准，
广州中医学院搬迁至新建成的三元里校区，广东中医进修学校正式合并成为
广州中医学院进修部。至此，历经 34 年沧桑的广东中医药专门学校，完全
地融入了新中国高等教育之中。

　　1959 年，遵照中央指示，广东省卫生厅决定在广州中医学院开办第三
届西医学习中医高级研究班。面对西医离职学习中医，难题首先是师资，即
要求中医教师自身要有解决临床难题的诊疗技能，有坚实的中医学术素养，
有丰富的人文科学与自然科学知识。谁能胜任？邓铁涛是众多岭南名医中的
佼佼者，他是能够胜任的优秀教师之一，学院考虑由邓铁涛担任"五九高研
班"的班主任。

　　西医学习中医学，学习什么内容、怎么学习？可以参照中医学院中医学

专业学生的教学大纲，并且专门的教材也已在紧锣密鼓编写中。但说到研究，科研课题设计对班主任来说是极具挑战性的。邓铁涛这个班主任需要设计一系列课题并指导学生在短短的半年内完成研究工作。而科研的问题，正是彼时所有医药卫生工作者共同面临的课题，也就是如何整理、挖掘中医药学？如何提高中医药学？

1959年8月的《中医杂志》上有一篇《如何研究整理祖国医学遗产》的论文引起了邓铁涛的注意。邓铁涛读后，也撰写了同名文章发表了自己的观点。他提醒，祖国医学在新中国成立前长期受到反动统治者的轻视、歧视、排斥，新中国成立后有过贺诚、王斌的思想影响，因此民族虚无主义是仍然需要警惕的误区和批判的对象。具体观点如下：

一是要细分朴素的辩证唯物主义和机械唯物论。例如中医的五行学说有辩证唯物思想，并非完全是机械唯物论。研究与整理祖国医学遗产的首要任务是认识祖国医学的正确性和科学性，并针对其精华部分加以发扬。假如不这样做，研究与整理便失去了基础。中医学必须加以整理和提高，但断断不只因为它有缺点，而更主要的是因为它有宝贵的经验与理论，为了人类的幸福，为了创造祖国的新医学，而急需整理提高。

二是要用唯物史观看待祖国医学。丰富多彩的祖国医学是以《内经》为起点的，因此学习祖国医学以至研究祖国医学，都应十分重视《内经》。但从历史来看，《内经》之后，中医有两千多年的发展。我们更重要的是不能忽视这两千多年来的成就。千万不要把中医看成只停留在春秋战国时代的医学。中医天人相应学说更主要的是说明人体与周围环境的相互关系。它贯穿整个中医理论体系，不论生理、病理、诊断、治疗，都离不开这一学说的指导，它不单没有阻碍祖国医学的发展，而是使祖国医学不断发展的指导思想之一。例如清代温病学说总结了《内经》、仲景以至元明清医家的经验，在天人相应的思想指导下，认识各季节有其多发的流行病，并进一步掌握其规律。温病学说对传染病的治疗效果是使人满意的。以乙型脑炎为例，按照现代医学不论地区和气候环境，凡同一病因便发生一样的"乙型脑炎"。但中医却必须注意患者的体质，并根据所处的气候、季节、环境等不同情况，进行不同的处理。

三是必须正确运用辩证唯物主义思想。中医学不是两千年前的东西，而是随着历史发展在最近两千年以来仍然有很大发展的一门科学。脏腑经络学说是在阴阳五行学说的指导下与两千多年来医疗实践相结合的产物。必须在实践的时候正确地运用辩证唯物主义思想。比如我们进行对中医五行的研究，必须把有关材料较全面地掌握，并用于实践以便进行分析验证，找出其指导祖国医学前进的核心及其科学性，找出其可以丰富现代医学的内容。

在新中国中医药科研百废待兴的起步阶段，邓铁涛年轻时自学马克思主义哲学所产生的深远影响逐渐显现，辩证唯物主义不仅启发他学习中医理论，更成为他临床科研的思想指南。例如，在这篇论文中，邓铁涛提出了"五脏相关学说"重大理论假说，并投入毕生科研攻关与实践应用，对中医学理论集成创新做出了有效示范和引领。

带领"西学中"开展中医科研

"五九高研班"在完成三个学期的基础理论学习之后，邓铁涛专门设计了一个学期的临床科研阶段，历时 5 个月，班主任邓铁涛率领高研班 81 名学员入住白云山东面山脚下的解放军第一五七医院，共同开展中医脾胃学说的临床观察与研究。

以中医脾胃学说作为研究课题，这是邓铁涛在他长期的临证实践与学说探讨基础上做出的选择。科研的重点是该学说的一个重要理论——"脾旺不易受病"，即认为脾胃的健运，使五脏六腑四肢百骸强健，身体没有弱点给疾病以可乘之机，则不易成病；既成病之后，调理其脾胃则病易愈。临床中，可以结合各科病种切入研究，如慢性菌痢、无黄疸型传染性肝炎、小儿营养不良等；可以对患者免疫、神经功能的调节反应、机体整体状态等多项指标进行临床观察，而且与脾主运化、脾统血、脾主肌肉等中医理论相结合。他特别强调一点，检测以无创性、少创性指标为主。

据五九高研班的主席兼学习委员靳士英回忆：1959 年他受部队委托带三军学员 32 名加入广州中医学院高研班系统学习，入学后邓铁涛是班主任，他被推选为主席、班长。靳士英定期请邓铁涛到一五七医院会诊指导，为西学中学习班讲课，帮助医护人员学习中医。他经常能够直接聆听邓铁涛的教导，从此与邓铁涛建立了深厚的师生情谊。

2014 年教师节，靳士英（左一）和五九高研班学生代表看望老师邓铁涛

邓铁涛在广州军区享有盛誉，经常被军区首长请来会诊，多次被邀出席解放军医学学术会议并做专题讲座，如"关于学习中医问题的一些意见""如何继承发扬祖国医学遗产"等，都是 1959 年给部队西医的讲稿。

邓铁涛与靳士英把高研班学员分成若干小组，分配到各相关科室与医院科室骨干医师相结合，组成若干个科研小组，最后各组总结课题，撰写了28篇研究报告。如耳鼻喉科临床观察带教老师的"威灵仙治骨鲠验方"，治愈喉、食管骨鲠患者12例，其后成为科研课题继续研究。又如内科两次成功用生甘草抢救数百人的食物中毒。

当时全国各省都在举办西医离职学习中医班，但邓铁涛和五九高研班这种集体研究中医学科研课题的方式，应该说全国所未有。这一科研探索不但完成了五九高研班的教学任务，还带动了解放军第一五七医院的中西医结合工作，班长靳士英因此代表医院在北京得到周恩来总理的接见。

中医科研的出发点和目的地

邓铁涛告诉学员，中医是在与疾病的斗争中发展起来的，中医亦只有在不断攻克危害人类健康的医学难题过程中发展下去。中医的科研应以解决临床难题为出发点，以提高诊疗水平为依归，才能出真正的成果，真正推动中医学术的发展。因为选择了在医院临床开展科研工作，所以中医的临床能力也时刻面临考验。邓铁涛回忆在解放军第一五七医院进行脾胃学说研究的经历时说："那是一段值得怀念的日子，我们度过无数捏着汗守护在危重患者床边的日日夜夜。"

所幸当时医院的政委谢旺十分支持高研班的教学实践和脾胃学说研究工作，尤其支持中医参与对危重患者的抢救治疗。因为中医用非手术疗法成功治疗多例急腹症患者，所以后来讨论患者是否需要采用手术治疗时，谢政委往往要征求中医的意见，这使邓铁涛和高研班有机会坚持中医为主的治疗方案，开展临床疗效观察和改进中医的诊疗方案。

班长靳士英，因为有家传中医的基础，在邓铁涛的指导下，更是取得中医学长足进步。他1927年出生于吉林省长春市，1948年从长春大学医学院毕业后参加中国人民解放军，当时部队医药缺乏，靳士英运用中草药治好了许多伤病指战员，还因此荣立了两次三等功，被评为模范医生，后来曾任广州军医学校校长、解放军第一五七医院院长、广州中医药大学客座教授。靳士英师从邓铁涛学习，一跟就是60年。邓铁涛也认可靳士英为其"军中大弟子"。2003年广州中医药大学邓铁涛研究所成立，靳士英是首位获得聘任的研究员。他在中医诊断学、中西医内科临床、医学史以及大型辞书组织编写上均有建树。靳士英引典故"桃李不言，下自成蹊"评价邓铁涛的学术和人格魅力，说他师从邓铁涛学习，辅助邓铁涛著书，自己也得到较全面的锻炼。

1961年，邓铁涛把带领五九高研班开展脾胃学说研究的成果加以整理，7月编撰完成《脾旺不易受病》研究报告，并参加了广东省中西医结合经验交流会议。

1962年又撰写了《中医脾胃学说提要》，分两期在《广东中医》连载。这是他筚路蓝缕，探索开拓中医学术研究之肇始。国内医学界一致认为广州中医学院是进行脾胃学说研究较早且取得成绩的单位。

中医所说的"脾胃病证"，不单是指胃肠道的功能异常及病理变化，包括

1961年7月，邓铁涛主编《脾旺不易受病》研究报告

现代医学中多个系统的多种病症，如再生障碍性贫血、白细胞减少症、红斑狼疮、肌肉萎缩、慢性肝炎、子宫脱垂、内伤发热等，临床上都可以出现脾虚证候。中医脾胃学说中辨证论治内容丰富，其中的治法与方药，适用范围相当广泛，除能治疗消化系统疾病之外，其他系统如血液、神经、循环、运

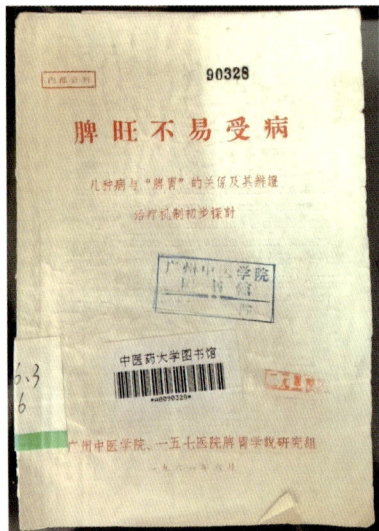

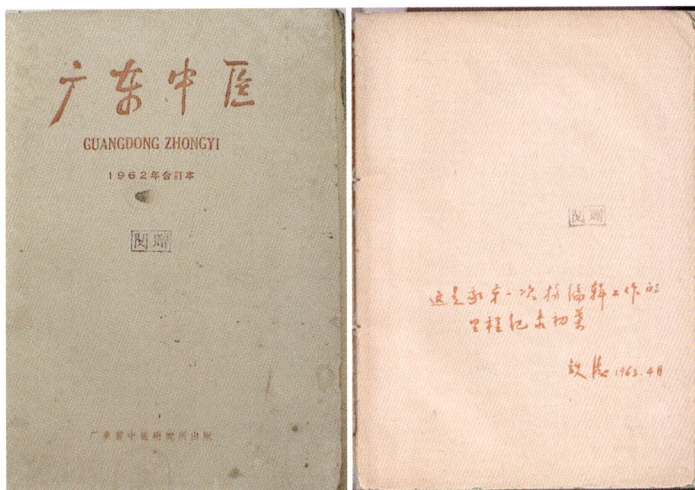

1962 年邓铁涛任《广东中医》主编。此后将其脾胃学说研究成果整理成《中医脾胃学说提要》陆续发表于《广东中医》

动、内分泌系统的多种疾病，都有从脾胃论治而收到良好疗效的适应证。临床上只要抓住脾胃这个关键，一些疑难病症就可以迎刃而解。

学术界普遍认可广州中医学院是进行脾胃学说研究较早且取得较好成绩的单位。以 1962 年《广东中医》杂志刊载脾胃学说研究系列论文为基础，邓铁涛逐渐形成自己的临床特色：对内伤杂病五脏相关从脾论治，对虚损痿证重视益气升阳，对内伤发热善用甘温除热，对萎缩性胃炎必然濡养胃阴。

第二章　立论五脏相关取代五行学说

2003 年 11 月 18 日至 19 日，香山科学会议召开了以"中医基础理论的构建与研究方法"为主题的第 219 次学术讨论会，就我国中医药现状、中医药研究方法和方向、中医药发展目标等问题，以及造成中医药基础理论研究没能取得突破性进展的原因进行深入的讨论和剖析，提出了针对性的对策和举措。王永炎院士、邓铁涛和陆广莘教授，被聘担任会议执行主席。

在嘉宾休息室里聊天时，王永炎院士好奇地问邓铁涛："邓老，您自己选一项的话，您最有代表性的理论主张是哪一个？"

邓铁涛说："中医理论研究，我致力最多的还是五脏相关学说。"

半个世纪坚持不懈地探索

邓铁涛"五脏相关学说"的提出，源自 20 世纪 50 年代末 60 年代初关于"如何研究整理祖国医学遗产"的学术大讨论。邓铁涛敏锐地洞察中医学作为一门理论医学，部分术语并非专有，而是借用古代哲学的名词，存在名实不副的情况，比如阴阳、五行。而这些名词，恰恰最容易引起批评和歧视，与唯心主义相命之术等同起来。梁启超曾批评阴阳五行说"为两千年来迷信之大本营"。近代中医界也有关于阴阳五行存废之争，五行学说固有之缺陷，一直是废弃中医论者的主要攻击点。因此，1961 年邓铁涛在《广东中医》第 4 期发表了自己对于如何研究整理祖国医学遗产的想法，特别是对中医的五行学说，邓铁涛认为中医的五行学说有重要的实质内容，不能一废了之，他明确提出应当立项"五脏相关学说"开展课题研究加以挖掘提高。

　　果然，批评中医五行学说的文章还是陆续见刊，《光明日报》哲学版刊登批评中医学的文章，其依据便是认为"五行"是迷信大本营。《光明日报》是具有全国影响力的报刊，邓铁涛非常重视，他专门撰写了《中医五行学说的辩证法因素》一文，也投稿给了《光明日报》。11月第367期，也是哲学版，刊登了邓铁涛据理力争之作，他的观点：一是强调中医的五行生克并不是简单的循环论和机械论，而是有朴素的辩证法因素。二是强调中医的五行学说，主要落实于藏象学说，用以阐明人体和外界的联系，人体内部整体联系的生理、病理机制，以及预防和治疗疾病的原则。脏腑配五行这一抽象概念，是经过无数医疗实践而提炼出来的。概括起来，亦即：中医的五行学说来源于哲学但不同于哲学。

　　1963年，因统一教材之实用需要，全国中医教育系统进一步对中医理论体系的核心问题展开了大讨论。针对有人认为"阴阳五行是玄学"的观点，邓铁涛继续围绕对中医五行学说的研究，将五脏相关是祖国医学核心理论的观点，撰写成文章发表在《广东中医》第3期。当时在全国中医学院第2版教材审修会议上，"经过反复讨论，一致认识到脏腑经络、营卫气血理论是核心"，就中医学的理论核心问题达成了基本共识。邓铁涛还提出，中医五行学说是名、五脏相关是实，未来祖国医学与现代自然科学结合之后，将会起到质的变化，可能不再用五行这一名称。这是邓铁涛提出要用专业术语表述古代中医理论的嚆矢。

　　对五行学说的抨击，"文革"期间达到高潮。1975年邓铁涛借教学机会，撰写了一份"再论中医五行学说的辩证法因素"的讲课稿。邓铁涛明确了开展五脏相关学说研究的目的和意义：一是立足于发展中医"五行学说"；二是对中医"五脏学说"的继承和提高；三是指导临床灵活地辨证论治；四是推动中医理论体系的现代化。他提出要用历史的、发展的观点看待中医的五行学说，认为中医的五行学说不能等同于古代哲学的五行学说，后世中医的五行学说也不完全等同于秦汉以前医学的五行学说。并且从临证实践解读中医五行学说之实质内涵，强调中医五行学说指导临床治疗的过程，实质是使人体遭到破坏的内稳态恢复常态的过程。结论是，这一学说值得我们研究和发扬，至于名字是否仍用金、木、水、火、土，则可以考虑。

1988 年邓铁涛在《广州中医学院学报》发表专论，正式提出"五脏相关取代五行学说"。"取代"意在扬弃，即发扬中医五行的科学内核，舍弃五行循环的机械模式，解决中医五行名实不副的问题。至此，邓铁涛正式对"五脏相关"概念做出定义，回答了什么是五脏相关的疑问：

"五脏相关学说"就是指在人体大系统中，心、肝、脾、肺、肾及其相应的六腑、四肢、皮毛、筋、脉、肉、五官七窍等组织器官分别组成五个脏腑系统；在生理情况下，本脏腑系统内部、脏腑系统与脏腑系统之间、脏腑系统与人体大系统之间、脏腑系统与自然界及社会之间，存在着横向、纵向和交叉的多维联系，相互促进与制约，以发挥不同的功能，协调机体的正常活动；在病理情况下，五脏系统又相互影响。简而言之曰——五脏相关。

但是，邓铁涛以五脏相关说取代五行学说的研究引发了全国争议，学界褒贬不一。反对与批评的意见在 1997 年 10 月吉林召开的全国中医药科技进步奖终审答辩会上达到高峰。也有赞同的观点："邓铁涛主张五行学说应正名为五脏相关学说，是有深意的，即脱除五行语言的框框，反而更容易说清楚中医学的脏腑理论。"

邓铁涛强调，开展中医传统研究，应着重继承中医的理论精华，提取其中的科学内核，再经一番加工和提高，使之成为源于该理论，又高于该理论的学说，即立足继承，着眼提高。

中医临床实践的有力支撑

在此后一次又一次的答辩中，面对众多的质疑，邓铁涛仍然坚定地说：我学术理论的精华、用以指导临床又有创新者乃五脏相关说。他常幽默地说：中国哲学里有句名言"日用而不知"，其实人们天天在用五脏相关的思维；五脏的相互关系不是书斋里想出来的，而是客观存在于临床实践中的。

邓铁涛教授指出："事实上，近二三十年来我一直在用五脏相关学说指导临床实践，对于杂病之辨证论治尤其如此。"五脏相关学说是基于中医临床实践形成的学说，是对临床复杂性现象高度的理论概括，是中医临床诊治的一种思维模式。

早在 1978 年，邓铁涛参加广东中医学会学术活动，他以张景岳论治脾胃病的经验为例，介绍"五脏相关学说的具体应用"，即治疗学上，五脏是一个整体，有可分和不可分的关系，治一脏可以调四脏，调四脏可以治一脏。

邓铁涛运用五脏相关理论解决临床难题，主要体现在对冠心病（包括各种并发症如心衰等）、高血压（包括由此诱发之中风）、重症肌无力（包括危象）、慢性肝炎肝硬化等现代医学中的常见多发病及疑难危重病的防治。如其《冠心病的辨证论治》中的经验："五脏是一个互相关联的整体，不能把心孤立起来。本病与肝、脾、肾都有密切的关系，如补心益气，往往离不开健脾，除痰必先理脾；血压高又往往与肝、肾阴阳失调

邓铁涛在病房讲授重症肌无力辨证论治要点：脾胃虚损五脏相关

有关，都宜根据先后缓急，予以调理。总之，既要抓共性，又要抓个性，这是辨证论治时不可忽略的原则。"病证不是只在一脏一经一腑不移，而是存在脏腑间互相影响、互相传变的关系。在辨证论治时必须注意五脏相关的问题。

邓铁涛指出，五脏相关学说的研究集中在理论主张和操作实践两个方面，特别是开辟了五脏相关辨治疑难病的研究领域，确实地体现了五脏相关学说的理论指导价值和应用前景，五脏相关学说正是在这些研究中找到了自己的学术位置和发展动力。贴近临床，临床发展到哪里，基础研究就跟到哪里，也许这才是中医基础理论研究的终极意义。

八十九岁担任首席科学家

八十九岁的邓铁涛仍是志在中医腾飞的"热血不老人"。2005年6月下旬，科技部委派司长马燕合专程来到广州邓铁涛家中，邀请他担任首席科学家负责国家重点基础研究发展计划（973计划）中医专项项目，他欣然应命。7月1日聘任大会在北京举行，邓铁涛正式被聘任为973计划"中医基础理论整理与创新研究"项目首席科学家。7月15日，973计划"中医理论基础研究专项"启动会在北京召开。邓铁涛同时被聘任为973计划"中医理论基础研究专项"专家组组长。程津培副部长向邓铁涛颁发了聘书。

11月2日在广州大学城校区，973计划"中医基础理论研究专项"之"中医五脏相关理论继承与创新研究"课题实施启动会，首席科学家邓铁涛做主题报告，他特别强调项目的指导思想是根据邓小平"建设有中国特色的社会主义"的理论，以建设有中国特色的医学为目标；以五千年传统文化为土壤；以中医药学术传统为根本；吸收现代科学技术革命的精华走自我发展之路。他的愿望，是使中医的五行学说彻底脱离"哲学"的范畴，还其中医学之面目，为中医理论的革新走试行的一步，并选择一些世界医学界公认的难治病，以此学说为指导力求攻而克之。他说："要把我们的研究放在世界医学的平台上，21世纪医学发展面临诸多新的考验，人类疾病谱的改变，生态环境的破坏，老年社会的到来，社会各阶层对医疗保健的不同需求，医学发展需要整体系统关联的理念。"

2007年10月8日，邓铁涛点评五脏相关学说，写下如下文字：

五脏相关学说，乃中医理论核心之一的"五行学说"的继承与发展。

五脏相关学说处于世界科学将从以"原子论"为中心的科学理论走向以"系统论"为方向的时代，它在世界医学的平台上是医学上的创新。因为"五脏相关学说"可以说是"中医的系统论"，是中国医学理论的"整体论"。

2009年1月21日，广州市连新路171号广东省科学技术厅，2008年度广东省科学技术一等奖评审答辩在这里进行。来自广东省各行业的20多位专家认真听取了广州中医药大学"中医五脏相关理论基础与应用"课题汇报，提问得到满意回答后，评委投票一致通过。是年，该课题第一完成人邓铁涛已跨入93岁人生旅程。

2010年，邓铁涛提交的《973计划中医理论基础研究重大科学问题建议》指出：

我们站在以西医学为主流医学的角度看中医，中医是我国的另一个主流医学。这一主流医学，为世界所无，因此对中医药学之研究，应把中医学之基础理论看作尖端科学之研究，因为中医之理论站在世界医学之宏观医学之前沿。

……中医药能够诊治未见过的疾病如"非典"与防治航天运动病；最近对甲流的防治又收到简、验、便、廉的效果。这都与中医的系统理论分不开。

中医宏观医学理论基础，除了五行五脏相关之外，还包括人与天地相应、阴阳、藏象、气血、津液、气化、经络、四诊、八纲、八法、中药之升降浮沉及方剂组方之原理等。

建设创新型国家，实现中华民族的伟大复兴，需要中医在科技创新方面有所突破……

五脏相关学说是邓铁涛半个世纪坚持不懈为之探索的最具代表性的理论主张。他在对传统中医理论精华继承的基础上，突破传统局限，系统整合多元理论，为中医基础理论加入灵活而现代的解读视角，让古老理论贴合当下复杂多变的临床诊疗场景。同时，作为中医文化的璀璨明珠，五脏相关学说吸引全球目光，在文化交流、学术研讨中，化身中国传统医学智慧的"形象大使"，拓宽中医文化辐射范围，维系中医文化旺盛生命力。

时代是思想之母，实践是理论之源，理论的生命力在于不断创新，与时俱进推进理论创新并在实践中检验论证，是传统文化与理论永葆生机活力的奥妙所在。邓铁涛始终坚持并践行"临床实践是生命线"，中医的发展是靠不断地实践发展起来的，中医理论创新亦如此。因为邓铁涛的高瞻远瞩、孜孜不倦、不懈探索、不断精进，使得五脏相关学说作为极具开创性的中医理论，在理论创新层面与临床应用中持续焕发活力和生命力。

第三章　古说参证，融会新知

大凡中医理论大家，必在临床、科研、教学的深厚根基上，具有自主创新思维，凝练理论学说指导实践，既能一病一证一方一药验之于人，又能高瞻远瞩明确目标引领前进方向，邓铁涛就是这样的学术大家。他提出中医"五脏相关学说"，探讨气血痰瘀相关理论，构思伤寒与温病融合成为中医热病学，研究中医诊法与建设中医诊断学科教材，开拓岭南地域性医学研究领域。这些都是邓铁涛对中医学术孜孜不倦追求的成果。

《中医诊断学》教材建设

中医过去只讲诊法，即望、闻、问、切，称为"四诊"，例如清代太医院的中医学教科书《医宗金鉴》中列有"四诊心法要诀"。一直到1956年全国四所中医学院成立之初，《中医诊断学》教材也只列"四诊"与"八纲"两部分。"八纲"即阴阳、表里、寒热、虚实，是最基础的辨证内容。

1963年5月，邓铁涛参加全国中医二版教材编写会议，被委派承担《中医诊断学》主编工作。邓铁涛认为"四诊"与"八纲"不能概括中医诊断学之内涵。"辨证"才是中医诊断之特色与精华，而且两千多年来中医学已发明创立了一系列辨证方法，如脏腑辨证、六经辨证、卫气营血辨证、三焦辨证等，这些都应该进行挖掘整理，编写进教材中。新版教材编写重点就在于阐明临证如何选择、运用辨证方法，务求使学者无多歧之患。

　　全国中医院校二版教材《中医诊断学讲义》，16万字，1964年2月由上海科学技术出版社出版。1976年日本学者松本克彦将该书翻译成日文版"中医临床参考丛书"《中医诊断学》在日本出版发行。

　　1987年12月，邓铁涛主编的全国中医院校五版教材《中医诊断学》由上海科学技术出版社出版。同年，他主编的高等医学院校教学参考丛书之《中医诊断学》由人民卫生出版社出版。教参版《中医诊断学》，曾应台湾地区中医药教育之需，出版发行了繁体字版。

　　邓铁涛曾回忆说："其实中医的要点还是在辨证论治；四诊资料的收集是一部分，分析这些资料和判断更重要。我写的教材都有诊法的运用，就是辨证，有八纲辨证，又有六经、卫气营血、三焦辨证，还有脏腑辨证、经络辨证，等等。我的诊断学跟前人不同，我把中医本来有的辨证这一块内容，挪过来，突出来，这是我的一个发明创造。"

　　除教科书外，邓铁涛又主编有研究性之《实用中医诊断学》。此书的出版受到英国丘吉尔利文斯通出版社（Churchill Livingstone）重视，于1999年由玛丽尔·艾吉尔将其全文翻译出版，并在该书英文译本加按语曰："《实用中医诊断学》是一本非凡的教科书，因为它论及了中医理论中常遇到的疑难问题，例如有没有脾阴的病理变化，或者滑脉是否会出现在虚证中等。此书最引人入胜的地方之一就是，邓铁涛教授能在一个中医诊断中描绘出体液的性质，而且他强调在诊断和辨证中灵活性是必不可少的，同时他也让读者看到了正确诊断所依据的理论体系。"译者还提醒读者，"在中医学中，诊断并不意味着要探求到明确的病理实体"，"但它有相当程度的定位倾向，是一种灵活机变的临床剖视观。诊断不应当是一种强制的或乏味的教条，而是一种各部分特点相互作用所形成的临床规则。诊断是对疾病典型特征的分类，充分考虑到现实患者生命活动的实际情况。"由此可见，西方学者对中医诊断学特点的理解及对邓铁涛本人和这本书的评价是相当高的。

　　1999年，为迎接以知识经济为主导的21世纪的到来，推动21世纪我

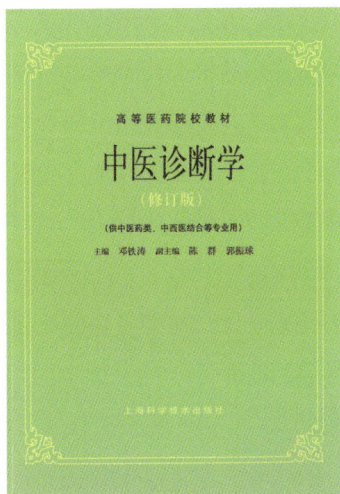

高等医药院校教材（五版）《中医诊断学》。至今再版 3 次，重印 50 余次

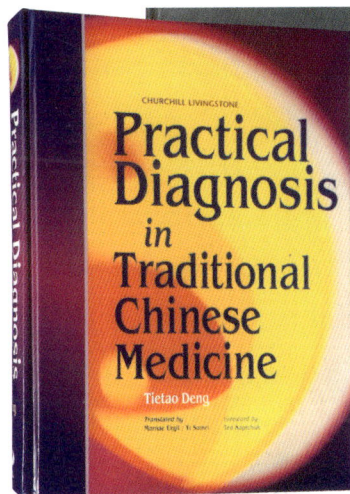

《实用中医诊断学》（英文版）

国科学文化事业的繁荣和发展，由胡绳、钱伟长、吴阶平、周光召等任名誉主编，姜士林、白春礼、郭德宏等各领域专家任主编的《中国现代科学全书》开始组织编写工作，对 20 世纪我国科学发展情况进行回顾，邓铁涛被聘为《中国现代科学全书·医学·中医诊断学》的主编。邓铁涛组织弟子们认真编写，于 2000 年 3 月由长春出版社正式出版。该书秉承了邓铁涛上述诸专著的一贯精神，更重视科学性、创新性和时代性，为培养 21 世纪中医创新人才揭开了新的一页。

还有一件事也和《实用中医诊断学》有关。1996 年 4 月，80 岁的邓铁涛，踏上了祖国宝岛台湾。

事情的缘起是这样的：台湾办有一所"中国医药学院"，坐落在台中市。它是由重视中医药的国民党元老陈立夫创办的，陈立夫担任董事长。该学院院长曾到广州中医学院参观，学识渊博的邓铁涛给他留下了深刻的印象。后来，他又读了邓铁涛主编的《实用中医诊断学》，想拿来作为教材，便请陈立夫出面给邓铁涛写信征求意见。1989 年 12 月，陈立夫又给邓铁涛寄了贺年卡，苍劲有力的字，上写："铁涛教授年禧，弘扬中医任务艰巨希共同努力。陈立夫敬贺。"邓铁涛也随即复信，允诺陈立夫可以使用他的著作作为中医学生的教材。尽管台湾与祖国大陆隔海相望，两位长者早已经惺惺相惜，但直到 7 年之后，即 1996 年 "两岸中医药临床教育研讨会"召开，邓铁涛才有机会踏上祖国的宝岛台湾。

5 月 13 日这一天，会场门口两边摆满了祝贺会议圆满成功的花篮，气氛热烈，会场内写着"欢迎邓铁涛教授莅临演讲"，讲题为"中医临床漫谈"。

4 月 28 日，在讲学之前，校方负责人陪同邓铁涛从台中到台北，拜会了 94 岁高龄的陈立夫先生。老先生在自家客厅接待了邓铁涛。邓铁涛向他介绍了大陆中医药发展的情况，勾起老先生的无限思乡之情。应陈立夫先生之请，邓铁涛为他把脉开方，嘱老先生珍重。素以书法艺术精湛著称的陈立夫先生以长条幅赠邓铁涛，上书"至诚无息，不息则久，久则寿"，题为"铁涛先生留念。陈立夫时年九十四"，并郑重地盖上印章。

其实，邓铁涛在到台湾之前，早就与台湾同胞广结医缘了。台湾人寿保险业有位陈女士，几年前她的妹妹患了重症肌无力，她带着妹妹四处求医，从台湾到北京，经一位北京的名医介绍到广州找邓铁涛，经过相当长一段时间的治疗，妹妹痊愈了，姐姐便拜这位"神医"为义父。陈女士聪明过人，是人寿保险业中的佼佼者，两千个客户的电话，她不用翻本子就可以背出来。她妹妹病好之后，她逢人就宣传大陆有位"神医"，客户中有久病不愈的人，她就把他们组成"诊病团"从台湾来到广州，住在花园酒店或中央酒店，请邓铁涛诊脉。有好多人就此好了。比如有个大客户的母亲，头痛失眠，久治不愈，经邓铁涛治愈了，她又介绍别的朋友来。有个歪了脖子的，邓铁涛用"弹筋"推拿手法治疗，第一次就好了八成。台湾大学有个学生患慢性肾炎，经陈女士介绍就医，之后通过书信联系函诊，整整两年，痼疾治愈。这些事例，不胜枚举。

鉴于邓铁涛在中医诊断学领域的学术贡献和产生的深远学术影响，2007年6月25日，他入选了首批国家级非物质文化遗产"中医诊法"项目代表性传承人。

中医发热病学的开拓者

邓铁涛对于中医发热病学的开拓大致可分为三个阶段。

20世纪50年代为起始阶段，主要是探讨温病与伤寒的关系。中医伤寒派和温病派在学术上存在长期的争论。邓铁涛曾收到广东梅县一位老先生的来信，反对中医学院把温病内容列入教材，认为将温病学说与《伤寒论》并列是中医学术水平下降的表现。对于温病学说和《伤寒论》的关系，邓铁涛主张从历史发展上去加以研究。1955年他发表了《温病学说的发生与成长》，该文根据历史唯物主义的观点及临床现实深入探讨《伤寒论》和温病学说的异同，认为温病学说脱胎于《伤寒论》而不同于伤寒派，两者是继承与发展之关系；伤寒与温病的学说和方法同样是我国医学宝贵的遗产，认为温病学说是侧支旁流微不足道的观点是不对的，抹杀《伤寒论》的价值，全盘否定伤寒派的理法方药同样是错误的；应当根据时代的需求，以科学的方法对两者进行研究与运用。这些观点成为中医界大多数同道的共识，学界开始酝酿着把寒、温两派统一起来。

第二个阶段始于20世纪80年代，邓铁涛倡导寒温统一辨证。邓铁涛认为："温病学说是仲景学说的发展，大大补充了仲景的《伤寒论》，两者合起来才成为比较完整的外感热病学说，分开则均有所偏，各有所不足。"1970年他撰写《中医发热性、传染性疾病的辨证论治》，倡导将寒、温学说融合，建立完整的外感热病学说为临床辨治发热性、传染性疾病提供统一思路方案。

1981 年邓铁涛出版个人第一部专著《学说探讨与临证》，书中"外感发热病统一辨证刍议"专篇从历史发展的过程、病因、病机、辨证、实践等方面系统论证了统一寒温辨证的必然性、可行性，并提供了外感发热病的辨证提纲。其主要观点有：①外感病从六经辨证到卫气营血辨证是一分为二的过程，由合到分是一个发展。自清至民国有些著作吸收温病的法与方而名之以伤寒是分而又合。今天我们把伤寒与温病学说统一起来，名之为"外感病学"，这种由分到合也是一个发展。②病因方面，吴鞠通的三原理论（气候与环境、人体内在因素、致病物质），外感六淫均可通用，是统一寒温辨证的基础。③六经辨证、卫气营血辨证和三焦辨证异中有同，皆欠完备，必须求同存异将三者综合起来。拟定统一的辨证纲领正是当务之急。④强调辨证与辨病相结合，若是瘟疫更应结合西医传染病方面的辨病。⑤内伤病之发热与其他杂病的发热应加以鉴别。

1988 年邓铁涛在其主编的《实用中医诊断学》一书中再次归纳提出了统一寒温辨证的具体方案。

1981 年邓铁涛在书房工作

《学说探讨与临证》（广东科技出版社 1981 年出版）

20 世纪 90 年代，邓铁涛展望 21 世纪中医学发展，提出创建发热病学。

1990 年邓铁涛在《温病专题讲座第十二讲展望》中明确提出要创建"包括发热性、传染性、感染性疾病的发热病学"。他强调，第一，必须保持、发扬中医学重视宏观、重视整体、重视动态观察、重视具体问题具体分析的特点，并应加强对运气学说的研究；第二，引进西医的科学方法进行辨病，在准确辨病的基础上，按中医理论进行辨证，实行"辨证－辨病－辨证"之方法；第三，在发热病学中应加入"内伤发热"的内容，包括阴虚发热、阳虚发热、阴阳俱虚之发热，亦即"论发热，除外感发热一大类之外，还有内伤之发热，这是中医学一大特色……应大大加以发扬、提倡与普及"。邓铁涛所构想的中医发热病学的内容自宏观到微观，从外感到内伤，从寒到温，从中到西都包括。创建中医发热病学，是要在历代医家的研究和经验积累基础上，结合现代医学新知，构建一个理论框架以全面地反映各种热病既区别又联系的证治规律，实现伤寒与温病的统一、外感热病与内伤热病的统一，使中医发热病的理论和临床更加系统化和规范化。

2006 年邓铁涛推荐由第一附属医院急诊科与温病、伤寒两个教研室一起参与"十一五"国家科技支撑计划——中药防治流感方案的研究。经过团队共同努力，"寒温并用中药复方防治流感的系统监控性临床与实验研究"获立项，其主导思想就是邓铁涛提出的"寒温并用，寒温合一"。

中医近代史研究与"临床史观"

中华医学会广东分会医史学会（现广东省医学会医学历史学分会）创办于 1956 年。广东是全国最早成立医史学会的三个省份之一。1978 年，邓铁涛提出恢复广东地区医史学术活动，并多次在中华医学会举办的各种学术会议上讲述中医"金元四大家"及中医脾胃学说发展历史源流，以精湛的中医诊疗经验结合医史各家理论学说，在广东乃至全国医史学界引起极大反响。1979 年，他被一致推选为中华医史学会（1996 年更名为中华医学会医史学分会）委员，是广东省唯一代表。

经过邓铁涛的推动，中华医学会广东分会于 1985 年 10 月做出了恢复"广东医史学会"的决定。1986 年 6 月 10～12 日，与第一次会议相隔 30 年之后，"广东医史学会"第二次学术会议在广州海军疗养院召开，会议选举产生了第二届委员会，邓铁涛被选举为主任委员。他在会议总结时，提出要把岭南医学学术发展历史及相关研究作为下一次学术会议的主要议题。

邓铁涛特别重视历史思维，他说："作为中国人，对中国历史，特别是近代史必须细读谨记，才会奋发图强。中医的近代史也是一部使人心酸的学术史！必须熟知。以史为鉴才会明白中医学术兴废继绝的责任之重大。把历史的重担变成动力，没有这种动力的人，会视中医药的存废与己无关，就不会坚决为中医之振兴贡献自己的一切。"

20 世纪 80 年代初，一本有关近代中西医论争的书在医史学界流传，困惑了很多青年人，中国中医研究院也拿不准如何评判它？致信请邓铁涛解答。邓铁涛是从近代社会走过来的人，是近代中医历史的亲历者、见证者、研究者。他说：我是以震惊的心情读完这个结束语的，书中有不少似是而非且性质严重的错误观点，一条明显的脉络，即把中西汇通当作近代中医学术主流，并与今天的"中西医结合"相提并论。

邓铁涛认为，中西汇通与中西医结合，貌似而神非。中西汇通最初是在西学东渐的影响下，其后在民族虚无主义与买办资产阶级的压迫下少数有识之中医，企图通过沟通中西医以求自存的一种探索，但由于时代的局限，只有中医单方面去进行，没有西医的合作，缺少正确的思想和方法（即历史唯物主义和辩证唯物主义）去指导实践，因此这一探索，并没有给后世留下宝贵的成果。相反，少数本来很有名望的中医，最后从中西汇通走到废医存药的道路上去了。而中西医结合，是在中国共产党的领导下，号召组织高级西医学习中医，共同合作探索医学领域新问题，创造新成果，因此中西汇通与中西医结合是有本质区别的。

邓铁涛向中医研究院阐述自己的观点，他强调中医在近代虽然屡遭打压，但仍然是人民医疗卫生保健中起主要作用和占据主导地位的，是近代中国医学发展的主流，有意无意抹杀近代中医对四万万五千万同胞的贡献，都是愧对中医愧对历史的。又如这本书对王清任的评价，认为其贡献是解剖。试想王清任《医林改错》之解剖能与19世纪30年代欧洲之成就相比吗？但王清任临床医学上"祛瘀法"的成就，直至今天20世纪80年代仍然可以与西医相比较。我们应教学王清任之临床，而不是王氏之解剖。

邓铁涛尤其不能容忍把鸦片、娼妓、中医三者并列为近代社会问题。近代医学史上废止中医的代表人物余云岫，中医界与之抗争不能说只是学术之争，如果余云岫一生只写了本《灵枢商兑》或其他攻击中医的文章，可以说是学术上的分歧。余云岫成为国民政府第一届中央卫生委员会委员，提出一个十分完整的《废止旧医以扫除医事卫生之障碍案》并经会议通过执行，就已经超出学派学术争论的范畴了。消灭中医案付诸实施，已是一场毁灭中华医药文化、压迫中医、残害药工药农，损害药商，置四万万五千万同胞于无医无药之绝境的恶毒敌人与全国人民的斗争了，岂能轻轻地说只是学术学派争论。因此，近代中医的抗争救亡运动挽救了中华民族宝贵医药文化，历史地位应予肯定，又岂能与鸦片、娼妓并列为社会问题，要立即扫荡无遗？

邓铁涛在信函中阐述了上述内容，并回复了中医研究院，以使大家达成共识。

有鉴于此，他提出"临床史观"，即要求研究医史的学者不可脱离临床，才能准确地分析史论和史料；要求临床家认真研究医史，才能从医史中汲取有益的经验教训，分辨理论、学说的长短，有所发明创新。

1987年10月23日《中国医学通史》编审委员会在北京召开第一次全

体会议。邓铁涛担任近代史卷主编。

在邓铁涛的指导下，研究生郭桃美、李剑、朱晓光等围绕中国医学史展开研究。他们的研究内容反映出在中国医学发生重大变革的历史时期，传统中医学革新图强、抗争救亡、继续发展的艰难曲折历程。

弟子刘小斌自 20 世纪 80 年代开始，从研究近代广东医学教育历史，拓展为岭南医学通史研究。至 2009 年，"岭南医学史研究"获得广东省哲学社会科学"十一五"规划立项。

2017 年"岭南医学史研究"获广东省第七届哲学社会科学优秀成果奖二等奖。刘小斌主持编写《岭南医学史》，记述从远古至公元 2000 年岭南地区的医学历史大事。《岭南医学史（上、中、下、图谱卷）》出版，2020 年获中华中医药学会学术著作奖一等奖。

中医研究也要"三因制宜"

关于岭南医学，曾有人问邓铁涛，医学难道也有岭南岭北之分吗？

邓铁涛常引《素问·异法方宜论》中的话来回答："地势使然也。"岭南地域之名始于唐贞观时"十道"之一，北靠五岭，南濒海洋，属热带、亚热带气候。五条山脉自然屏障，使之与中原内地阻隔，长期以来，形成独特的地理环境和人文特色。因此，"岭南派"不单是世人熟知的岭南画派，邓铁涛说，除了画派外，还有音乐、武术、戏曲、诗词等流派，其中还有不容忽视的、在祖国医学中极具特色的医学流派——岭南医学。中医药研究要注重地域特征的观念。因为潮湿炎热的自然环境有利生物成长，也易滋生病菌，尤其烟瘴肆虐，蛇虫猛兽横行，各类疫病夹湿浊热势，病变迅速。邓铁涛说，岭南中医就是在这样一种特殊的地理气候环境下，把中医学的普遍原则与岭南地区医疗相结合，经过漫长的历史岁月逐渐形成起来的以中医学理论为基础，结合当地文化的地域性医学。邓铁涛躬身实践，1981年他校注出版岭南名医何梦瑶著作《医碥》。

全国各地有许多患者慕名来广州向邓铁涛求医，然后又大包小包、千里迢迢地将药物扛回家。为什么他们不直接拿着药方回家乡抓药呢？因为当地没有他们需要的药。作为岭南本土医家，邓铁涛用的很多草药，如五爪龙、千斤拔、牛大力、独脚金、珍珠草等都是岭南独有的。

邓铁涛在主持中华医学会广东分会医史学会工作过程中，大力倡导岭南医学专题研究，后来得到广东省中医药局指导支持，并成为广东建设中医药强省的重要工作内容之一。岭南医学研究系统推进，他起到了带头领军的作用。

1988年9月1日至2日，邓铁涛主持召开中华医学会广东分会医史学会第三次学术会议，会议专题讨论岭南地区医学历史，故会议名称又为"岭南医学研讨会"。会议最后，邓铁涛发表了重要的总结讲话：

医学研究不能脱离地理环境、社会环境、个人体质，应该因时、因地、因人制宜地去研究疾病和治疗疾病。我国幅员辽阔，由于地理环境的差异和历史上开发的先后，各个地区的情况千差万别，医学发展也表现出明显的不平衡性，岭南医学就有地方与时代的特色。岭南医学是祖国医学的普遍原则和岭南地区医疗卫生保健实践相结合的产物，研究岭南医学的成果及其意义，不仅可以了解岭南地区医学发展的特殊性，反过来也有助于认识整个中国医学发展的全进程。

这一段讲话，日后成为岭南地域性医学研究的指南。学者们普遍认同岭南医学所具有的继承性、本土性、兼容性、开放性、先进性的学术特点。

在邓铁涛的主持带领下，中华医学会广东分会医史学会于1991年和1998年分别又召开了第二届、第三届"岭南医学研讨会"。以岭南文化为大背景，岭南医学的研讨并不局限于广东，而是具有很强的学术辐射带动效应，更好地体现了广东作为祖国南大门和改革开放前沿阵地的作用。每次学

1988年邓铁涛牵头举办首届岭南医学研讨会

术研讨会，都吸引来自我国广东、广西、海南、香港、澳门等地区，以及马来西亚、新加坡等国家的学者。专家学者们共同研讨岭南医学的历史、临床特点、南药资源和作用，探求岭南医学研究路向。如 1988 年，香港谢永光先生的报告"香港早期的著名中医"、新加坡中医学会会长李金龙的报告"亚细安地区医学史"，都具有很高的学术价值。

为了更全面地推动岭南医学研究和发展，广东省中医药学会在邓铁涛的指导下，于 1999 年成立了岭南医学专业委员会，并于 2000 年召开了第一次学术会议，汇集更多中医药学者对岭南医学开展全面研究，开辟了岭南疾（疫）病史、岭南医学人物及学术思想研究、临床诊疗特点、岭南医学文献研究、近代岭南医学研究、养生保健特点及南药研究等领域，研究越来越系统、全面和深入，产生了一批重要的研究成果。岭南医学研究逐渐成为广东省中医发展战略中的重要组成部分。2006 年，广东省在全国率先吹响建设中医药强省的号角。

在邓铁涛的指导下，大型学术巨著《岭南中医药文库》编写完成。2010年 8 月 21 日，由邓铁涛担任总顾问的《岭南中医药文库》在广州南国书香节上举行首发仪式。《岭南中医药文库》分典籍、文献研究、医家、本草、医疗、产业、现代研究七大系列，抢救性总结岭南中医药历史经验和学术成就，全方位展示岭南中医药流派浓郁的地域特色。2012 年国家中医药管理局批准成立"岭南中医学术流派传承重点研究室"，致力于梳理岭南中医学术流派的发展源流、传承脉络、学术思想、临证经验及特色技术。

2016 年，百岁高龄的邓铁涛欣然受聘为《岭南中医药精华书系》的总主编，并为丛书编写出版工作题写了"传承国医薪火，弘扬岭南文化"的目标主旨。

人有三不朽：立德、立功、立言，是古人追崇之境界。作为首届国医大师、中医药事业发展的擎旗手，邓铁涛坚持历史思维，深知历史是智慧的源泉、经验的宝库，同时他也从历史的兴衰更替中，看到了中医发展的曲折与坎坷，从而更加坚定了自己为中医事业奋斗终身的信念。他带领弟子著书立说，笔耕不辍，以文字为载体，传承给后世，不仅是对中医传统的尊重与传承，更是对中医未来的探索与创新。

第四篇
切脉中医，赓续绝学

近百年来，"科学"这顶帽子，总戴不到中医药的头上，这是时代的悲哀。因此导致中医人才的数量与质量的萎缩，中医临床的舞台在萎缩，给中国卫生事业带来损失。

——邓铁涛《21 世纪慧眼识中医》

第一章　回归中医以振兴中医

　　改革开放的春风吹遍中华大地，在党和国家的高度重视下，中医药事业搭上了改革开放春天的列车。1978 年，中医学院取得国家教委批准的硕士学位授予资格，教师们可以参评教授职称，真正开启了中医药高等教育新篇章。5 月，邓铁涛成为硕士研究生指导老师。12 月，广东省人民政府正式颁发广东省名老中医嘉奖证书、广东省高等院校教师职称任命书，邓铁涛被授予"广东省名老中医"称号，被评为"广州中医学院教授"。1979 年 4 月，邓铁涛被聘任为广州中医学院副院长。

　　1979 年 5 月 18 日，首届全国中医学术会议在北京西苑饭店隆重开幕，来自全国的 350 名代表参加，会上，卫生部宣布中华全国中医学会（现中华中医药学会）正式成立，邓铁涛当选中华全国中医学会首届常务理事。

　　1982 年 5 月，广州中医学院副院长罗元恺教授刚从衡阳返回广州不久，便迫不及待地招呼邓铁涛等一众医院领导，激动地向大家通报"衡阳会议"

1978 年 12 月，邓铁涛获授"广东省名老中医"称号

1978 年 12 月 19 日，广东省政府任命邓铁涛为广州中医学院教授

召开的情况，转达会议精神。他说："这次会议的收获很大，经过六天的讨论，明确了任务，统一了思想。会议对中医医院和中医学院的办院方向，做出明确规定。振兴中医事业，才毋负党对我们的期望。"

"衡阳会议"的精神，还得从会议召开的背景谈起。

56 号文件：吹响振兴中医号角

衡阳会议召开之时，"文革"刚刚结束不久。"文革"使新中国刚刚起步的中医工作遭到了严重的破坏。1959 年全国有中医 36.1 万人、西医 23.4 万人，到 1977 年西医有 73.8 万人，增加了 2.2 倍，而中医却减至 24 万人，比 1959 年减少了三分之一；1966 年全国有中医医院 1371 所，到 1976 年仅剩 129 所，10 年减少 91%。中医药事业式微，中医药人才队伍青黄不接。仅存的中医医院，建设与管理处于停滞甚至倒退的状况，相当一部分严重西化。

面对奄奄一息的中医药行业，还有人说："声光化电奔前走，何必破车拉老牛，现在这个时代提倡中医药等于倒退。"认为搞医学科学现代化，实行中西医结合就不应再强调发展中医药队伍和中医药事业，倾向于放任其毁灭、乐见其消亡。

1978 年，崔月犁主政卫生部，他和中医司司长吕炳奎一起带队深入一线，在全国 26 个省市的广大农村以及各中医医院、中医学院和少数民族医院开展调查，得出了"有中国特色的卫生事业不能没有中医"的结论。8 月，卫生部党组向中央报送《关于认真贯彻党的中医政策，解决中医队伍后继乏人问题的报告》，该报告由吕炳奎亲笔起草，充分阐述了当时中医药发展形势严峻，深入剖析中医药工作中存在的问题，提出了 8 条切实可行的解决办法和建议。

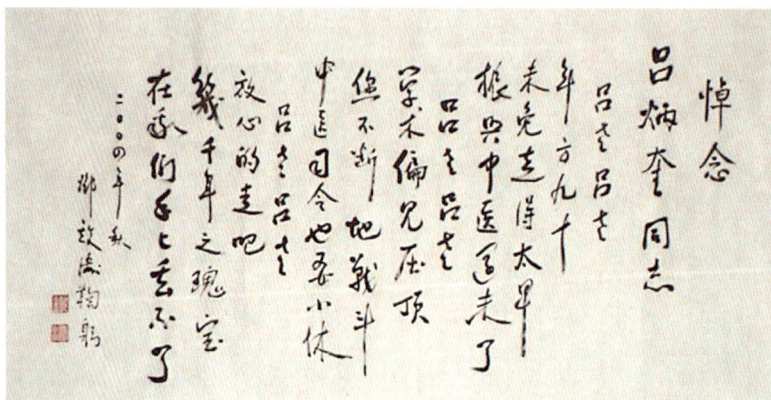

是年 9 月 7 日，邓小平对卫生部的报告作了批示："这个问题应该重视，特别是要为中医创造良好的发展与提高的物质条件。建议以中央名义加一批语转发下去。"中央在批语中，肯定了卫生部的意见，对如何贯彻落实作了重要指示："中央认为卫生部党组报告中提出的问题和建议，应当引起各级党委的高度重视，希望你们结合自己的实际情况，认真加以研究，采取切实可行的措施，积极地有步骤地把这件大事办好。""在发展西医队伍的同时，必须大力加快发展中医中药事业，特别是要为中医创造良好的发展与提高的物质条件，抓紧解决中医队伍后继乏人的问题。"

至此，中共中央〔1978〕56 号文件《中央转发中共卫生部党组〈关于认真贯彻党的中医政策，解决中医队伍后继乏人问题的报告〉的批语》出台。这是继 1958 年之后，第二个以中共中央名义发表的指引中医药事业发展的纲领性文件，对中医药事业的振兴发展起到了决定性作用。

56 号文件的 8 项振兴中医药措施，涉及临床、科研、教育和组织管理，主要包括：进一步重申并认真贯彻落实党的中医政策，纠正对待中医中药人员的错误态度；认真办好中医院校，积极培养中医中药的新生力量；整顿和办好中医医院；加强中医药研究机构的建设；继续组织西医学习中医；请国家计委拨给 1 万人的劳动指标，选拔一批具有真才实学的中医，充实和加强全民所有制的中医机构；建议各省、市、区在安排基建计划时要优先考虑发展中医机构，在分配经费时重点照顾中医机构；建议各省、市、区党委把中医和中西医结合工作列入议事日程，经常督促各有关方面贯彻执行党的中医政策，搞好中西医结合。

随后，《人民日报》发表社论"大力加快发展中医药事业"，《光明日报》发表社论"重视中医、发展中医、提高中医"。紧接着，党的十一届三中全会召开，中医药事业从此进入了一个新的历史发展时期。1979 年 5 月，中华全国中医学会（后改为中华中医药学会）成立。1980 年 3 月，卫生部召开全国中医和中西医结合工作会议。会议全面总结新中国成立 30 年以来的经验教训，明确提出了中医、西医、中西医结合三支力量都要大力发展、长期并存的方针。

衡阳会议：改变中医从属地位的开始

1982 年 4 月 16—22 日，湘江畔，烟雨茫茫，湖南衡阳迎来了彪炳中医药史册的高光时刻，"全国中医医院和高等中医教育工作会议"在这里召开，所以又称"衡阳会议"。这是新中国成立后，首次由卫生部组织召开的全国性中医药工作会议，是认真贯彻落实党的中医政策，落实 56 号文件精神的成功工作部署，对全国中医药事业发展具有里程碑意义。

"衡阳会议"通过了《关于加强中医医院整顿和建设的意见》《全国中医医院工作条例（试行）》《努力提高教育质量，切实办好中医医院》三个文件，强调了"突出中医特色，发挥中医药优势，发展中医药事业"的指导方针，明确了中医、西医、中西医结合三支力量都要大力发展、长期并存的基本思路，强调中医医院和中医学院要保持中医特色，重视中医的传承和中医队伍的培养提高，为中医药事业和中医药学术研究的健康发展指明了方向。

罗元恺滔滔不绝地、兴奋地解说着在衡阳开会期间的所见所闻，拿着整理好的笔记，还不断加入回忆补充，整整讲了一个半天，然后老师们热烈讨论起来，没有谁发觉午餐时间已经到了……邓铁涛认为："衡阳会议是改变中医从属地位的开始。"时任卫生部部长崔月犁的讲话内容中，有两个经典比喻，邓铁涛心领神会，成为他讲演引用频率极高的两个"段子"。一个是批评中医院没有中医内涵，"挂着梅兰芳的牌子，唱着朱蓬博（美声唱法音乐家）的调子"；一个是批评中医学院的教育不西不中，不重视中医学科，"培养出来的人才相当于两个中专水平"。

衡阳会议的召开意味着，在党和国家的高度重视下，中医药工作的地位得到明确肯定。党对中医药事业的重视与关怀，让在座一众花甲之年的老中医，如同人生而立，一切刚刚开始，一切充满希望。邓铁涛从此，经常幽默地使用"公岁"计算自己的年纪，比如，彼时 1982 年，邓铁涛 66 岁，他自称 33 "公岁"。

衡阳会议后，加强中西医结合工作、加强综合医院及专科医院中医科工作、加强中医及中西医结合科研工作、发展中医教育等政策措施相继出台。"发展现代医药和我国传统医药"写入《中华人民共和国宪法》第二十一条，确立了中医学等传统医药的法律地位。迎着改革开放的春风，中医药振兴发展的号角全面吹响。至 1989 年底，全国中医药专业技术队伍发展到 54 万人，全国中医医院发展至 2070 多所，高等中医药院校达到 33 所（含民族医学院和二级学院），中等中医药学校和中医药职业技术学校达到 66 所，独立中医药研究院（所）达到 109 个。

对于"衡阳会议"，邓铁涛后来专门发表过文章纪念。即 2002 年，在衡阳会议召开 20 周年之际，他撰写了《纪念衡阳会议　忆崔月犁部长》一文，发表于《新中医》杂志上。原文摘录如下：

转瞬间衡阳会议已 20 年，时间过得真快！谈衡阳会议不由你不想念这一次会议的策划者、设计者、组织者、贯彻者——我们敬爱的部长崔月犁同志。是他拨乱反正拯救中医药事业，是他顶着会议后的反对之风，斗争数年，直到 1986 年国家中医管理局成立。他的工作有多么艰辛啊！从衡阳会议到国家中医药管理局成立，如果没有崔部长的坚韧不拔的精神就不会成功，没有中医药管理局的成立，便没有今天的中医药局面，这是铁的事实。衡阳会议是改变中医从属地位的开始。衡阳会议是贯彻党的中医政策的典范。人民会永远记住这一次会议。

中医界的大事：喜迎国家中医药管理局成立

"衡阳会议"召开后，崔月犁责成卫生部中医司为成立中医管理局准备相应的文件。崔月犁当时兼任中华全国中医学会会长，他和邓铁涛等学会的常务理事一起研究了一个方案，拟建立一个副部级的局专门管理中医事业。方案中说明了中医管理局只是机构的调整与合并，并不增加开支。但这个想法提出后，赶上国家机构缩编，就被搁置了。

1984 年 3 月，徐向前元帅在广州疗养，邓铁涛借参与诊疗之机请求徐向前元帅"救救中医"！随后，他用一名中共党员中医的身份写了一封信，请求徐向前元帅转呈中共中央。书信内容详见本书第六篇，此处先不表。

正是这封信，经过徐向前元帅转递，很快得到胡耀邦批示，成为中央政治局会议参阅文件。

无巧不成书，几乎同时，全国的老中医心往一处想了。由浙江名医何任发起，山东张灿玾、湖北李金庸等十位著名专家联合上书国务院，提出管理制度的缺陷制约了中医药发展的问题，恳切建言建立独立的中医药管理机构。

1985 年，卫生部党组为了从根本上解决中医药问题，6 次向国务院打报告反映改革中医药管理体制的问题。为此，中共中央、国务院 5 次讨论中医问题。后来卫生部起草了更详细的文件，其中不仅提到建立"国家中医管理局"的问题，还提到国家对中医专项拨款的问题。文件于 1986 年 1 月 3 日被送到国务院。1 月 4 日，国务院召开第 94 次常务会议。崔月犁带着主管中医的副部长胡熙明和中医司司长田景福一起去国务院汇报。会议围绕中医的地位、科学研究、职称评定和中药材问题，提出了 4 点意见：一是要把中医摆在一个重要的位置。中西医结合是正确的，但不能用西医改造中医。西医要发展，中医也要发展，不能把中医只当成西医的从属。二是对中医科研问题要重视。要从理论上和实践上认真加以总结、研究，不能简单地以西医理论来解释中医。三是对于中医的职称问题，要按中医的标准来评定，对一些老中医，评定应以实践为主。四是要认真搞好中药材的种植、收购和加工。

1986 年 7 月 20 日，国务院正式下达了《关于成立国家中医管理局的通知》，规定"其主要任务是管理中医事业和中医人才培养等工作，继承发扬中医药学"。

12 月 20 日，国家中医管理局正式对外办公，国务院任命胡熙明为卫生部副部长兼中医管理局局长，田景福和诸国本任副局长。崔月犁部长在国家中医管理局成立暨1986 年度中医药重大科技成果新闻发布会上发表讲话。讲话指出，中医总局成立，

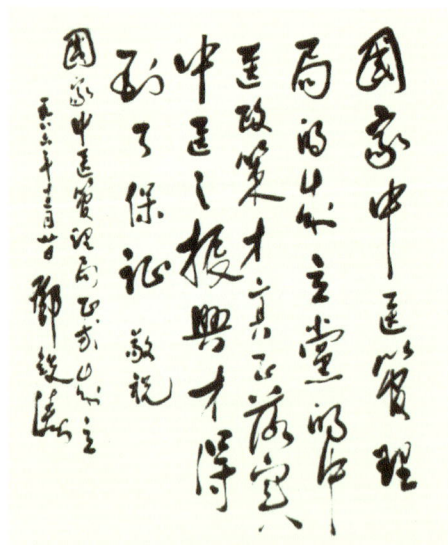

1986 年 12 月 20 日，邓铁涛书法贺国家中医管理局正式成立

标志着我们的中医工作开始进入一个新的阶段，也就是有计划地进行中医建设的阶段。过去中医没有单独的领导管理机构，也没有单独的经费，讲了不少空话。我们要少说空话多办事，就要在财务上落实，从机构上落实。如果不落实，就是空话。

国家中医管理局成立后，初步实现中医事业的自主管理。但此时中药部分仍归国家医药管理局管理，这种管理体系违背了中医中药不分家的原则。1988 年 5 月 3 日，国务院决定将国家医药管理局管理中药的职能划归国家中医管理局，国家中医管理局改名为国家中医药管理局。

新的隐患：自我从属

1996 年 9 月，邓铁涛收到一封某中医学院一位实习医生的来信，信中说："一个堂堂正正的中医院，在病房，中药似乎不多见了，仅在部分病区的病床旁放着一个中药壶，同时又在一天不停地用西药静注，这不正反映了中药仅成了西药的'化妆品'和'点缀物'了吗？难道三颗药丸（西药）加一包中药就是中西医结合疗法吗？邓铁涛师，这或许是我不全面所见，但它的确存在着，这令我非常痛心，心痛之余是失望，心痛的是中医药在校几乎是白学的……要是果真全都如此，那么中医学院岂有其存在之必要，合并到'医大'去不是更好吗？"

收到这样一封信，邓铁涛并没有感到意外，因为这样的意见近些年来听到不少，有这种情况的中医医院不止一家！

新中国成立以来，党中央十分重视中医中药，一再强调要正确贯彻中医药政策。但由于种种原因，中医药仍处于从属地位。自从 1986 年国家中医管理局成立以来，中医的从属地位开始得到改变，中医药事业开始全面发展，无论医疗、教育还是科研等各方面都取得了不少成绩，为中医之振兴、为中医药学之发展，打下了牢固的基础。但冷静观察与思考，邓铁涛发现，中医药事业由外部外加的"从属地位"已逐渐消失，但来自内部的"自我从属"却悄悄地产生！这成了中医学新的最大的隐患。

中医表面上看很完备，从助教、讲师、副教授到教授，从住院医师、主治医师、副主任医师到主任医师，从学士、硕士到博士、博士后，都有了，但如果实质不搞中医，就是泡沫，邓铁涛称之为"泡沫中医"。中医院用西药比中药多。不少中医院在门诊还能以中医药处理为主，但在病房以中医药为主的治疗率、治愈率，全面来看，不是逐年有所提高，而是逐年有所下降！中医自己不去磨砺自己的学术，而是舍己之长依赖他人所长，慢慢下去就会变样。

邓铁涛心想，如果中医药在急危重症甚至在一般病症面前，成为可有可无的东西，那么中医药学距离消亡的日子也就不远了！外加的"从属地位"消灭不了中医，来自内部的"自我从属"将消灭中医于不知不觉之中！这个隐患如果不及时消除，多少表面文章也振兴不了中医。邓铁涛还听说有中医学院培养的博士生，研究出来的不是中医的东西，研究结果是否定中医，存在着更大隐患。思绪至此，邓铁涛决定及时提醒大家警惕这个新的隐患，他将这一问题及时撰写成文章《中医药学之隐患——自我从属》公开发表在1996年10月7日《中国中医药报》第1版上。

"自我从属"之所以是隐患，之所以危害性极大，恰恰在于它的隐匿性，在于"患者"的不自知性。特别让邓铁涛感到痛心的是，自我从属是内生隐患，"患者"往往来自中医药高等学府，来自中医院校精心培养的专业人才队伍，并且表现出高学历趋向性。例如，1999年，有中医药大学的博士持这样的观点："中医学在与西方医学交流中逐步暴露出明显的劣势，很快从主导地位一变而成为从属角色，进而由从属而求生存。目前肩负我国12亿人口医疗保健的主力是西医而不是中医。造成这种局面的根本原因是中医学术本身的落后而不是其他。"这是邓铁涛经常点名批评的一个"自我从属"

的典型案例。这个观点极其似是而非，"自我从属"极其隐秘，严重自欺且欺人。

1999年，正值首届"全国名老中医专家临床经验高级讲习班"开班之际，老中医们对这个事情是高度重视的，他们发现自家博士提出的学习西医以主动求变的观点与新中国成立初期王斌思想甚相类似。新中国成立后，王斌推行改造中医，采用的办法是全国中医都要学西医。邓铁涛在讲习班讲义汇编《碥石集：著名中医学家经验传薪》第一集的序言里，专门批评了这种"自我从属"倾向的认识。

关于中医发展缓慢是由于中医本身落后的论调，邓铁涛从唯物史观角度予以分析："100年来的中医，50年是被压迫期，30多年为不冷不热期，真正大踏步前进的历史只有国家中医药管理局成立后十多年！与20世纪100年来全世界西医的命运相比，真是天地之别！尽管如此，20世纪80年代，中医开始走向世界，先是针灸热，然后是中医热。20世纪是科学成就惊人的年代，世界西医学的发展可谓风正一帆悬，而中医学的遭遇则逆风逆水，水下有险滩无数！如果中医药学没有超现代的科学积淀，能在20世纪末与西医学同时得到世界人民的认可吗？难道这样的历史对比不值得中华儿女欢呼雀跃吗？"

至于当时国家医疗保健主力是西医而不是中医的问题，邓铁涛调查了两支队伍的有生力量，结果是触目惊心的：1949年全国统计有中医27.6万人，到2001年，全国中医33.4万人。西医呢，1949年只有8.7万人，而2001年全国已经培养西医175.1万人。其增长的速度为中医的91倍。1956年秋全国只有4所中医学院成立，规模小，设备差。这等有生力量和资源，试问中医怎能担当人民保健的主力呢？

还有人认为中医不科学，近二三百年来与世界自然科学脱节，是中医自身落后才导致中医学生与青年中医迷失方向。对于这种论调，邓铁涛皆不遗余力予以批驳。他指出，中西医是两个不同的学术体系。不能认为西医是现代的，中医是古老的，科学真理不是以时间先后为坐标的。何况中医不是古医，我们同样是现代的中医。博学的邓铁涛，在讲话里、在文章中，常援引科学界权威观点来佐证中医理论体系的先进性。例如，引用科学家钱学森的观点："人体科学的方向是中医，不是西医，西医也要走到中医的道路上来。但已有的中医理论又不能同现代科学技术联系起来，而科学技术一定要组成一体，不能东一块西一块。解决这个问题就是您所说的中医现代化，也实际是医学的现代化。"

邓铁涛还发现英国科学家李约瑟博士也认为西医将来的道路就是走向中医的道路。两位科学家的看法一致，值得我国中医界的"自我从属"论者深思！

中医药学的精髓是什么？邓铁涛认为，几千年来，不是出自实验研究，而是在中医系统理论指导下的无数临床经验。几千年来，众多名医，众多的新学说，是在继承中医理论基础上，通过医疗、康复、养生的无数实践总结提高得来的。中医走的是不同于西医还原论之路。中医是在先进的系统理论指导下，通过宏观观察与临床实践得来的，因此，在理论高度上，不是落后而是先进的。

有丰富临床经验的邓铁涛，又以大量的病例去驳斥另一种错误的思想，即认为"凡西医能解决的，中医便应靠边站"。他说：抗生素发明之后，肺炎便不需要中医了吗？老年肺炎，虚寒证的肺炎，用上中医药就得救了！他常遇此等症，用桂枝汤之类，帮抗生素一把！例如，邓铁涛曾到西医院会诊一例水肿患者，已肿至有如啤酒桶一样，不能卧，需用特制大木椅坐着，医院用了不少利尿剂，就是不能消肿。他会诊采用真武汤加味，约半个月，患者前后判若两人，带着空木椅出院了。

他的学生杨伊凡，在澳大利亚悉尼来信讲过一个医案：1995 年 3 月 3 日，杨医生应患者母亲（白人）的邀请，抢救一位 6 个月的女婴。该婴儿患先天性心脏病已住院 4 个月，一直住特级护理病房，正在等候去墨尔本进行心脏移植。患儿病情越来越严重，医生认为没有希望，准备停止抢救，才同意患者家属请中医治疗。X线摄片显示，由于心脏扩大，两肺被挤到两边，心率 180 次 / 分，发热，心衰，肺水肿，6 个月婴儿体重只有 4 千克。医院主要用抗生素治疗。杨医生在医院限制其中药入量的条件下，3 月 3 日到 3 月 8 日先用花旗参，后用生脉散，之后，医院医生认为婴儿有生存的希望，准许中药的输入量由 10 毫升加到 30 毫升。婴儿肤色转红，四肢温度升高，大便成形，体重增加 100 克，体温仍有反复，但从未再超过 40℃。杨医生的处方增加药味，中药入量增至 60 毫升。3 月 12 日，肺水肿继续消退，心功能逐步增强，已除去插在气管的输氧管，4 个月来第一次用鼻自然呼吸。心率、体温基本正常，X线摄片前后对比心脏缩小，各项指标均有改善，患儿已脱离生命危险。但医院仍决定将患儿送至墨尔本进行心脏移植。杨医生反对搬动患儿，无效。3 月 20 日患儿被送往墨尔本，因空中运行不适，当晚又出现呼吸困难。24 日以后患儿状况较差，没有可能做心脏移植手术。又飞回悉尼，于 4 月 1 日死于医院。

邓铁涛详述这一病例，无非想说明换心换肝并不是说来那么轻巧，更提醒不要以为中医药毫无用处。中医重视治未病，治在前头，可以不用换心换肝多好呢！"非典"暴发之前，邓铁涛就存在强烈的抗生素阙如忧患："目前世界医学正在害怕将来无药可治耐药性的凶险细菌病，中医应该站出来，为世界医学家分忧，研究消炎抗菌的治法与方药，不应该袖手旁观。"

人才是根本：培养铁杆中医

2007 年，11 月的羊城，依然艳阳高照，风和日丽，正像中医药事业发展的态势一样。党的十七大"科学发展"东风吹绿了杏林，中医药的发展充满了生机与希望。广州中医药大学校园郁郁葱葱，金桂飘香，三角梅、异木棉、洋紫荆热情盛放，花红似火，一派生机盎然之象。在这喜人之际，广州中医药大学又迎来了"建优迎评"。广州中医药大学第一附属医院内科教研室（大内科）医、教、研各方面的工作都紧锣密鼓地进入了正轨。其中，大内科的人才培养是迎评的关键环节。为制定内科青年医师的培养计划，教研室主任吴伟教授亲自执笔，拜访请教了多位内科的资深专家，并反复修改计划。是日，他们走访了广州中医药大学终身教授邓铁涛，听取邓老（师生对邓铁涛的亲切称呼）对青年医师培养、中医药人才教育的真知灼见。

邓铁涛虽是耄耋之年，但仍鹤发童颜，目光炯炯有神，慈祥的面庞带有几分深邃。"90后"的邓铁涛，一谈到中医的发展，一谈起青年医师的培养，神采飞扬，话匣子一打开，思路马上活跃了起来。

邓铁涛说，培养青年中医师"功在当代、利在千秋"，是中医发展的头等大事！因为发展中医，人才是根本。

然而，究竟培养什么样的人才？怎样培养人才？就是问题的关键与核心。

邓铁涛指出，发展中医要立足于造福中华民族健康，立足于弘扬中华民族优秀文化。中医是一门博大精深的科学，是中华文化的瑰宝。要继承和发展真正的中医，就一定要培养"铁杆中医"。

什么是"铁杆中医"？

"铁杆中医"（邓铁涛题于 2009 年 8 月 19 日）

铁杆中医，就是立足于深厚的中华文化基础上，既善于继承又勇于创新的中医人才。他们必须有深厚的中医理论知识，熟练掌握辨证论治，能运用中医治疗方法为患者解除疾苦；他们必须有科学的头脑，有渊博的知识；他们是能够与 21 世纪最新的科学技术相结合以创新发展中医药学的优秀人才。"铁杆中医"要从青年抓起。必须要求青年中医端正思想，树立信心，要相信中医是科学、有效的。

讲到中医的科学观，邓铁涛谈笑间旁征博引，充满信心。他指出，中医的理论是超前的，是一种信息医学。20 世纪的西医理论是机械唯物论，某种程度上是实验医学，实验模型大多缺乏心理、社会等因素。而 21 世纪的医学模式已经发展成为"生物—心理—社会"医学模式。单一的实验医学模式必然会被多维的信息医学所取代。中医几千年的实践表明，中医注重"心理因素""情志因素"在"致病"和"治病"上的作用，讲求"生物－心理－社会"模式。西医不是越来越强调生活方式的改变吗？这些恰好是中医的优势。党和政府重视发展中医药事业，把中医与西医摆在同等重要的位置，并写进了我国的根本大法《中华人民共和国宪法》之中。这是中国人民的正确选择，是中华民族健康事业的福祉所系。中医、西医、中西医结合三支力量长期并存，是我们的基本方针。党的十七大报告强调"中西医并重""扶持中医药事业"，吴仪副总理在全国中医药工作会议上的重要讲话，都表明了党和政府的坚定政策，中医的地位及科学性不容歪曲。

邓铁涛语重心长地说：青年医师更不应妄自菲薄，应该树立"铁杆中医"的观念及信心。并且，中年以上的专家也应该起带头作用，思想先行，"时时讲中医，处处用中医"，为青年医师树立榜样。

怎样培养"铁杆中医"呢？这就涉及方法论问题。邓铁涛明确指出，培养"铁杆中医"要立足于"继承"与"创新"，我们很多青年医师在实际临床工作中，对"继承"与"创新"的理解还是不够深刻。继承与创新应该是辩证统一的。在继承与创新过程中，必须充分遵循中医药自身发展的规律、科学的内涵，不能简单地跟着西医的思维来做。例如一个发热的患者，不应首先思考如何使用抗生素，而应该从中医的病因病机出发，思考是外感发热还是内伤发热。这些思路在《温病条辨》《温热经纬》等著作中都有体现，这就是一种"继承"。一讲到"创新"，并不是要与"继承"对立起来。我们不能排斥现代科学。现代中医，不单纯是中西医结合，应该是与现代科学技术相结合，如中医与数学、物理学、化学、光子学等的结合，这个途径就很好。要使现代科学为中医发展服务，为中医所用。"创新"不代表"丢弃"，不能抛开中医药的科学内涵，简单盲目地追随西医的所谓"潮流"。

邓铁涛寄语青年中医，要充分发挥中医药的优势。他以"上工治未病"为例，指出"治未病"比"亚健康"的概念还要超前。"亚健康"已经是健康的临界了。但是"治未病"就是健康状态下就要懂得"未雨绸缪"，讲明了中医药在预防、保健、治疗等全方位的优势。青年医师要熟练掌握针灸、推拿等技能的运用，这些都是中医简、便、廉的方法。另外，中医易懂难精，青年中医师，要多了解中国文化如老子、庄子等诸子百家学说，才能真正认识中医，喜爱中医，深入学习中医。

最后，邓铁涛欣然挥毫，写下墨宝"人才是根本"，赠予大内科。笔迹遒劲有力，铁画银钩。一代宗师语重心长，字字珠玑。

第二章　创新名中医带徒制度

　　倡导名中医带徒，抢救中医学术，是邓铁涛在中医高级人才培养方面独到的做法和见解。中医学传承后继乏人的困境、中医药发展"自我从属"的危机，一直盘踞在邓铁涛心中，他深感中医药人才培养的急迫性、中医药教育改革的必要性，一直在为中医药人才培养鼓劲和呼告。

1984 年，邓铁涛在《大自然探索》第 2 期上发表文章《中医学之前途》

名中医带徒制的倡导与建制

　　1986 年 1 月，邓铁涛开始在广州中医学院学术期刊《新中医》上开辟

"耕耘医话"专栏撰写系列文章。专栏名称寓意"振兴中医光华夏，意欲耕耘播彩霞"。邓铁涛反复提及"继承名老中医经验，抢救中医学术，已成燃眉之急"，"中医学再不花力气去抢救，等现在的老中医老得不行了才想到出钱出力去发掘已经迟了！时不我与，时不再来！"他一方面认为中医药高等教育要避免"自我从属"，走出一条独立自主的康庄大道；一方面认为传统的师带徒模式可以加以创新运用，作为人才培养的重要补充。传统中医师带徒模式虽然速度慢、规模小，但可以应用于中医药高级人才培养，应用于青年医师临床水平的提升阶段，再者，彼时开展名中医带徒更首要的目的在于对老一辈名中医学术思想和临床经验的抢救性保护和传承。邓铁涛此时已届古稀之年，虽然自诩才45"公岁"，即便尽享天年，然而也时日无多了。邓铁涛的老友，南通朱良春国医大师也有类似观点——"经验不保守，知识不带走！"名老中医学术经验是无形资产，缺少跟师临床实践的经历，学生的硕士学位、博士学位并不能代表师父的衣钵。因此，师承对于中医学术命脉的高水平赓续是有不可替代的特殊历史作用和意义的。

1988年2月，邓铁涛"耕耘医话"系列文章由上海中医学院出版社结集出版。《耕耘集》图书出版后，时任国家中医药管理局副局长朱杰读后，感触很大。他回到北京后，牵头会同人事部、卫生部，共同推动出台了名中医带徒传授制度。

1990年10月，首届"全国继承老中医药专家学术经验拜师大会"在北京人民大会堂隆重举行，全国首批五百名

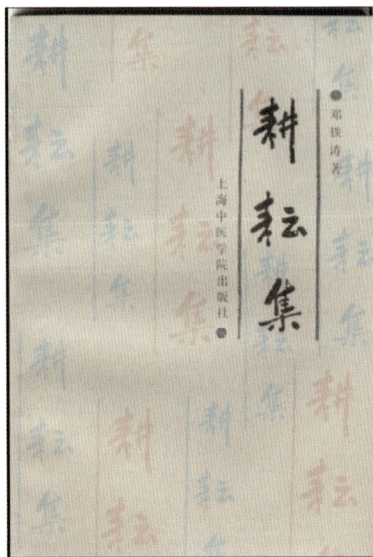

邓铁涛著《耕耘集》（上海中医学院出版社 1988年出版）

老中医开始带徒。邓铁涛收了邓中光、邱仕君两名徒弟。在会上，他代表五百名老中医嘱托重任："学我者必须超过我！继承是手段，振兴中医、发展中医，为中国人民和世界人民的健康服务，走在世界前头才是我们的共同目的。"其对继承人的热切期望溢于言表。邓铁涛言简意赅，言语铿锵有力，会场掌声雷鸣。

1991年，全国老中医药专家学术经验继承工作启动。3年后，近千位名老中医的学术经验继承人出师，大批中青年名中医脱颖而出。

为进一步做好老中医药专家学术经验继承工作，科学合理地评价和使用人才，培养造就跨世纪高层次中医临床人员和中药技术人员，1996年6月14日，人事部、卫生部、国家中医药管理局印发《全国老中医药专家学术经验继承工作管理办法》，决定"九五"期间继续在全国遴选五百名老中医药专家为指导老师，每人选配1～2名继承人，按照规定的目标和要求进行培养，以达到继承学术经验和培养人才的目的。

1991年广州中医学院召开继承老中医药专家学术经验工作会议

全国名老中医专家临床经验高级讲习班

1999 年金秋，邓铁涛、刘炳凡、朱良春、颜德馨、何任、路志正、焦树德、李今庸、张琪、周仲瑛、任继学、陆广莘、王绵之、张学文、晁恩祥等 15 位全国知名中医专家云集长春，由国家中医药管理局医政司主办的"全国名老中医专家临床经验高级讲习班"在长春举办。学员为来自各省、自治区、直辖市的 100 余位副高级以上职称的中医临床骨干。邓铁涛的授课题目为"强肌健力饮 / 胶囊治疗重症肌无力的理论、临床与药理"。

名老中医通过讲述自己学术成长的过程，把治学方法、临证经验和教训等毫无保留地介绍给学员，为年轻一代中医的学术成长和临证水平的提高提供了借鉴。15 位老专家结合数十年临床实践，印证了中医学的博大精深，批驳了"废医存药"的错误倾向，说明了中医特色不是一方一药，也不是一技之长，而是在整体观念指导下的辨证论治。振兴中医，必须遵循中医学术的自身发展规律，在继承中创新，在创新中发展。

为期 10 天的讲习班内容充实，学员们反映收获很大，不仅学习到老中医专家的宝贵经验，更感受到了老专家们对中医事业的满腔热情。开阔了眼界，启迪了思路。学员们纷纷表示：为了担负起历史赋予我们的重任，中青年中医一定要以老中医专家对中医事业不懈的探索精神为动力，努力学习，刻苦钻研，不断提高自己，为振兴中医建功立业。

国家中医药管理局佘靖副局长专程赴长春与讲习班学员座谈讨论，她要求各地中医药主管部门也要采取多种形式，将本省区的名老中医专家的宝贵经验更好地继承、推广开来。

至 2009 年，10 年之间，该讲习班持续开办了 13 期，60 多位国家级名老中医专家积极响应，主动上门传经送宝，足迹遍及长春、北京、上海、西安、广州、香港、杭州、银川、大理、恩施、万州等地。此项行动也被业内人士称为"名老中医从医精华抢救计划"，得到了各地中医药主管部门的大力支持和从业人员的热烈欢迎。其中，邓铁涛出席了前七期的课程，讲授的题目包括：第2期"高血压病辨证论治的体会""李东垣脾胃学说及其临床应用""万里云天万里路"、第3期"祛瘀法的临床运用"、第4期"心主神明论的科学性""我们的责任"、第5期"胃痛与消化性溃疡的辨证论治""为中医药发展架设高速公路"、第6期"新技术革命与中医""吴鞠通病原"、第7期"论中医诊治传染病"。邓铁涛在课上对学生们说，他的课程"务实"与"务虚"相结合，不仅讲授临床诊疗之法，更希望探求中医发展之道，"从现阶段看，务虚更加迫切些！"

讲习班的教材由授课的名老中医专家亲自编写并正式出版。教材取名"碥石集"，是邓铁涛的主意，他在《碥石集：著名中医学家经验传薪》第一集的序言中深情寄语："凉秋九月，我们15位白发老翁，相聚于长春宝地，应国家中医药管理局之邀请，为了振兴中医，开班讲学，把自己中医药学术心得，毫不保留地奉献给亲爱的中青年学者。正如清代何梦瑶说的，这些是碥石，供21世纪的中医栋梁们作为向上攀登的碥石！"从第1期至第8期，以及第13期讲习班，邓铁涛先后为讲义撰写了9篇序言。

全国中医临床优秀人才研修项目

2001年3月4日，中共中央总书记江泽民关于中医药工作的重要讲话中指出：中医药学是我国医学科学的特色，也是我国优秀文化的重要组成部分，不仅为中华文明的发展作出了重要贡献，而且对世界文明的进步产生了积极影响。要正确处理好继承与发展的关系，推进中医药的现代化。中西医并重，共同发展。互相补充，可以为人民群众提供更加完善有效的医疗保健服务。

邓铁涛在临床带教中了解到青年中医一上岗，即去西医院进修，这一现象普遍存在。他学习毛泽东同志的战略思想，"伤其十指，不如断其一指"，要改变"中医院不姓中"，决定选择广东省中医院为示范点，引进全国的名老中医实行拜师带徒再教育。希望以点带面，推向全国。广东省中医院吕玉波院长，积极赞成邓铁涛"大温课，拜名师"倡议，于是有了广东省中医院拜名师、植名医树之举。邓铁涛先后从广东省中医院收了5名徒弟，他们是吴焕林、邹旭、杨志敏，以及张敏洲、阮新民；其后又收了中山医科大学吴伟康、广西中医学院刘力红为徒。

2003年，邓铁涛向国家中医药管理局倡议组织"中医大温课"。他的建议得到国家中医药管理局的重视并组织实施。该项目称为"全国中医临床优秀人才研修项目"，于2003年下半年在全国招收200多名中医。报考者必须具有主任医师或正教授职称，50岁以下，从事临床工作15年以上。由国家中医药管理局科技司主管，邓铁涛为主任。研修时间为3年，要求达到的目标是理论有创新、学术有专长、技术有专攻、疗效被公认。当时全国考取60人，广东考取8人。邓铁涛说，他期望通过各种途径培养大批临床型名中医，希望他们能在中医理论指导下用中医药解决急症、疑难病症以至破解世界难题，使中华文化瑰宝中医药事业得以继承、创新，成为世界医学的重要组成部分。

牵头到广东省中医院带徒

2003年11月，在广州大德路的广东省中医院迎来了70华诞。在庆典上，有一个很特别的仪式，就是邓铁涛等12名全国名老中医与24位徒弟一起"心手相连，手把手，代代传"。印泥一字排开，他们在上面按上自己的手印，签上名。印泥将烧制为成品，陈列在显著位置，象征中医代代相传。广东省省长黄华华、卫生部副部长佘靖等见证了这庄严的一刻。

　　这件事，缘起于邓铁涛对中医事业发展的隐忧。每当他与全国的老中医们聚首时，大家总是不约而同地谈论起中医的前途和命运。这次他在一众名老中医中提及他的主张："毛主席他老人家说过，'伤其十指，不如断其一指'。我们要共同努力，在全国抓一个显示中医疗效的中医院作典型，树一面全国中医院的红旗。"他指的就是有悠久历史的广东省中医院。

　　邓铁涛一贯认为，中医的精粹藏在名医之中。向名医学习不能仅仅读他们的著作，必须沿用中医传统培养人才的方式——师带徒。这是由中医药这门学术的特点决定的。中医学的一些理论以及用药的特点，既有原则性和普遍性，又有灵活性和特殊性，而且后者特色更为突出。再有，中医的理论和一些诊断、用药经验，细微之处用语言是较难表达的，文字并不能完全反映出这些心法，所以心传口授方得以代代流传。形诸笔墨之外的这些微妙的经验，有些极难量化，故非要在老师身边多听、多记，仔细揣摩方能真正领会。东方的很多国家的传统文化重"心传"，就是因为这些学问需要学习的人用心去学，必须以心传心，深入到你的心灵里去，变成自己思想的一部分，这样才能做到由心而发，才能融会贯通。

　　1999 年，全国名老中医专家临床经验高级讲习班在长春举办。邓铁涛叮嘱广东省中医院院长吕玉波说："十多位全国有名的老中医，第一次集中讲课，你们一定要多派些人去学习，有机会请他们来广州讲课。"吕玉波派出了 4 名业务骨干去听讲，并且让当时在医教部工作的杨志敏带了邀请函去请他们来广州讲学。从未与这批专家接触过的杨志敏有些胆怯。邓铁涛说："我带你去，一个个引见。"这样，杨志敏向老专家们逐一送上了邀请函。

　　2000 年夏末秋初，这批名老中医来广州讲学了。然而名老中医的经验不是听一次课就可以全部学到手的，聘他们为顾问、教授，联系还是不紧密。邓铁涛对吕玉波说，应该请他们到省中医院来担任老师，找一批年轻的业务骨干拜师为徒，形成"集体带、带集体"的传承合力。吕玉波欣然接受，从各科室挑了一批业务骨干。邓铁涛则在这批名老中医中加紧"游

说"。他先找到了长春中医学院（2006 年更名长春中医药大学）任继学教授
（1926—2010）。

邓铁涛与任继学一南一北，远隔千里，但发展和振兴中医药事业这一信
念把他们紧紧地联系在一起。邓铁涛多次倡议上书中央，任老广泛联系全
国的知名专家，积极配合。他们共同培养研究生，邓铁涛的学生都要两边跟
师，他们之间没有所谓的门户之见，在学术上都强调中医基础理论的重要
性，重视对经典的继承。临床上重视整体，强调辨证论治。他们可算是心心
相连的至交。当邓铁涛提出邀请全国名老中医为省中医院带徒的想法时，任
继学说："好！我也作为倡议人之一，可以联系干祖望、焦树德、路志正、
颜德馨、朱良春等一批专家，组成导师组。"

真是英雄所见略同，上海同济大学颜德馨教授（1920—2017）在广州与
邓铁涛和吕玉波的聚会中谈到培养中医接班人的问题时说："这几十年我在
全国铁路系统办了各类的中医培训班，也带了 3 批徒弟，可谓桃李遍天下
了，但我觉得，还未能带好徒弟，不是学生不好，是土壤不好。在西医的综
合性医院，中医工作有难度。我看广东有这样的土壤、空气和氛围，我希望
与邓铁涛一起耕耘这片土壤。以后我会付出全部的精力与心血，共同建设广
东省中医院，把她建成全国中医的实习基地。"

黑龙江省祖国医药研究所（2013 年更名为黑龙江省中医药科学院）的
张琪教授（1922—2019），一听计划便欣然应允，说："历代名医与当代名医
都是这样带出来的。目前中医教育理论知识学得较多，但老师手把手教的机
会少，临床实践相对少。这次与国家中医药管理局前三批师带徒也不同，集
中全国的名老中医集体带；徒弟都是医院的业务骨干，水平高、层次高，有
较好的临床基础，学生又可以吸收众家之长。邓铁涛提倡的这种跨越式的带
徒方式是有新意的。"

2001 年 10 月，广东省中医院拜师仪式与该院 29 层新大楼奠基仪式同
时举行。好隆重的庆典！12 名老中医都是大师级的人物，20 多个徒弟都是

中医院的精英、骨干，很多已是主任医师。只见一个个徒弟搀扶着师父登上主席台；徒弟上台向自己的师父献上鲜花，并一齐向师父行鞠躬礼，然后，站在"名医树"旁合影留念。

　　10 月的阳光，映照着这群古稀之年的名医大家的脸庞，他们都十分兴奋、激动，中国中医研究院的陆广莘（1927—2014）与邓铁涛从路上谈到电梯里，他激动得流下泪来，说："中医能够有这样一个机会重新被重视、被认识、被发展；个人有机会发挥余力，令我十分感动。"

2001 年 4 月 20 日，12 位国家级名老中医收广东省中医院 24 位业务骨干为徒

　　十几位名医来自天南海北，怎样带徒呢？邓铁涛指导省中医院边实践边创新：老师到省中医院或全国举办的学习班讲课，徒弟集中学习；然后，每位老师带两个徒弟，带教、带查房、带门诊，老师每次来广州 1 个月或者 2 周。徒弟定期到老师所在地跟师，贴身地学；平时则通过书信、电话、网络联系，还要写跟师心得、体会、文章，研究老师的学术思想。徒弟们成立了"岐黄研究班"，定期交流分享老师们的经验。比如，邓铁涛的徒弟吴焕林副教授、邹旭副教授在岐黄研究班里介绍跟邓铁涛学用益气除痰法治疗冠心病

的临床体会，相当于全班人都学到了邓铁涛的经验。又比如，南通市中医院的朱良春教授善用虫类药，他的徒弟张达灿副教授、徐凯副教授介绍他如何用虫类药。颜德馨教授善用膏方治病，上海江浙一带喜用膏方，每年冬至开始食用，每天早上 1 匙，连用 3 个月，在调治慢性病方面很有疗效。他的徒弟杨志敏、严夏副教授也把此方法在岐黄研究班中进行介绍，使之成为共有的财富。

2001 年 4 月 20 日，邓铁涛与弟子邹旭（左一）、吴焕林（右一）合影

邓铁涛在教学中，一贯强调研习中医的经典著作，他认为，没有中医学理论修养是很难吸收名医的经验的。而年轻的医生在大学学习时，"经典"只作为选修课。现在，必须启动一个"温书工程"，来一个"中医经典大温课"。每个时期读什么书，他都亲自策划。第一年学《本草备要》，它是学中药药物的药性、药味的，搞了个方剂知识竞赛，第一届邓铁涛亲自参加颁奖。第二年学《内经知要》，第三年学……邓铁涛把从家里找出来的影印版《温病条辨》复印了，送给每位徒弟一本。

在广东省中医院历届拜师国家名老中医的活动中，邓铁涛先后招收弟子5 名：2001 年吴焕林、邹旭，2002 年阮新民、张敏州，2004 年林宇。

随之，各地中医院校也相继开展"名师带徒"，邓铁涛先后在浙江招收弟子骆仙芳，在河北招收弟子曹东义。

第三章　中医教育科学发展观

中医教育是中医药人才培养的关键，直接关系中医药事业传承发展之大计，正是邓铁涛日夜牵肠挂肚，精勤探索的领域。邓铁涛常引《韩非子·和氏》典故：春秋时楚人卞和在楚山，发现一块玉璞，厉王命玉工查看，说这只不过是一块石头。厉王大怒，以欺君之罪砍下卞和的左脚，逐出国都。厉王死，武王继位，卞和再次捧着璞玉去见武王，武王又命玉工查看，玉工仍然说只是一块石头，卞和因此又失去了右脚。楚文王继位后，卞和怀揣璞玉在楚山下痛哭了三天三夜，以致满眼溢血。文王很奇怪，派人问他，卞和感叹道："宝玉而题之以石，贞士而名之以诳，此吾所以悲也。"文王命人剖开这块璞玉，见真是稀世之玉。为奖励卞和的忠诚，美玉被命名为"和氏之璧"。邓铁涛谓和氏之璧与中医药学百年之遭遇，何其相似？嘱其弟子编写《寄语青年中医》，内列他为《碥石集》共七集所写之序言，谈论其对后一辈的希望与指点前进之方向。

2008 年 4 月，广州中医药大学研究生教育 30 周年庆，邓铁涛将他毕生思考所总结凝练的中医教育发展观，亦是他对中医学的科学发展观，题写为贺词献礼——

四大经典是根，各家学说是本，临床实践是生命线，仁心仁术乃医之灵魂，发掘宝库与新技术革命相结合是自主创新的大方向。

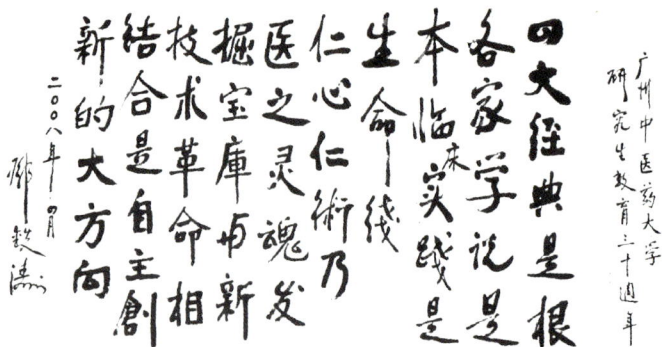

新结校掘仁医生本
的合术宝心之命临
大是革库仁灵一床
方自命布术魂线实
向主相新乃发是践
  创   是

四大经典是根
各家学说是本
医术革命相结合是自主创新的大方向

二〇〇八年四月 邓铁涛

广州中医药大学
研究生教育三十周年

2008 年 4 月，邓铁涛题写"中医（教育）科学发展观"

中医教育首重铸魂育人

2013 年 7 月 24 日，在广州中医药大学教工宿舍邓铁涛寓所，一场关于中医药高等教育的深刻对话正在进行，这场对话的主人公是北京中医药大学校长徐安龙与国医大师邓铁涛。对话讨论了中西医背后文化的不同，以及中医高等教育遇到哪些困难并应当如何解决等一系列问题。

徐安龙到任北京中医药大学后，提了八个字的办学理念，即"人心向学，传承创新"。"人心向学"中的"学"代表六个含义。第一个"学"是学生，是学者，这是人心向学里面最核心的，没有学生和学者不能成为大学。"学"还是学科及其发展，是学术、学风，是学校。"传承创新"很好解释，就是先传承经典，再在经典的基础上创新、升华、发展，要站在巨人肩膀上努力超过前人。徐安龙坦言，这个做起来很难。第一，如何突出中医特色？如何突出经典在中医教育中的价值？第二，中国传统文化的知识是不是学好中医所必需的？第三，"早临床、多临床、反复临床"如何切实做到？如何让临床实习学生学到中医看病的真正本领？

再次谈及中医教育话题，98 岁高龄的邓铁涛依旧目光坚定，他微笑着娓娓道来："对这个问题，要做一次教育革命，不仅是中医教育而是整个中国教育的革命。"他说，中国近代史上，鸦片烟带给我们的"毒、麻作用"很严重，一切民族虚无主义从那时就开始了，而且影响深远。所以，现在我们首先要提高民族自信心，要端正对传统文化的认知，端正对中医学的认识。如果我们始终不知道自家文化瑰宝的价值，始终盲目崇洋，一味跟外国人走，追随在外国人屁股后面，就走不出来。现在是世界的"战国时代"，应该也是我们中华文化大爆炸、大繁荣、大发展的一个时代，只有把我们自己几千年积累的文化精华继承下来，和现代文明结合，才会产生新的"马克思"。

邓铁涛说思想品德很重要，对于中医人更是如此，学好中医先要学会做一个堂堂正正的人。他经常谈及近代中医中一些有民族气节的人物，如曹颖甫，日寇侵入江阴，胁迫曹氏出任维持会会长，曹氏慷慨陈词拒绝，当场死于刺刀之下。邓铁涛感于此特撰文颂扬曹颖甫先生的民族气节及爱国主义精神。又如杨则民的《内经之哲学的检讨》。杨氏后因从事革命被国民党反动派逮捕迫害而牺牲。邓铁涛认为该文是中医界率先运用辩证唯物主义思想阐述《内经》之作，后将其刊印成为"中医近代史研究资料"作为研究生读本。

思想决定认知，所以中医药教育的一个重要工作，就是要来一次中华传统文化和传统中医文化的思想洗礼。邓铁涛认为，首先要树立中华文化信心，培养中医思想方法。老子学说是人与自然的和谐，孔子学说是社会的和谐，国学是人类的和谐，中医是人体的和谐，这就是中华文化。中医八大治法里面就有一个"和"法，"和"法就是要维护人体生命的阴阳平衡态。中医的治病思想不是斩尽杀绝，不是把人体作为战场。中医"祛邪外出"的治疗策略、"带瘤生存"的康寿之道，体现出来的就是基于"和"文化的人本思想。学习中医，建立起正确的思想是最主要的，首当其冲的。中医思想是灵魂、是核心、是根本，这是最重要的。现代中医 60 岁才能真正成才，因为他们要先学很多西医知识，然后再走回到钻研中医这个路上。

端正对传统文化的认知

中医学是中华民族五千多年来连续不断、仍在发展的一种医学体系。邓铁涛曾多次批评有人把近代中医发展缓慢的原因归咎于中医思维落后、方法陈旧。他说，这个认识也是错的！发展有多种模式。西医的发展与变革，是在不断地自我否定，在否定、变革中发展。而中医学术的发展模式，邓铁涛将其称为"鸣蝉"模式。鸣蝉幼虫要在地下生活十几年，之后蝉猴钻出地面，蜕去蝉壳，羽化为成虫，飞上了枝头，鸣蝉是演进式，进入到新的生命状态。蝉如果没有生命就谈不到脱壳，脱壳前它是地上蝉猴，脱壳后它是空中鸣蝉。中医药与时俱进生生不息，使古老的学术随时代变化脱去束缚它的旧壳，焕发新的生命力，从而延绵不断地发展、进步。《黄帝内经》反复强调，为医需要"上知天文，下知地理，中知人事"。因此，关键要有中华文化的信心，有博大胸怀去融古贯今。既要学习现代科学，又要发展传统中医，做好学科交叉，而不是崇新薄古、自我从属。

徐安龙赞同邓铁涛的观点，他说，现在传统中医的思维、知识、技能传承远远不够，所以要多强调这一点。

邓铁涛说，现代中国的进步发展也不再是简单的"知了脱壳"般的新生命状态的涌现，而是更加复杂、更加综合的发展过程。坚持我们中医药的中国特色是必须秉承的主线，当然也要适应时代、灵活地适应现代化；同时中医也可以国际化，让全世界的人都能享受到中医的确切疗效、对生命健康的绿色呵护。中医学不是古化石医学，它是与时俱进的；它既有五千岁，又很年轻，充满生命力，一定要有这个想法。中医是尖端科学，不是不科学，也不是伪科学！特别是从生命的整体观上看，是一门非常尖端的科学。

中医是对生命规律、健康理念整体认识的，一个超越自然科技思维的科学。徐安龙补充道。

紧密结合诊疗活动实践

培养合格中医难，培养铁杆中医更难，这是邓铁涛的心结。他顿了顿，说：我们对四大经典的重视远远不够，甚至错误地把"四大经典"（内经、伤寒论、金匮要略、温病学四门中医学课程）作为基础课，而不是临床课。授课老师和听课学生都缺乏临床经验，教学环节严重脱离了四大经典的临床背景。他以"伤寒论"为例，假如授课老师只能照本宣科说麻黄汤能治什么病症、应该怎么诊治……学生难免心生疑惑，这么基本的学识、著名的方剂，却连老师也不曾用过？书上得来终觉浅，叫学生怎么相信古人书，怎么相信授课老师，又从何筑牢学生的中医药专业思想？

中医本科教育难点之一，是如何归属伤寒、金匮、温病这三门课程，它们是属基础课还是属临床课？全国未有统一。20 世纪 80 年代，邓铁涛就主张这三门课是临床课而不是基础课。各地中医学院一般把它们与"内经"一并称为基础学科，名义上敬为至尊，实际上使从事其教学的教师长期脱离临床，脱离它赖以生存和发展的土壤。

至于中医院校研究生的培养，邓铁涛认为，重点应放在临床方面，要在如何提高研究生的中医诊疗能力上多下功夫。1991 年，邓铁涛写信给国家中医药管理局领导同志，专门就中医药研究生教育工作反映情况，并提出了切实可行的对策。当时，全国研究生招生人数正处于恢复研究生招生后的最低谷，广州中医学院当年全校仅招到 11 名研究生，邓铁涛对此颓势忧心如焚。他在信中写道："博士、硕士研究生的培养与使用，是中医科技发展的根基，这个问题不解决好，想发展是不可能的。"他提出的建议中，有一条说的是："今后培养研究生，除有重点地结合国家课题，进行较高层次的科学研究外，更多的研究生应属临床研究生，培养具有中医特色的临床家。切莫培养出既没有中医系统理论修养，又不能用中医中药为人民解除疾苦的所谓'人才'。"

他还说道："研究生教育，应以中医临床型为主，兼及其余。现在全国以至全世界最欠缺的是有真本领的'铁杆'中医，即中医理论与临床技术都过硬的高水平中医。因此，硕士、博士生的教育，除少数搞实验研究之外，绝大多数应是中医药临床硕士或博士，以便不断提高中医的临床水平。只有培养成千上万这样的'铁杆'中医，才能满足 21 世纪中国以至世界人民的需求。"

邓铁涛的意见和建议，切中时弊，实际上涵盖了研究生教育评估的方向和可行的做法，并结合中医临床专业研究生培养提出了改革的方向，以及临床医学长学制教育制度。1998 年，经国务院学位委员会批准，广州中医药大学成为临床医学专业学位试点单位。可见，邓铁涛此前提出的建议，确实具有前瞻性和指导意义。

邓铁涛指出，中医药界，一直以来思想上一大障碍是对中医药的伟大作用信心不足，其原因是对中医药系统理论的信心不足，之所以信心不足，归根结底是口头理论家太多，临床实践家太少。当一个中医学者脱离了中医药的临床，单凭断章取义，便会觉得这也不科学，那也有缺点，特别是拿来与西医对照，便对中医药失去信心了。也有一些中医，在临床诊治疾病时运用西医药多于中医药，看不见中医药的优点、长处，也就越来越对中医能否治疗急、危、重症失去信心。当前中医界谈改革，当然道路不止一条，但我认为，最重要的一条就是把对中医失去的信心找回来。找回信心最好的方法，是早临床、多实践。中医院校学生不重视跟师临床实践，学术水平和临床水平就难以提高。许多临床疑难问题的解决，只有法传和心传，书本上往往未加收载，需要借助老师的口传心授，方能领悟。他始终坚持"临床是中医的灵魂"，反复强调要让同学们早临床，多临证实习。

青年邓铁涛自己也是这样做的。即使在那些教学任务繁重，行政事务缠身的日子里，他也没有放弃临床工作，千方百计挤出时间到医疗一线去。哪怕是耽误了吃饭、睡觉也在所不惜。他认为，一个中医，如果不能以其所学救治患者，也就没有存在的必要；如果没有精湛的医术，只能是误人害己的庸医。精湛的医术，只有在勤钻研、多临床的反复过程中去争取，患者是最重要的老师。后来，他将自己指导的 4 名博士生先后派到长春中医学院，跟随中医临床名家任继学教授临证半年，取得很好的效果。任老主持的病区完全用中医诊疗手段，使医护人员得到了锻炼，增强了信心。此举深得邓铁涛的赞许，于是两位老人约定共同培养博士生，提高他们的中医临床水平。几位博士生从任老那里强化了中医临床技能，更增强了用中医手段解决各种临床问题的信心，他们毕业后，也带动所在医院和科室的同事们大张旗鼓地开展中医诊疗，起到了良好的示范效应。

与时俱进阐明中医经典

邓铁涛长年工作在教学一线，先后任教的科目有中国医学史、中医各家学说、中医内科学、中医诊断学、内经等。他说："《黄帝内经》《难经》《伤寒论》《金匮要略》《温病条辨》等古典医籍，经过反复多次的实践与教学，我们对它们价值的认识应不断加深。'中医各家学说'这门学科设立得很好，《四库全书总目提要》说得简单而又深刻：儒之门户分于宋，医之门户分于金元。儒与医前后并论是有根据的。除了医学领域之外，还有其他思想活动的领域可资借鉴。知识的广度可使我们视野开阔，能帮助克服保守思想，能推动专业知识的深化与发展，文学、艺术使我们接触时代的脉搏与生活气息。积累知识好比建筑金字塔，底宽顶尖乃能巍然屹立。"

广州中医学院第一临床医学院把伤寒、金匮、温病三门课从基础课转为临床基础课，并在附属医院中分别开设住院病区建设临床专科，邓铁涛非常支持这一做法。他说，这三门课的内容非现在之"中医内科学"所能概括；但认为它们既然是临床课，就与中医内科学并列，作为选修课也是不对的。这三门课可以放在中医内科学之后开设，比较理想的排课顺序是先上温病，然后是伤寒、金匮，最后是中医各家学说。经典课不应该用原著，应该重编，要把现代科研成果和临床经验在新编教材中反映出来。内经、伤寒、金匮、温病这四门课程是根基，学完之后再精研各家学说以博采众家之长。第一附属医院经常举办中医经典课程的继续教育培训班。2006 年 12 月 18 日新一期开课时，邓铁涛亲笔题词："四大经典为根，各家学说是本，临床实践乃中医之生命线，仁心仁术乃医之灵魂。"

邓铁涛说，希望老师们坚持大温课，不断地温习经典，坚持大实践，紧密结合诊疗活动实践，与时俱进阐明中医经典课程的实际应用价值。学生们要加强社会实践教育，多到农村基层，了解群众疾苦和需求，尽量少在课堂上"满堂灌"。

挖掘宝库和新技术革命相结合

邓铁涛特别强调，中医（教育）科学发展观最关键的一条是"挖掘宝库和新技术革命相结合"。因为中医是尖端科学，所以要借助于国际新技术革命以充实自己。当然，新技术革命不一定是它的技术和我结合，而是为我所用，新技术或者是给中医药一个展示平台。像航天技术，在古代，中医哪有机会去航天？但是现在，中医药遇到了这样的平台和机会。王绵之教授就做了很多这方面的工作，发挥中医作用为航天员保健"护航"，国家航天中心送锦旗给他，所以他是中医功臣。中医也可以主动和现代高科技结合，有所创新。所以中医药教育要解放束缚，放开手脚，什么都允许尝试。

中医促进人类医学的革新前景是十分广阔的。

早在 1986 年，邓铁涛对属于"未来学"范畴的新技术革命与属于传统医学范畴的中医学之间的关系，就有了深入的研究，其代表作是《新技术革命与中医》。

这篇文章是在党的十二届三中全会发布《中共中央关于经济体制改革的决定》背景下创作的。该《决定》指出："应该看到，正在世界范围兴起的新技术革命，对我国经济的发展是一种新的机遇和挑战。这就要求我们的经济体制具有吸收当代最新科技成就，推动科学进步，创造新的生产力的更加强大的能力。因此改革的需要更为迫切。"

邓铁涛立即敏锐地极具前瞻性地指出："新技术革命对于中医，毫无例外地既是挑战又给予了机遇。我认为在这样一个时代中医将会飞跃发展。"

他旗帜鲜明地指出："最新的科技才是发展中医的钥匙。"他写道："据说有人认为用新科技去衡量中医学，觉得中医太落后了。我的看法正好相反。有关 CAMP 与 CGMP 之研究，令人对中医学的阴阳理论刮目相看了。有了控制论、信息论，才能理解中医的藏象学说是科学的。过去一再受到批评的中医'五行学说'，从系统论的角度逐步为人们所理解。"

手不释卷的邓铁涛，一直十分关注世界科学文化的发展，有什么新书，包括新技术的书都读，他说："开始啃不动就慢慢啃下去。"而且，他的悟性甚高，从自然科学的原理，一下子就联系到中医。关于中医号脉与"信息"，他与采访他的记者有一段精彩的谈话：

中医诊断手段是号脉，外国人往往不信手腕上这么一小截血管能知五脏六腑和全身。我们现在要克隆人，一个细胞就行了，我们用一截血管还摸不清楚？而且我们摸了几千年了。西医解剖死人，我们研究活人，中医研究的经络，在死人身体上是找不到的，经络无形，如同信息网络。马王堆三号墓发现 2000 年前西汉的帛书，就记有《十一脉灸经》。后来《黄帝内经》上说有十二经，现有十四经。中医号脉号的是"信息"。人的气沿着经络走，气也是物质，中医是信息医学。可以说，我们在 2000 年前就开始了"信息工程"。

他也曾说："例如控制论的'黑箱论'，我就十分欣赏。一个黑箱，不打开它，但却不断地输入信息，不断有信息反馈，慢慢地就了解黑箱里面是什么东西了。我觉得它与中医诊病的道理很吻合。中医不像西医那样，是从解剖、从形态学发展起来的。中医是在临床实践的观察中、在中华文化的指导下去研究人这个黑箱，不断向人体输入与提取信息，以达到辨证论治的目的。所以，我进一步认为中医学是一门信息科学。"

邓铁涛对于同道的有关著述，也虚心研读。他读了 1983 年福建出版社出版的《现代自然科学与中医理论》（刘亚光著）一书，十分赞赏该书论述的中医理论与新科技的关系，认为作者分别从分子生物学与信息论、控制论、系统论、热力学、模糊数学等多方面论证了中医理论的先进性。他在文章中推荐："这是值得一读的好书。"他还推荐湖北中医学院中医学控制论研究室于 1982 年出版的《控制中医学》。由此可见邓铁涛海纳百川、虚怀若谷的品格。

邓铁涛敏锐地捕捉到时代变迁的脉搏，以深邃的目光洞察到中医振兴与新技术革命之间微妙而深远的联系。这将是一场中医与现代科技交相辉映的革命，也是一场跨越时空的对话，是古老智慧与现代科技的完美融合。

他深知，中医之振兴，须与时俱进，拥抱变化，勇于革新，敢于突破。

他坚信，中医之振兴，在新时代的浪潮中，与大数据、人工智能等前沿科技相融合，将绽放出前所未有的光彩。

他预言："中医之振兴，有赖于新技术革命，中医之飞跃发展，又将推动世界新技术革命。"

第五篇
因材施教，桃李芬芳

培养铁杆中医以振兴中医。

立足于中华文化深厚的基础之上，既善于继承又勇于创新的人才。他们是有深厚的中医理论，熟练掌握辨证论治，能运用中医各种治疗方法为病人解除疾苦的医生；他们是有科学的头脑，有广博的知识，能与 21 世纪最新的科学技术相结合以创新发展中医药学的优秀人才，乃铁杆中医也。

——邓铁涛，2006 年元月为浙江中医学院
更名浙江中医药大学题写的贺词

第一章　亦师亦友，合作传承

1956 年至 1966 年是邓铁涛中医科研生涯的起步阶段，也是第一个治学黄金阶段。年富力强的邓铁涛在临床、教学、科研各个方面都开展了积极探索，对多个病证诊疗的临床观察研究、教材建设等已有所建树，对五脏相关学说、岭南医学流派研究等课题也播种下种子。

1962 年 9 月 3 日至 7 日，广东省在广州羊城宾馆（现东方宾馆）召开继承名老中医学术座谈会，授予郭梅峰等 72 人"广东省名老中医"称号，广州中医学院首届毕业生全体同学列席会议。广东省卫生厅时任党组书记何俊才在会上作题为"继承中医学术经验，发扬祖国医学遗产"的工作报告。会议决定：广州中医学院应届毕业的学生拜名老中医为师，到省内名老中医所在单位，一边工作，一边跟师学习，总结名师学术经验，使自己成为名副其实的具有丰富经验的高级中医人才。会上，劳绍贤正式拜邓铁涛为师。

这个时期，算上靳士英，邓铁涛成功指导培养了两位"大弟子"。

西学中大弟子靳士英

1959 年，靳士英受部队委托带三军学员 32 名加入广州中医学院高研班系统学习中医，邓铁涛是班主任，他是班主席，从此与邓铁涛建立了深厚的师生情谊。当时全班共有 81 名学员，都是系统学习过西医的青年骨干。广州中医学院对高研班非常重视，配备了最好的师资队伍，要求学员全部住校，逐门考试，临床实习后要求认真撰写论文并严加评审。靳士英清楚地记得："那时邓师授中医各家学说，罗元恺师授中国医学史，朱敬修师授中药学，黄耀燊师授中医骨伤科学，同学们最爱听。他们讲课，口齿清楚，层次分明，旁征博引，有自家经验，实在太引人入胜了！正是众多的资深老师的辛勤教诲，为我们开启了博大精深的中医学宝库的大门。"

靳士英幼承庭训，对中医并不陌生，他读大学时，就从父亲那里得到《本草纲目》《千金方》《寿世保元》等书阅读，在学药理学时也对麻黄治喘、黄连治痢、常山治疟等中药功用加深了认识。1948 年大学毕业参军后，曾组方自制中药制剂治好了一批患者，解决了当时药品短缺的困难，荣获"模范军医"的称号。在广州中医学院学习的三年半时间，靳士英得偿夙愿，系统深入地学习了中医学。他非常珍视这一段经历，家中至今还保存着当年的学习笔记及毕业论文《活血化瘀法在临床的应用》。这篇论文获得了卫生部第一任部长李德全亲自签发的西学中人员优秀论文奖二等奖。

1960 年 10 月，高研班学员连同 20 名资深中医教师，在当时广州中医学院副院长刘汝深的率领下入驻解放军一五七医院，全面协作进行临床实习和中医科研。医院将这些教师和学员编组分配到各科室，参与临床医疗并进行中医"脾胃学说"研究，此外，另设机理组从事实验研究。时年 44 岁的邓铁涛是住院的班主任，负责领导这一工作，靳士英在双方之间协调，协助邓铁涛工作的开展。师生们从脾胃相关疾病的诊治入手，在辨证论治提高疗效的基础上，选用相应指标进行理论探索。实习结束后进行了总结，连同其他同学开展的小夹板治疗骨折、非手术疗法治疗急腹症、妊娠高血压的辨证论治等共完成论文 28 篇。邓铁涛最后进行了综合，写成"脾旺不易受病"的总论文专册，其他专题论文则陆续发表在《广东中医》上。

关于脾胃学说的研究，靳士英后来评价说："在当时不论从方向、规模、深度、方法上都是有创意的，开我国脾胃学说研究的先河。所有参与研究者都从中受益匪浅，广州中医学院的脾胃学说研究从此生根、发芽、成长。"

靳士英记得，在那段激情燃烧的日子里，"其他老师根据需要轮流上班，邓师则住在离家 20 公里的一五七医院，很少回家。他不但要负责组织和协调工作，而且经常深入医、教、研第一线，特别是对一些危重患者关心备至，常守护观察，指导治疗，直至脱险为止。"

靳士英高研班毕业后不久，即调任解放军一五七医院医务主任，后来历任该院副院长、院长，他坚持开展中医学、中西医结合临床和科学研究，创造了优异的业绩。1970 年全国首届中西医结合工作会议上，靳士英被评为全国先进典型，受到了周恩来总理的亲自接见和表扬。周总理说："一个解放军医院，坚持学习运用中医 15 年，这就很不容易了。"不久，《光明日报》以头版头条发表了"中西医结合的一面红旗"的专题报道，中国人民解放军总后勤部卫生部将一五七医院定为全军中西医结合中心。该院先后举办了 21 期的西学中班，培养西学中人才数千名。每念及此，靳士英总是感慨万千，谦虚地说，这些成绩都是与"邓师的心血浇灌分不开的"。

靳士英称邓师是百科全书式的学者，在中医学各领域都有很深的造诣，师生之间这种亦师亦友的合作也涉及许多领域。高研班结束后，邓铁涛被一五七医院聘为顾问，固定每周一次到一五七医院进行中医会诊。邓铁涛每次去医院，靳士英一定随同查房，进一步学习如何辨证立法处方，数年如一日，直到"文革"开始才作罢。并且遵师训，一直坚持每周一次中医专家门诊。

邓铁涛曾长期担任"中国医学史"的主讲教师，在中医近代史研究方面是全国著名的专家。他要求靳士英要深入学习中医学，必须研究中国医学史；而治史又须有深厚的临床修养，不能脱离临床。他说，治史可以了解中医学的源流、发展规律、成就特色和经验教训，更好地理解发掘、继承与整理提高之间的辩证关系，保持与发扬中医特色的重要意义，而良好的临床素养能增强掌握史料的能力和分析史料的深度，获得正确的结论。靳士英遵照邓师的教导，利用自己具备的中西医学知识，旁及文史哲，精通日语等优势，在疾病史、诊断学史、针灸史、中日医学交流史、中国军事医学史等领域进行了深入研究，发表了 50 余篇高水平的医学史论文，1995 年即被《中华医史杂志》聘为编委。为了鼓励靳士英研究中日传统医学交流史，邓铁涛专门从日本友人处索得《日本医学史》和《日本医学史纲》两种原著送给靳士英。随后的几年间，靳士英关于中日医学交流中《伤寒论》、李朱医学、痘科、《医学大成》《玉机微义》《医学正传》《医学入门》《本草纲目》的研究，以及明治维新后日本汉医反废止斗争的历史等多篇论文发表在各核心期刊上。

半个世纪，靳士英主编了 20 多部中医专著，大部分都由邓铁涛作序。

"文革"结束后，中医院校开展了研究生培养工作，由于当时广州中医学院缺乏相关学科的教师，邓铁涛便推荐靳士英承担了广州中医学院研究生课程中"世界医学史"和"医用日语"的教学。靳士英当时任广州军区军医学校的专家组长，工作非常繁忙，两校之间隔着白云山，要转一次公交车才能抵达。尽管如此，靳士英克服重重困难，非常认真地查阅文献、搜集图片，编订了两门课的教材，取得了非常好的教学效果。靳士英讲授"世界医学史"时，层次清晰，旁征博引，中西贯通，一派大家风范，给研究生很大的启发，受到研究生们的热烈欢迎。1987 年，经邓铁涛推荐，广州中医学院聘靳士英为首批客座教授。

20 多年里，靳士英参与了广州中医学院中医医史文献、自然辩证法、中医基础理论、中医诊断学、中医内科学等专业的研究生指导和学位论文答辩工作，协助邓铁涛为培养一代又一代中医高层次人才做出了突出的贡献。

名医师承大弟子劳绍贤

1962 年，广州中医学院首届毕业生受到政府的高度重视。在当时广东最高级的羊城宾馆，时任广东省委书记区梦觉主持名老中医带徒拜师典礼，劳绍贤拜邓铁涛为师。

劳绍贤 1937 年 6 月出生于长沙中医世家，是长沙"劳九芝堂"（创建于 1650 年）第十代传人。他是广州中医学院 1956 级首届大学生，1962 年从 6 年制本科毕业，被邓铁涛选中，分配到中国医学史教研室任教。邓铁涛时任医史教研室主任，挑中了这位湖南中医药世家的后代——三百年老店"劳九芝堂"开创者的后人，看中了他对中医事业不懈追求的热情。

邓铁涛指定一些书，如《伤寒论今释》《温病条辨》《温热经纬》等让劳绍贤系统学习。特别送了一本王清任的著作《医林改错》，同时，把在一五七医院的研究成果"四季脾旺不受邪"给劳绍贤看。邓铁涛每周星期二到一五七医院会诊，劳绍贤都跟随学习。到 1963 年，劳绍贤又被派去一五七医院进修内科、传染科、儿科，并参与科室中医诊治工作，得到邓铁涛在临床上更多的指导。进修一年后，劳绍贤回学校参加"医史馆"筹办，同时参加医史、各家学说的听课，为学术上寻求古训，博采众长打下了良好的基础。

劳绍贤回忆，"文革"期间，他跟着邓铁涛在内科病房坚持上班。当时只有危重疑难病患者才会住院诊疗，他见识了邓铁涛对冠心病、高血压、血液病、慢性肾炎、肝硬化腹水、硬皮病、肿瘤等棘手疾病，使用中医内服外敷，配合针灸等多种方法，常取得良好的效果。1972 年，邓铁涛到了中医内科教研室，劳绍贤则分配到中医基本理论教研室，师徒从此不在一个科室，但始终心心相印，邓铁涛对他的指导从未间断。邓铁涛的著作每次出版，总会送给他一册。邓铁涛的学术思想和经验在各个时期总会不断传授给弟子们。

1975 年，学校认为邓铁涛搞脾胃研究有基础，因此专门成立了脾胃研究小组，后来升级成立了研究所。研究所以脾胃学说作为方向和特色，从开始的 5 人发展到后来的 25 人。劳绍贤自始至终坚持埋头研究脾胃病，一干就是 30 余年。有人说，劳绍贤教授这种锲而不舍的精神很像邓铁涛。劳绍

邓铁涛和大弟子劳绍贤（2014 年 9 月 3 日陈坚雄摄）

贤也说："我是受邓老潜移默化的影响。搞中医科研，要坚持下来，一步一个脚印。急功近利在学术上是不行的。现在再回头来看邓老的文章，几十年都是一条线，辨证论治，外感辨证，内伤辨证。"

辨证论治是中医的精华。劳绍贤在脾胃研究所工作中，把探讨脾胃虚实病证的辨证论治及基础研究作为他的主攻方向。他说："我在临床上跟邓老学四诊，望闻问切，我在原有的基础上有所提高。我们承担了国家级课题'脾虚证的系列研究'，包括临床与实验两方面，我负责临床。我们通过辨证论治实践总结出来的诊断脾虚证的 6 项标准，国内很多单位都引用，卫生部的新药临床指导原则上也引用。在此基础上，我们在临床上做了很多实验，进一步深化、探讨、印证 6 项标准。在国内像这样坚持 20 年系统的长期的中医临床基础研究的人比较少，用客观标准反映脾虚证规律的更少。脾虚证的研究课题，获得了国家科技进步奖二等奖。"

"后来，我们又选择脾胃湿热证来研究，即脾胃病实证方面的其中一个证候，这个证候也是临床常见病证。密切联系临床，也就是中医的辨证论治，这是我们脾胃研究所的一个特色。这样做，是继承了邓老一贯坚持和钻研的辨证论治，同时，总结出它的辨证规律和临床诊法，这就把邓老对这方面的研究落实了、加深了。"因为邓铁涛对温病学也有较深的研究，在指导劳绍贤学习丁甘仁医案时，他强调了清热祛湿是调理脾胃的重要治法之一。劳绍贤受邓铁涛学术思想影响，并认识到脾胃湿热证是岭南地区脾胃病的一大特点，因此脾胃研究所的团队在脾虚证的研究基础上又开辟了脾胃湿热证的科研，并坚持临床与基础相结合，先后完成了国家和省部级多项科研课题，探讨中医脾胃湿热证候辨证论治规律及其本质，研制了多种院内制剂。

"八五"攻关时，劳绍贤开展"胃癌癌前病变防治研究"。当时制定治疗处方时，邓铁涛给他一条处方参考。劳绍贤一看，老师和学生的处方中有好几味药相同。劳绍贤说："两人想到一块儿了，这个就是潜移默化！"此后，劳绍贤牵头研制了"胃炎消"，并成功注册成为医院制剂品种。他带领研究团队还先后研发了"和胃片""胃肠灵""肠炎灵"等多种特色院内制剂，至今仍在一附院使用，广受患者好评。邓铁涛说："劳绍贤在脾胃学说研究的很多方面已经超过了我。"

劳绍贤1993年荣获广东省人民政府授予的"广东省名中医"称号，2008年被遴选为第四批全国老中医药专家学术经验继承工作指导老师，先后培养了32名硕士研究生，25名博士研究生。劳绍贤跟师时，没有研究生导师的头衔，也没有硕士学位、博士学位等学历荣誉，但邓铁涛对他关怀备至，悉心带教，支持鼓励他勇敢创新。这些点点滴滴使他受益终身。劳绍贤说："我现在也是这样对待学生的。"他将这些经验沿用于自己的研究生培养和带徒指导中，使再传弟子也从中获益。邓铁涛培养学生是不设限的，特别喜欢放手让学生实践锻炼。当年，邓铁涛派他建医史馆，让他了解古代中医学历史，给他讲金元四大家。邓铁涛重视历史与哲学，而且有正确的思想指导，因而特别有担当，这是他不同于一般的医生之处。他就是"上医医国"的典范，也是弟子们高山仰止之处。

第二章　三代家传四大名医

邓铁涛有两个儿子。长子邓中炎是广州中医药大学首席教授、中医基础理论专业博士生导师、基础医学院原院长，是广东省名中医。次子邓中光是广州中医药大学第一附属医院中医内科副主任医师，经国家主管部门正式批准的邓铁涛学术继承人，也是广东省名中医。

在科学家的家庭中，子承父业的并不多见，父子两代在学术或技术上都有建树的就更让人羡慕了。邓氏父子三人在一起时，话题往往离不开中医中药、科研课题、临床病例，这构成了邓铁涛家庭的一大特色。邓铁涛常说：培养铁杆中医，就要从自己家庭抓起。的确，邓氏兄弟的成长，离不开慈父严师的培育。邓铁涛在中医学术方面对邓中炎、邓中光的要求，丝毫不因父子关系而有所放松。有人说，正是这种亦父亦师的关系成就了邓铁涛家里这两位中医专家。

1992年邓铁涛和邓中炎（左一）、邓中光（居中）在书房讨论学术问题

中医证候研究专家邓中炎

　　邓中炎出生于 1942 年，抗日战争时期便跟随邓铁涛颠沛流离。父亲在广州、汉口、香港等地诊治病患的场景，是他抹不去的儿时记忆。邓铁涛对这个国难期间出生的长子寄予莫大的希望。从他记事起，邓铁涛就给他讲解中医药的奥妙，手把手传授诊疗技艺。耳濡目染之下，邓中炎对中医药怀有极深的感情。1961 年，邓中炎顺利考入广州中医学院中医系，踏出了人生中最重要的一步。

　　1966 年开始的"文革"打乱了所有中国人的生活。原本于 1967 年 7 月大学毕业的邓中炎也受到影响，直到第二年 8 月才被分配到粤西怀集县一个偏远的叫坳仔的地方，在当地公社卫生院做一名普通中医师。

　　此后的 4 年中，邓中炎完全融入坳仔的生活，与当地社员们建立了深厚的友情。他刻苦好学，善于钻研和总结的作风正是在那时的艰苦环境中培养起来的。他不但能够用中西医两种方法解决临床问题，还善于用中医药和针灸等手段治疗当地各种常见病和多发病，抢救危急患者，给当地社员们留下了深刻印象，也让中山医学院出身的公社卫生院院长为之折服。那些年，大规模的动乱虽已结束，但邓铁涛父子两地睽违，一家人特别珍惜来之不易的团聚机会；也因为成了同行，见面时免不了就各种临床问题和诊疗心得相互切磋，父子两人常常促膝而谈，忘记了周围扰攘的环境。每当这种时候，邓铁涛总是鼓励儿子积极面对困难，珍惜基层临床工作的机会，多利用中医药解决群众的实际问题，并不失时机地指出不足之处，结合自己的实践经验，从理论上加以引导。这样的交流和指导给了邓中炎巨大的精神力量，也使他的临床工作水平迅速提高，为他后来的中医科研和教学奠定了良好的基础。

　　邓中炎非常善于在教学实践中发现和解决问题。广东顺德地区长期以来保留着吃"鱼生"（生吃鱼片）的习俗，相当数量的居民因此染上了肝吸虫病。邓中炎根据邓老的经验，以苦楝根皮为主组方治疗，取得满意的疗效。当地一位妇联主任长期受该病的困扰，苦不堪言，后经邓中炎的治疗，彻底摆脱了病魔，在当地传为佳话。1981 年，邓中炎根据数年来的临床实践申报的"中医药治疗肝吸虫"项目获得批准，并于 1983 年结题，全面深入地总结了这项工作。

1972 年 6 月，邓中炎结束了基层临床医生的生涯，成为广州中医学院内儿科教研室的一名教师。其后的 7 年间，他一直负责中医内科学、中医儿科学等课程的课堂教学和后期临床带教，足迹遍布广东省的翁源、南雄、新兴、新会、顺德、东莞等地。那时候，"文革"尚未结束，中医学院原有的教师被指派到广东各地的分校或五七干校，教师极其匮乏，邓中炎随学生到各地临床带教往往一去就是一年半载，还要克服恶劣的临床教学和生活条件带来的种种困难。邓中炎夫人至今仍清楚地记得，邓老的长孙——任斯出生后不久，邓中炎就带一批学生去了翁源实习，半年带教结束回到广州，小任斯好几天都不让这个又黑又瘦的陌生人亲近他。由于邓中炎忘我地工作，教学效果好，成绩突出，先后多次被评为学院的先进工作者。

1978 年 2 月，邓中炎调入学院中医基础理论教研室，开始了他学术生涯中最辉煌的一段时期。1978 年全国科学大会后，科学研究工作受到前所未有的重视，高等院校教师必须适应时代要求，积极开展科学研究和教学改革。父子俩交谈得更多了，交谈的内容也更广泛了。他适时地指导邓中炎在完成教学任务的基础上，充分利用在基层长期从事临床工作和临床带教积累的大量第一手科研资料，结合当时中医科研的方针政策和发展趋势，及早确定科学研究方向，在专业领域有一番作为。邓老的指点让邓中炎看到了一片新的广阔天地，也明确了以后的努力方向。

在从事中医临床、教学和科研工作中，他非常注意在继承邓铁涛学术思想的基础上，将中医学传统理论与现代医学知识有机地融合，加以发挥，并有所创新，形成了自己较为成熟的、具有一定特色的学术思想。正如他自己所说，他始终严谨治学，师古而不泥古，力倡中医现代化，崇尚创新与发展。在临床实践中，他尊崇中医脾胃理论，以中医"脾主统血"理论立法，将补气健脾法灵活运用于中医内科血证的治疗中；根据中医学"脾主四肢肌肉"理论，他最早将邓铁涛补气升阳法用于治疗重症肌无力等神经肌肉系统疾病；对消化系统疾病多以脾虚内伤论治，并结合岭南地域特点，补泻兼施，祛湿活血，治疗各种顽症；此外，他运用邓铁涛痰瘀相关学说防治血管性痴呆、高血压及其并发症等疾病，取得满意的疗效。

他非常注意总结和开发邓铁涛的临床经验方。80年代初，他对邓铁涛治疗心绞痛的经验方"五灵止痛散"的药理作用、药效、制剂及临床作用特点进行了深入研究，于1983年通过鉴定，"五灵止痛散的研制"获当年广州市科技成果奖。

1992年他成为中国中医药学会基础理论专业委员会中唯一的广东籍委员；1999年被遴选为广东省中医药学会常务理事。1995年2月他晋升为教授；1996年入选国家中医药管理局专家库，并被《中医杂志》和《中国医药学报》聘为特约编辑；1998年被广州中医药大学聘为中医基础理论专业的首席教授、博士生导师；被广东省教育厅聘为广东省重点学科"中医基础理论"学科的学科带头人；2001年1月被广东省卫生厅评为"广东省名中医"。

疑难杂病衣钵传人邓中光

邓中光出生于1947年，个头不高，语言不多，却往往一语中的，是个埋头实干的人。邓铁涛评价："在临床方面，他是众弟子中的佼佼者。"不少外院的危重患者，邓铁涛都委托邓中光前去会诊。

谈到父亲对他的要求，邓中光说："邓老首先要求我坚定对中医的信念，牢固中医专业思想，做一个铁杆中医。""铁杆中医"首先强调一个"铁"

字，要求对中医理论体系，对中医药事业有钢铁一般坚定不移的信念。除了对中医理论有坚定不移的信念，还要有硬朗的腰杆子，也就是过硬的诊疗技能，善于、敢于治疗疑难危重病症。

他是邓铁涛的儿子，做一个铁杆中医，似乎是理所当然的，然而事实并不那么简单。"最常见的一个场景，"邓中光说，"当你们自己的子女发高烧的时候，你首先考虑用中医中药治疗还是用西医西药？用中医的办法退烧还是用西医的打针、输液、抗菌消炎呢？"

邓中光年轻时真就遇到了这个问题。当时他儿子半岁大，第一次发高烧，他准备用中药治疗，但是他的爱人却主张抱孩子去急诊室打针，两人相持不下，最终折中选择了使用中药针剂。邓中光到医院开了一支柴胡注射液，亲自为儿子打，用了半支，后续其他治疗全部"纯中医"，包括灌中药、开天门和捏脊等外治手法，结果药到病除，皆大欢喜。之后，邓中光和爱人再也没有为"是否打吊针"这类问题争论了。一直到他们的儿子长大成年，除了计划免疫疫苗，那半支柴胡注射液就是孩子打过的全部针剂。

邓中光的儿子常常在考试前夕发烧，有几回高烧、双侧扁桃体广泛化脓，他都是用中医的方法，三五天就将其治愈。他常常开玩笑说，学校对孩子进行考试，而孩子则对他进行考试。这种时候就是对中医工作者的考验，因为家人的紧急情况和不同的意见会左右决策，坚持中医药诊治并不是那么容易取得家人的一致支持。所以确立中医的专业思想不是简单的事，尤其是在西医学占据强势主导地位的背景下。邓中光对中医的热爱，正是在父亲邓铁涛的引领指导下逐步内化树牢的。

邓中光自己幼年患病，是父亲用中医的方法治愈的。他记得自己小时候去郊游，大概八岁年纪，因为吃了油腻不洁的食物，加上风吹日晒，回到家里后便上吐下泻、发高烧。邓铁涛马上给他开了中药方，亲自熬煎汤药，喂他服食。经过一昼夜的治疗，他出了一身汗，当夜吐泻就止住了。第二天早上已退烧，人也精神了，可以回学校上课。邓中光记忆中，父亲邓铁涛"包办了"全家，甚至亲戚好友的内外妇儿各科病症的治疗。他亲眼看到父亲运用中医方法治疗的"神奇"效果，对父亲的敬佩、对中医的信念与日俱增，从小便对中医可以治好病有切身的体会和深刻的认识。

"文革"期间，全国停课，邓中光在家埋头苦读中医理论、针灸知识，除了受到父亲的教诲，哥哥邓中炎也给了他精心指导，当时哥哥邓中炎已经是中医学院的毕业生。后来邓中光被分配到广州军区生产建设兵团农场。他带着针灸的器具，利用工余时间为大家义务针灸。

当时，邓中光的患者包括从广州一起来到农场的同学、外地来的农友、当地的职工以及他们的子弟……在缺医少药的广阔天地里，他的小小银针发挥了重要作用！邓中光所在的农垦兵团连队有一个完全不能走路的小儿麻痹症患儿。邓中光利用工余时间，每天晚上坚持为患儿针灸治疗。经过一年多的治疗，患儿能够自主行走了，尽管走起路来仍一瘸一拐，但已不需要别人搀扶。家人非常感激。当时的常见病多发病主要是风湿、腰腿痛、头痛、胃病、妇科病、扭伤、劳损。一般的小病小痛运用针灸都可以帮助解决痛楚，迅速取得疗效。这些经历让他终生难忘，所获得的诊疗经验和随访观察结论都是极其宝贵的。邓中光也切身认识到了中医的疗效，以及广大百姓对中医药的需求。这些成了他从事中医事业的出发点，更加坚定了他追随父亲传承中医事业的决心。

1973年邓中光从农场回城后，进入某企业的医疗机构，以中医学徒的身份跟师学习。最初跟诊的是杨全瑞老中医。同时，他跟随父亲出诊一直没有间断。经过5年的跟师学习和多次进修，至1979年，他被推荐参加全省统考，考取了中医师资格，正式走上了中医职业道路。

1990年底，首批全国名老中医师带徒学术继承工作启动，邓中光成为父亲邓铁涛教授学术继承人的培养对象，在广州中医学院边从事临床工作边跟师学习。3年后通过考核，取得学术继承人出师证书。

邓中光的从医之路得益于前辈老中医的教诲。在家里，他一直得到父亲的带教，也得到哥哥邓中炎的指导。入行初期，邓中光学习"肺与大肠相表里"的理论时感到疑惑：肺与大肠是两个功能完全不同的独立的器官，如何相表里？怎样运用这个理论指导临床呢？父亲告诉他，这一理论的产生恰恰是来自临床，肺炎的患者往往伴随腹泻。这就是中医的精妙之处——源于临床。又如便秘，老年性便秘、习惯性便秘的患者大多会出现肺气虚弱的症状，根据这一理论，中医师可以运用补气的方法去解决。而实证、热证患者的便秘症状，根据这一理论，中医师可以采用清肺热的方法消除。后来，邓中光遇到一位患者整个星期拉不出大便，便根据"肺与大肠相表里"理论，选择了"肺俞穴"，并在穴位附近找到了几个反应点进行挑治。次日，患者大便通畅，最终痊愈。

邓中光在跟师临床中学到了很多宝贵的经验。他最早跟随的杨全瑞老师是父亲的同学，接着是广州市名老中医、市第一人民医院中医科主任冯枫、梁婉明，后来是四川成都中医学院李仲儒名老中医。李仲儒教授是全国名老中医，邓中光在成都跟诊学习半年多，掌握了"紫河车针""五针""六针"等针刺疗法。

邓铁涛带教邓中光，强调只有在临床第一线、在疗效中体会中医理论，中医师才能对中医加深认识，悟出其中精妙之处。邓铁涛处处提醒他要以临床带基础，回到基础理论去思考。父亲常常带着他外出会诊起初，他先学习父亲的治疗措施、处方用药，后来，父亲与他商讨病情，或共同处方，或让他先拟方再进行加减。在这个过程中，他的理论和临床经验都得到了提升。

早在20世纪70年代，邓中光在协助父亲函诊过程中发现，全国各地寄来的信函中有不少是重症肌无力患者求诊。这引起了他们父子二人的高度关注，由此开启了对中医诊治重症肌无力的研究。经过多年的治疗实践，以及对中医文献的挖掘和理论梳理，邓铁涛成立了"重症肌无力"科研小组，指导博士研究生进行专题研究。邓中光也参加了课题组，后来课题完成并获得国家级科技进步奖励。慕名而来的患者更多了。邓中光始终坚守在临床第一线，陪伴着父亲邓铁涛与重症肌无力不懈战斗。

近两年，广州中医药大学一附院"肌病科"专科住院病区也建设起来了。邓中光深感欣慰，因为传承就是对邓老的最好纪念，他相信邓老的弟子们一定会当好合格的"铁杆中医"，一定会以实际行动告慰邓老。

邓铁涛的名声在外，各地报刊不断约稿，他常常把这些任务交给邓中光来完成。写作实际是与同行交流，锻炼临床总结、理论深化研究能力。动手动脑，20多年间，邓中光先后写下的医学论文有30多篇。写作过程得到父亲的直接指导，成稿后由父亲亲自修改，对其中的重点晓之以理。在1991年至1994年的全国老中医药专家学术经验继承学习过程中，邓中光在第一年论文考核中获全国优秀论文奖二等奖，第二年获全国优秀论文奖一等奖第一名，第三年他受邀前往北京进行继承工作学术交流。

义务函诊是父亲直接交由邓中光承担的一项特殊工作任务。邓中光拟定诊疗方案和回信后，经过邓老审阅订正，然后才寄回给患者。但对于一些有特殊需求的患者，比如前文提到的广东汕头患者张某，邓铁涛还得始终站在最前线。

2007年11月26日，邓铁涛学术继承人邓中光获"全国首届中医药传承高徒奖"

邓中光说，他由衷敬佩父亲邓铁涛，因为他总能设身处地替患者考虑，对患者悃瘝在抱，甚至自掏腰包为患者买药、支付住院费用；他对中医药事业执着笃定，始终把振兴中医作为复兴中华文化的一部分，坚定不移地奋斗终身。

有人说，邓铁涛德高、技高、寿高，他的医德医风是有口皆碑的。作为家人与弟子，在朝夕相处中，邓中光处处感到邓老能够设身处地为患者着想，体会患者的疾苦，考虑患者的经济条件，体谅长期患者的心情，往往处方花很少钱就能把病治好。邓铁涛强调中医的简便验廉，要求弟子时刻想着为广大人民服务。邓中光说："花小钱治好病，是邓老用药的精妙所在。

第三章　研究生和师资培养

　　邓铁涛第二个治学黄金阶段，是从 1976 年前后开始的，五脏相关学说的突破性进展、重症肌无力的科研攻关，都是在这个阶段取得的成果。邓铁涛常说他是 60 岁成才的。1978 年，他被批准为首批中医学硕士研究生导师。1986 年 9 月，被遴选为中医内科学博士研究生导师。1990 年 10 月，邓铁涛被遴选为首批全国老中医药专家学术经验继承工作指导老师，这一年他74 岁。

1979 年邓铁涛（第一排左四）为中国中医研究院首届研究生讲课后合影留念（国医大师王琦教授提供）

　　从这个阶段开始，一方面中医药开展研究生教育，邓铁涛培养了多位硕士、博士研究生；另一方面，"名师带徒"学术传承工作进一步保障中华医脉赓续，邓铁涛的学术也后继有人，这是邓铁涛内心最为欣慰的。因为"铁涛理想"包含四部分内容：一有自己的观点和理论体系，二有创新性的学术成果，三有经得起考验的社会效益，四有一支可以持续发展的队伍。学术继承人的出现，传承人才辈出，"铁涛理想"便凑齐了最后一块拼图。1997年11月，广州中医药大学授予他"终身教授"称号。

　　桃李不言，下自成蹊。邓铁涛共培养硕士研究生27名：1978级梁德任、李杰芬，1979级刘小斌、肖衍初、丁有钦、蔡桂英，1982级邱仕君、1984级刘友章、邱向红，1985级方显明、王清海、杨伊凡、郭桃美、王伟彪、李敏，1986级陈立典、李剑、冯崇廉、廖青、何绪屏、张英民，1987级朱晓光，1988级杜少辉、粟俊，1989级李金龙（新加坡）、陈鸿能（新加坡）、王平（新加坡）。

1981年12月22日，广州中医学院首届（78级）研究生毕业留影，前排左九为邓铁涛教授

培养博士研究生 15 名：1987 级张世平，1988 级李顺民，1989 级何绪屏，1992 级李南夷，1995 级肖会泉、唐铁军，1996 级赵益业，1998 级徐云生，1999 级郑洪、杨利，2001 级涂瑶生，2002 级徐志伟，2003 级唐飞舟（非医攻博）、曲清文（非医攻博），2004 级杜少辉。

2009 年邓铁涛还招收培养了一位外籍博士后 Brenda Hood（加拿大胡碧玲）。

学生弟子的专业领域横跨中医内科、中西医结合、中医医史文献、中医基础理论、中医诊断学等，纷纷取得了新的成绩。邓铁涛师徒授受、代代相传，他们对于中医学术，恰如先贤韩愈所言：“莫为之前虽美而不彰，莫为之后虽盛而不传！”

20 世纪 80 年代广州中医学院开展师资培训，邓铁涛先后培养师资弟子 6 名：1981 年赵立诚、李贵芬，1983 年邓中炎、刘小斌、梁德任，1985 年邱仕君。其中，又以刘小斌和邱仕君最为特殊，因为两人既是邓铁涛的研究生，又经过师资培养，毕业后仍然继续跟随在邓铁涛身边学习和工作，邓铁涛对他们的影响尤为深远。两人不但致力于传承邓铁涛的临床诊疗经验，而且在邓铁涛开拓耕耘的诸多学术领域上，两人立足继承并全力加以弘扬光大，分别做出了自己的贡献。

系统传承弟子刘小斌

刘小斌是广州中医学院医疗专业 1975 届毕业生，毕业后被分配到粤北英德茶场医院急诊科工作。1979 年 9 月，刘小斌通过了广州中医学院的研究生招生考试，被广东省名老中医邓铁涛录取为硕士研究生。

邓铁涛指导刘小斌开展中医医史文献研究。毕业论文具体选题，邓铁涛给刘小斌指引的研究方向是关于近代广东的中医教育研究。这个选题当时让刘小斌很意外，但正是这个研究方向和课题，为刘小斌打开了一扇研究岭南医学的大门。对于有临床实践经历的学生刘小斌，邓铁涛要求他不仅要随师临床，更要做好医史文献的研究，两手抓，两手都要硬。确定了研究方向，邓铁涛开始悉心指导刘小斌，从查文献、找资料，到做调研和访谈，都要求他一步一个脚印、踏踏实实地进行。毕业论文定稿时，刘小斌的论文厚厚的，如同一本书一样，引起了当时广东省卫生厅相关人员的注意，他们认为刘小斌的研究内容丰富，资料翔实，于是将刘小斌的毕业论文刊印发表。这对学生来说是莫大的荣誉，对老师来说也是一种骄傲，邓铁涛感慨道："得天下英才而教育之，三乐也！"他为刘小斌的硕士毕业论文题写了书名——"广东中医育英才"，并且为他撰写了序言。

1982年9月，刘小斌硕士毕业后，留在了广州中医学院医史各家学说教研室工作，一做就是几十年，直到退休才卸任教学任务，但对岭南医学的研究却未停歇。岭南医学是我国传统医学不可或缺的组成部分。近代西洋医学从广东传入，构筑百年中医近代史宏大叙事。卫生部设立《中国医学通史·近代卷》项目，任命邓铁涛为主编，邓铁涛委托刘小斌到北京接收任务并承担主要研究和编写工作。邓老题词勉励刘小斌："史学家要有千秋之笔。"项目完成后，正式出版了《中国医学通史·近代卷》，广东高等教育出版社出版的《中医近代史》获广东省科学技术奖二等奖。20世纪70年代末80年代初，正是邓铁涛开拓岭南医学研究领域的时候，他指导多名研究生投入这一领域开展课题研究，对推动岭南医学的传承和发展做出了里程碑式的贡献。正如医史学家程之范先生所言，医学史研究

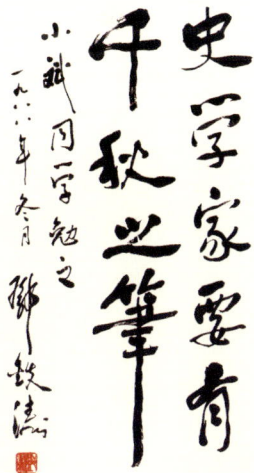

1988年冬月邓铁涛书赠弟子刘小斌

的意义不仅在于回顾，更应着眼于服务现实，预判医学未来。刘小斌深信，伟大的医学人物和医学事件需要被记录，那些重要的医学突破需要被总结和反思，医学史重资料证据，临床重循证医学，两者不相悖。

1983 年 1 月，邓铁涛派刘小斌去附属医院急诊留观室参与"五灵止痛散"的临床研究。同年 5 月，广州中医学院人事处师培科组织安排，刘小斌开始跟师邓铁涛在附属医院中医内科学习。两年的急诊工作，得到陈镜合、周智深等老前辈的指导，加上内科的跟师学习，刘小斌的诊疗能力精进不少。而学术上，他更加深刻地感受到中医基础研究的风向标在临床，临床是中医学术的源头活水，也更加深刻体会到邓铁涛为何强调中医基础研究和教学不能脱离临床。

1986 年，邓铁涛承担国家科学技术委员会"七五"攻关重点项目，刘小斌作为项目组的核心成员参加了对重症肌无力的研究。1987 年，邓铁涛在附属医院开设了重症肌无力专病门诊，刘小斌既跟师门诊，也跟师查房，全身心投入重症肌无力临床病例及影像资料的收集与临床用药观察。1993年，邓铁涛主持完成了国家中医药管理局课题"强肌健力饮治疗痿证开发应用研究"，刘小斌也全程参与研究。

2001 年起，由邓铁涛安排、经医院领导同意，刘小斌同时在广州中医药大学第一附属医院脾胃病科参加临床工作，筹备建设脾胃肌肉病专科。2010 年，他主要参与的科技部 973 计划中医专项，以及国家"十一五"科技支撑计划"重大疑难疾病中医防治研究"通过验收。

刘小斌留校工作后，始终以弟子身份跟师邓铁涛，数十年如一日。邓铁涛对他的熏陶是多方位的，影响深入骨髓。例如中医如何治学、如何带教传承、如何与新技术革命相结合、如何提升诊疗服务能力、如何弘扬人文特色优势，诸多方面，刘小斌都对邓铁涛的思想和经验有深刻的领悟、系统的继承和发扬。

邓铁涛指点刘小斌："书本知识毕竟是死的，临床不少疑难问题，只有法传，难以书传，需要老师在身边心传口授，方能领悟。"他记在心里，结合自身经验，也认为师承能够让学生更早地进入实践，能够弥补传统院校教育中存在的理论与实践分离的不足，符合中医药人才成长和学术传承规律，对发挥中医药特色优势、加强中医药人才队伍建设、提高中医药学术水平和服务能力具有重要意义，是传承发展中医药事业，服务健康中国建设的战略之举。

邓铁涛秉持人生三乐：知足常乐，助人为乐，育人为乐。他说，把自己多年积累的知识、技能、经验良方毫无保留地传授给学生，让每个学生都学有所成，在不同的领域发光发热，才能真正做到"中医为人民服务"；得天下英才而育之，是人生最大的快乐。刘小斌回忆，20世纪80年代，有一段时间，邓老每个月都给他30元补贴，开始时他不敢收，邓老引用李东垣和弟子罗天益的故事教导他，说："元代砚坚《东垣老人传》说得好：'吾大者不惜，何吝乎细？汝勿复辞。君所期者可知矣。'"老师毕生的学术经验乃是学生弟子安身立命之本，兹事体大，是为大者，"大者"老师尚且不居奇、不吝惜，又怎么会吝啬30元呢？大者不吝，德必有邻！刘小斌不再推辞，决心努力完成老师嘱托，不辜负邓老的期望。

因此，刘小斌培养研究生和指导弟子亦是不遗余力、倾囊相授，培养过程延续着邓老一般的宽厚仁爱，给年轻学生讲课时时充满温暖鼓舞。他培养的中医医史文献专业硕士、博士研究生也大都取得执业医师资格，且能坚持中医临床工作。2010年起，刘小斌兼任一附院消化科临床导师，2011年又应医院规培基地邀请，开始担任年轻医师中医带教工作。2019年他开始担任一附院名中医师承项目指导老师。2022年被遴选为第七批全国老中医药专家学术经验继承工作指导老师。2023年3月3日，广东省人民政府公布第五届广东省名中医名单，刘小斌入选，荣获"广东省名中医"称号。

"发掘宝库与新技术革命相结合"是邓铁涛提出的中医发展观点之一，至今30多年，刘小斌无论在临床实践中还是在教学中都坚持探索实践邓铁涛的这一观点。例如，随着科技发展，基因检测技术不断应用于临床，刘小斌指导学生进行临床研究时，亦力求临床诊断与基因检测结果一致。当然，刘小斌也经常提起林巧稚医生的一句话："医生要永远走到患者床边去，做面对面的工作。单纯地或仅仅依赖检验报告做医生是危险的。"邓铁涛也讲过类似的话："疗效是患者反馈的，而不是靠数据统计出来的结果。患者是医生的好老师。多听听患者用药后的感受和反馈，多听听患者的心声，才是对患者最大的尊重。"因此，刘小斌说，疑难杂症看多了，医生在不知不觉中会积累很多经验，有的时候不一定是给患者开方开药，选择合适的时机给患者指一条路或者是让患者少走些弯路，能给患者量身定制的最适合的个体化治疗康复方案，或许才是最好的方案，才是对患者莫大的帮助。

在临床上，刘小斌还继承了邓铁涛恫瘝在抱的风格，坚持中医药"验、简、便、廉"特色优势，时时处处为患者着想，不满足于求"解"，还孜孜不倦追求"最优解"。2024 年，重症肌无力新增了两种生物靶向药，这些"神药"进入医保后，医生在治疗方案上有了更多的选择。但是，刘小斌认为，只要坚持高性价比的中医药方案，中医药综合效应好等优势仍不可替代。他向跟诊弟子释疑：一方面，大部分重症肌无力儿童、青少年患者及早发的单纯眼肌型与轻度全身型的成人患者，可以单纯使用中医药疗法；另一方面，对于长期使用类固醇激素及免疫抑制剂的患者，中医药可以起到增效、减毒的作用。而对中度全身型、重度全身型与危象的重症肌无力患者，中西药并用也能收到一加一大于二的效果，如缩短危象持续时间、减轻或避免患者气管切开、插管的痛苦，减少抢救费用，等等。

中西医结合实践中，根据"最优解"原则，刘小斌常采取"西药中用"的方法。他曾用该方法成功抢救一例人抗骨骼肌受体酪氨酸激酶抗体（Musk-Ab）阳性气管插管的 33 岁女性危象患者。该患者经使用新指南规范治疗方法，但气管插管第 13 天仍无法脱机，乃转到一附院重症医学科（ICU），做好了行气管切开术的准备。刘小斌这次接到 ICU 会诊邀请，感触特别深。他说："因为从陪同邓老会诊，到自己独立参与会诊，不知不觉，到 ICU 抢救重症肌无力危象患者已经 20 年了。"他谨记邓老的嘱咐："急患者所急，解患者所需，争取让患者花最少的钱看好疾病。"再次选择了"西药中用"，选择用邓铁涛留下的中西医协同的"过时"老方法。8 天后，患者顺利拔除气管插管，10 天后拔除胃管，住院 26 天，花费 7.5 万元。类似的情况，在刘小斌的门诊更是常规现象。因为有不少重症肌无力患者需要长期随诊，时间长的甚至已经 20 多年，患者病情稳定，刘小斌每次都开具高性价比的中药和极少量必要的西药，每月平均诊疗费用七八百元。

刘小斌的心中，铭刻着老师的教导——一名合格的医师要有全心全意为人民服务的理念。

"捡来的"弟子邱仕君

中医各家学说在中医学的学科体系里属于临床基础课程，是内经、伤寒、金匮、温病四大经典课程的延伸，邓铁涛十分重视这些特色课程，视作中医学术之根本所在。1982 年，邓铁涛招收中医各家学说专业第一位研究生——邱仕君，并将她作为师资培养。1990 年，邓铁涛担任首届全国老中医药专家学术经验继承工作指导老师。按中医授徒的传统，邱仕君和邓中光拜邓铁涛为师。1994 年，邱仕君和邓中光以优异成绩结业出师，成为邓铁涛首批学术继承人。

邱仕君是一位性情温柔随和的学者，继承了邓铁涛热爱中医事业的优良传统，虽担任了繁忙的行政工作，却仍然坚持临床，坚持带教。她先是在邓铁涛指导下参加点校《岭南儿科双璧》《子和医集》及编写全国高等院校《中医各家学说》教材，参编《邓铁涛医集》《邓铁涛学术思想研究》《邓铁涛医学文集》等专著，之后主编《邓铁涛医案与研究》《邓铁涛用药心得十讲》《万里云天万里路》及"国医大师邓铁涛学术传承研究系列"丛书（包括医论、医案、医话三种）等，致力于系统整理出版一系列邓铁涛学术论著，弘扬老师的学术思想和临床经验。

　　"邓老说我是捡来的。"原来，邱仕君一开始报考研究生，填报的意向导师是温病学专业的刘仕昌教授。虽然邱仕君考试成绩很好，但碰巧当年刘教授招收硕士生的名额已满，而内经专业的沈炎南教授有名额准备招收她。新开设了中医各家学说专业的邓铁涛也注意到了她，于是跟沈教授商量，他说："我没有招到研究生，你就让给我吧。"当时报考研究生很难，很多导师会好几年招不到满意的符合要求的研究生。谦虚的沈教授对邱仕君说："你跟邓老会有更大的收获，因为邓老的学术与经验更为丰富。"邱仕君觉得很突然，因为"中医各家学说"属于临床基础里的提高课程，是学生完成毕业实习后才返回学校学习的课程，她当时还未上过这门课，对"中医各家学说"毫无认知。香港亚洲电视采访过他们师徒俩，被问为什么选邱仕君当学生时，邓铁涛说："很偶然，是捡来的。"记者问："出于什么考虑呢？"邓铁涛说："原因有两个：一是字写得漂亮，二是中共党员。大学生入党不容易。"

　　上完"中医各家学说"课程，到了毕业前夕，班主任转告邱仕君，邓铁涛教授请她放假前去他家一趟。邓铁涛当时是学院的副院长，同学们都在讲他非常有名气，邱仕君怀着忐忑不安的心情去了邓老家。没想到邓铁涛丝毫没有领导的架子，平易近人，如家里长辈一般。此后多年，邱仕君始终清晰地记得，这是第一次和邓老的单独会面，记得准导师在开学前给她布置的假期作业，或者叫作学年前作业更恰当。邓铁涛让邱仕君在客厅落座，先是简单了解期末考试情况，询问录取通知书是否收到。随后，邓铁涛要求邱仕君在读研究生之前先阅读《古文观止》，并指导她倒着读，即先从清代的文章读起，然后依次往前，先易后难。还要求她练习毛笔书法，嘱咐从最难的隶书练起，并且每周练习后要送给他看。邱仕君说："邓老每次都会认认真真地检查我写的毛笔字，写得好的字就给画上圈。"

接着，邓铁涛开始指导邱仕君阅读《医学通史》《中国哲学史》。邓铁涛为了给邱仕君讲授《中国哲学史》，还一字一句撰写了一份手写的讲稿。医史各家学说教研室至今保存有这份讲稿。

邓铁涛说："做学问如建金字塔，底要宽，顶要尖。给学生一杯水，自己要有一桶水。"要求读书范围越广越好，内容没有限制，但要求写读书体会。邱仕君每到月底，都很紧张，有的时候写的读书笔记五花八门，邓铁

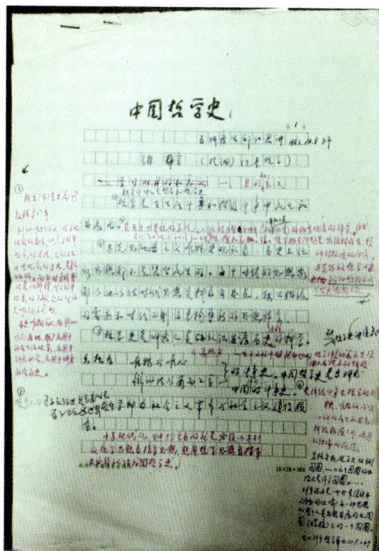

邓铁涛给邱仕君讲中国哲学史的讲稿（全手写，共40页）

涛非但没有批评，反而会很认真地读邱仕君的读书卡片，鼓励她自由地思考、慢慢地积累。邓铁涛帮助邱仕君培养了读书习惯，文史哲的知识都注意吸收。她现在要求自己指导的研究生也要多读书。

关于学位论文的研究课题，邓铁涛指导邱仕君以岭南医学的儿科为方向，并安排她到附属医院的儿科病房学习，跟诊当时岭南儿科很有权威的卓权老师。邱仕君回忆说："我当时查资料，岭南儿科确实名医辈出，但早已全国知名的医家，如清代惠州的陈复正，他的《幼幼集成》学术界已有很多深入的研究，宋代潮州刘昉的《幼幼新书》更是历代研究的热点。后来，邓老选了程康圃的《儿科秘要》和杨鹤龄的《儿科经验述要》让我读，年代相对新近，全国对他们的研究比较少。这样我就确定了研究课题。"邱仕君的学位论文完成后，被寄出评审，成都中医学院的教授评价很高，罕见地给了满分。再后来，邓铁涛指导邱仕君和刘小斌、肖衍初对岭南这两本儿科医

籍进行点校整理，合为一册，于 1987 年由广东高等教育出版社出版。邓铁涛题写了书名——《岭南儿科双璧》。

"我当时，连续 3 年是邓老唯一的研究生，前面的师兄刘小斌已经毕业。后面连续 3 年都没招到学生，我得天独厚。邓老倾注了很多心血，我也学得十分投入，邓老指点的书，我都认真阅读，1984 年我撰写了论文'明清的哲学与中医药'，邓老建议我携论文去福建参加当年医史学会举办的会议。"邱仕君说，"我一直很怕邓老。但他对学生很少批评，鼓励多，正面引导多。鼓励的方法对我很有用，很受激励。所以，我担任导师时也学邓老，对学生几乎不批评，只说要修改。"

"邓老也是我人生的导师。"邱仕君说，"不记得是什么时候，邓老送了一份剪报给我，介绍居里夫人的小传，我当时不成器，觉得居里夫人距离我太远。邓老却一直对我期望很高。"

"邓老是把我当子女看待的。"邱仕君最难忘研究生最后一年暑期邓铁涛对她的救治和关怀。那是 1985 年的暑假，她外出淋了一场大雨，回到学校便开始发高烧，头痛、身痛。同宿舍的同学都搞调查研究去了，未婚夫也在黄埔工作，她一个人毫无对策地熬了 3 天，病情却越来越重，这才去敲隔壁宿舍门告知了同学。同学见邱仕君病情不轻，旋即跑去附属医院告知邓铁涛。邓铁涛马上带了苹果来宿舍看邱仕君，诊脉开药方才返回病房。但第二天她高烧仍不退，班长将她送去了急诊。同学又告诉了邓铁涛。邓铁涛急忙来看，查血象，白细胞降得很厉害。她未婚夫和哥哥知道之后，不放心她一个人在宿舍，要求她住院治疗。在病房，邓铁涛每天都来看望，亲自开中药。她全身酸痛难忍、又出疹，同学们都害怕，提议做骨髓穿刺，或者转到中山医学院。邱仕君的哥哥和未婚夫都六神无主，拿不定主意。邓铁涛却做出不转院、不穿刺的决定，不惧风险主动承担起诊疗责任。为了更稳妥，邓铁涛请了他的学长温病学的专家刘仕昌、自己的学生心血管病青年专家赵立诚一起会诊，诊断共识为典型的登革热，邓铁涛与刘仕昌议定了治疗方案，继续开中药处方内服。随后，病情总算开始缓解、好转，众人心里的石头终于落地。邓铁涛仍然每天去病房看她，没有把她患病的事情告诉她的父母，而是像对待自己的子女那样把责任承担下来了。

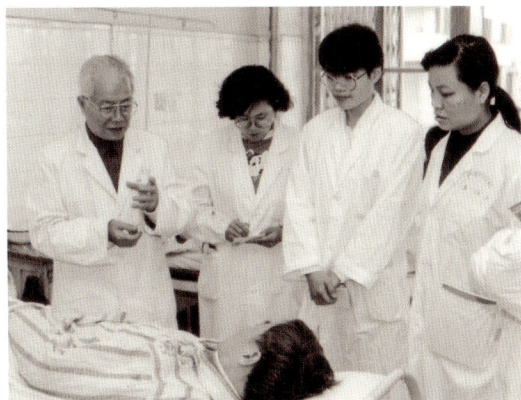

1986 年 3 月 . 邓铁涛在附属医院查房带教，右一为邱仕君

后来，邱仕君的父亲写信感谢邓铁涛，其中有一句话："视如己出。"邱仕君说："再后来，我父母来了广州居住，但我陪在邓老身边的时间比陪父母的却更多一些，他们也都能理解。大概正是这一次在我生命攸关时刻，邓老视如己出地救护，此后我也视邓老如父亲，毕业后也一直跟师在邓老身旁。"

邓铁涛逝世后，邱仕君牵头组织邓铁涛师承团队，加大了对邓老学术的整理和研究力度，3 年时间，已编写并出版了"国医大师邓铁涛学术传承研究系列"丛书 4 种 120 多万字。现在，邓铁涛师承团队的工作仍在不断推进中。邓老之学，知所托矣！

第四章 邓铁涛研究所弦歌不辍

2003 年 6 月 3 日，广州中医药大学党政领导联席会议研究，同意成立邓铁涛研究所，由学校直接管理，由学校科研处负责业务联系。11 月 8 日，广州中医药大学喜庆连场，上午庆祝广东省中医院成立 70 周年；下午全校师生满怀喜悦欢聚一堂，隆重举行邓铁涛研究所成立大会。

卫生部副部长、国家中医药管理局局长佘靖大会讲话：近年来开展的名老中医药专家学术思想和技术专长经验继承工作，不仅抢救、保存和继承了一批老中医药专家的宝贵经验，而且有利于培养具有流派特色和技术专长的高层次中医药人才。实践证明，继承与发掘邓铁涛等名老中医药专家的学术思想和技术专长的举措，是加快中医药事业发展与创新的重要捷径。因此，我们要持之以恒地向他们学习请教，学习并继承其丰富的临床经验、高超的诊疗技术、深厚而独特的学术思想及永留后世的经典著作，学习并继承他们救死扶伤、悬壶济世的高尚医德，勇于实践、执着探索的创新精神和坚持唯物辩证思想的政治信念。

广东省卫生厅副厅长、广东省中医药局局长彭炜讲话：邓铁涛教授是我国当代著名的中医药专家、一代宗师，为当代中医药事业的发展做出了卓越的贡献。深入开展邓铁涛学术思想的总结与研究，并使之发扬光大，具有重大的历史意义和现实意义，必将对当代中医学的发展与创新产生深远的影响。为了表示对邓铁涛研究所的支持，省局经研究决定，拨出中医专项经费10 万元，用于研究所的开办和业务开展，期望研究所在岭南名医学术经验整理研究方面做出贡献，早日形成独具特色的邓铁涛学说和岭南邓氏学派。

广州中医药大学党委书记黄朝阳讲话：大学者，非有大楼之谓也，乃有大师之谓也。在国家实施科教兴国战略，广东省提出建设教育强省和文化大省的发展战略的大背景下，我校正在朝着建设具有南方特色的国内一流、国际知名的中医药大学的奋斗目标不断迈进。一流的大学要有一流的学科，一流的学科要有一流的大师引领，邓铁涛教授是我国当代著名的中医药学家，其学问人生，博大精深的学术思想和宽厚丰富的精神资源，不仅是我校的财富，也是中医学界的财富，总结研究并使之发扬光大，是中医学术界的一个新课题。

邓铁涛研究所牌匾揭幕仪式使大会进入高潮。时年 88 岁的邓铁涛左手持麦克风、右手持激光笔，为在校学生和来自全国各地数百名专家学者做了题为"为中医药发展架设高速公路"的学术报告，博得全场听众长时间热烈的鼓掌。

2003 年邓铁涛研究所成立。邓老发表主题报告"为中医药发展架设高速路"

刘小斌在会上代表全体弟子、学生，向恩师邓铁涛教授表示深深的谢意。会后有一位来自四川的代表紧紧握住刘小斌双手，说师生情太令人感动，讲得太好了，令他回想起已去世的恩师对他几十年的栽培，不禁流下眼泪。

2012 年 11 月 12 日至 17 日，国医大师邓铁涛学术经验研修班在广州举办，来自全国各地及海外学员共 158 人参加培训。举办国家级中医药继续教育项目是国医大师传承工作室建设任务之一，即国医大师工作室、学术传承要向全国开放，形成培养中医药传承型人才的流动站。因此在学习班期间，以自愿为原则，遴选了 11 位学员，并配备邓铁涛的弟子作为指导老师，通过短期的理论研修和临床跟诊，共享、推广国医大师学术思想和临床经验。

春风化雨，润物无声。橘井泉香，杏林春暖。教育是一个灵魂唤醒另一个灵魂，是一颗心灵感召另一颗心灵，是一个生命点燃另一个生命的过程。邓铁涛研究所经过数十年的传承建设，也培养了新的一批学术继承人，经邓铁涛认可并颁发证书者有刘小斌、吴伟、刘凤斌、陈群、冼建春、陈瑞芳、乞国艳。其中，刘小斌已跟师 20 余年，早已成为他治学的得力助手，此时借研究所成立之机，他特别为刘小斌也颁发了学术继承人证书。

邓铁涛研究所现已成为邓铁涛的弟子们传承邓铁涛学术经验的中心基地。

第六篇
建言献策，铁肩卫道

目前最流行的一个口号——"向世界接轨"应予改正。什么都向世界接轨的话就把自己处于从属地位了。21 世纪是重新评价、发掘中华优秀文化的时期，世界文化的发展不能缺少中华文化的参与，东西方文化是互补性很强的两种文化，我们不应妄自菲薄，将自己置于"自我从属"的地位。该口号应改为"中华文化与世界文化双向接轨"，简称为"与世界双向接轨"。

中国科学家包括中医药工作者有志气、有骨气、有智慧、有能力创造中华民族更美好的未来。

——邓铁涛《为中医药之发展架设高速路》

第一章 "中华民族优秀文化遗产之一"

　　1983 年严冬，邓铁涛从广东省卫生部门获得一个令人心寒、心酸、心碎的讯息：广东中医医生的人数不是逐年增加，而是逐年减少！他又记得，这一年的春夏之交，在北京与时任卫生部部长崔月犁相聚时，也谈起中医药事业萎缩的现象，两人忧心忡忡。崔部长构思，应该有一个中医管理局来统筹全国中医事业的发展。日夜为中医前途操心的邓铁涛把这一振兴中医的重大举措记在了心里。

　　1984 年初春，中共中央军委副主席徐向前元帅在广州疗养期间，邓铁涛参与了诊疗，徐帅称赞中医药的疗效，还关切地问邓铁涛有没有困难需要帮助。邓铁涛脱口而出："徐帅呀！您要救救中医啊！"

　　当天，邓铁涛把心里的话写了下来，写成一封反映中医发展存在问题的长信，呈给了徐帅。信的全文是这样的：

徐向前副主席：

　　中医学是中华民族优秀文化遗产之一，它为中华民族的繁衍作出了伟大的贡献。鸦片战争以后，受尽了轻视、歧视与摧残，但仍巍然独立，与现代医学并存，而且受到一些科学先进国家医学界的重视，近年还出现针灸热与中医热，已从针灸的重视到对中医理论的重视。美国和欧洲，特别是日本，已投入不少人力与物力，对中医药进行深入的研究。中医药学不愧是一个伟大的宝库。但由于王斌思想在卫生行政领导部门的影响，中医药在相当长的时间里，未得到应有的重视，造成了中医后继乏人后继乏术的严重局面。自从党的十一届三中全会以来，特别是 1982 年卫生部召开衡阳会议之后，中医药工作有了很大的好转，但中医中药这一条短线，要使之根本好转，实在不那么容易。非下大本钱不可。据闻去年 5 月卫生部按照指示，起草了一个促进中医药工作的文件，稿经三易，于 1983 年 8 月送交国务院，国务院征求有关部门的意见，由于有些部门不同意，目前该文件被搁置起来了！我们老中医对此非常焦急。中医学再不花力气去抢救，等现在的老中医已经老去，才想到出钱出力去发掘已经迟了！时不我与，时不再来，希望中央各部委办，能重视这一严重问题。下面让我汇报几个数字：

新中国成立之初广东省有中医约 3 万人。

1961 年共有 23306 人。

1981 年只有 16900 人。

这 16900 人中，50 岁以上者占 25%，10 年后计算将有四千人自然减员或退休。

广东每年可分得中医毕业生 170 人，10 年可分得 1700 名，新老接替则 1990 年广东中医只余 14600 名。

如不采取有力措施，照此比例，则 2000 年只有 12300 名了！

新中国成立之初广东省西医有数千人，1981 年已有 47101 人。

广东现有西医学院校 7 所，而中医学院只有广州中医学院 1 所，按这一比例发展下去，中医之前途不堪设想！中医将自然消亡！但我完全相信，这样的局面是不会出现的。发展传统医药已明文写入《宪法》。但我们失去的时间已太多了，必须采取果断的措施，使之早日复兴。

卫生部的文件内容我不清楚，但自 1982 年衡阳会议之后，卫生部采取了不少措施，使中医事业有较大之发展，估计这一定是个发展中医事业的好方案。因此写这封信，希望中医事业得到您的关怀和支持。希望

党中央、国务院早日批准卫生部之报告。以上所言，可能不当，请批评
指正。

　　此致
敬礼！

中共党员中医邓铁涛

1984 年 3 月 18 日

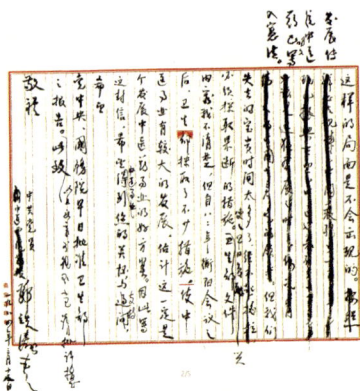

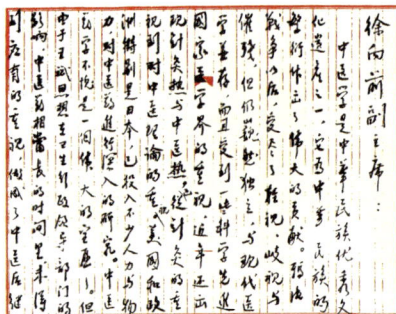

邓铁涛同志写给徐向前同志的信手稿

　　徐向前同志在信上加了意见，立即转呈当时的中共中央总书记胡耀邦
同志。

　　6 天之后，胡耀邦同志作了批示，将邓铁涛给徐向前同志的信作为中央
政治局会议参阅文件印发。

　　事后卫生部中医司把这份文件的复印件交给邓铁涛。他看到了文件首页
胡耀邦同志的批示。在短短的时间内，得到中共中央政治局如此重视，他内
心激动不已。

　　又过了一段时间，中医司的同志告诉邓铁涛：1985 年第 49 次国务院会
议在国务院总理主持下，专题讨论了中医问题。中医司的同志还告诉他这样

一个插曲：这次会议，原计划讨论 4 个问题，中医问题摆在最后。总理说：中医问题复杂，先讨论中医问题。结果这次会议也只讨论了 3 个问题，如果摆在最后，中医问题就"搭不上车"了！

讨论的结果是令人鼓舞的：决定成立国家中医管理局。年经费六千万元。成立一个副部级的中医管理局是卫生部原来的报告，被搁置之后，邓铁涛的信起了"催生"作用。1986 年 12 月，国家中医管理局正式挂牌成立。邓铁涛欣喜地说："中医从此真正有人管了！"

1985 年 11 月，徐向前同志用毛笔写了条幅——"心底无私天地宽"，赠予邓铁涛。

第二章 "放在同等重要的地位"

时间的年轮转到 1990 年，8 位全国著名老中医药学者，聚会北国长白山，讨论一本医学专著的编写工作。来自北京的老中医带来了一个令人心忧的信息：国家要精简编制，有关部门把国家中医药管理局列入精简之列。

他们激烈地议论开来，很快便形成共识：国家精简机构的决策无疑是"精兵简政"的明智之举，但举步维艰的中医药事业，好不容易有了"娘"，撤销主管机构无疑是对中医药事业发展不利的。

邓铁涛建议："我们应该向党中央反映我们的意见。"

大家一致赞同，公推邓铁涛执笔。于是，又一封言恳意切的信写成了：

江泽民总书记：

您好！

我们是来自广东、浙江、北京、吉林、黑龙江从事中医医疗、教学、科研工作几十年、70 岁上下的老中医，衷心拥护以您为核心的中央领导集体所采取的一系列英明决策。我们十分赞成您所主张的要弘扬民族文化，振奋民族精神。

我们为了把几十年的学术经验留给人民，在长春市召开了《名中医集粹》一书编写会议。我们在讨论中谈到党的中医政策及中医后继乏人问题。我们认为中医药学是中华民族文化中的瑰宝，但历遭磨难，几经兴衰。虽然毛主席、周总理等老一辈无产阶级革命家一再强调要正确贯彻中医政策，但中医一直处于从属地位，得不到应有的发展。近年来，党中央、国务院采取了英明措施，成立了国家中医药管理局，中医的从属地位，开始有所改善，从而使中医事业有较好的发展。但是问题还未得到解决，使人担忧。一些地方还没有真正把中医同西医放在同等重要的地位；大多数省、市的中医药管理局至今没有建立起来；有些挂着中医牌子的单位，并不是真正在搞中医；中药的管理体制，至今没有一个省市是归中医药管理局管理，中药质量下降，伪劣药品充斥，中药资源继续遭到严重破坏。现在国外学习、研究中医的势头，方兴未艾。长此下去，我们真担心有朝一日会出现中国人到外国去学习中医。为此，我们恳切呼吁：

1. 国家中医药管理局的职能只能增加，不要削弱。

2. 尽快建立各省、市中医药管理机构。

3. "八五"期间中医专款不应低于"七五"水平。

4. 保护和开发中药资源，由国家中医药管理局统一管理。使中医药工作真正能按照党中央、国务院的指示迅速健康地向前发展。

以上意见当否，请指教。

此致

敬礼！

邓铁涛（广州中医学院教授）

方药中（中医研究院教授）

路志正（中医研究院教授）

何任（浙江中医学院教授）

焦树德（北京中日友好医院教授）

张琪（黑龙江省中医研究院教授）

任继学（长春中医学院教授）

步玉如（北京西苑医院主任医师）

1990 年 8 月 3 日于长春

这"八老"，都是当时中医界的权威人士。他们既是临床大家、教育大家，又是中医学术界的领军人物。

意见书送达党中央后，引起了党中央的高度重视。两个月之后，中共中央办公厅、国务院办公厅信访局的复信来了：

邓铁涛教授：

您和任继学教授等八位同志致信江泽民同志，反映目前中医药工作中存在的问题并建议加强国家中医药管理局的职能；尽快建立各省市中医药管理机构；保护开发中药资源的意见很好，感谢你们对我国中医药事业的关心和支持。有关领导同志已对你们的来信作了批示，现就有关问题函复如下：

一、同意加强国家中医药管理局管理全国中医药工作职能的意见。近几年来，中共中央、国务院多次研究我国的中医药事业，逐步改善并加强对中医药工作的领导；理顺了中医药管理体制，为中医药事业的健康发展奠定了基础。随着改革的进一步深入，有关领导部门将会继续研究加强国家中医药管理局职能的问题。

二、关于国家在"八五"期间对中医药投资不低于"七五"水平的建议，我们已转请国家计委考虑。

三、根据前不久召开的全国机构编制会议上确定的原则，今后地方需要建立什么机构，由各省、自治区、直辖市根据当地的实际情况自己决定。因此，目前不宜就各省、自治区、直辖市成立中医药管理机构问题统一提出要求，只能由地方根据当地的实际情况，本着进一步改善和加强对中医药工作领导的原则，自行解决。

感谢你们对中医药工作的关心。

中办国办信访局

一九九〇年十月九日

国家对于"八老"的意见，逐项落实，逐条有答复，特别是保留了国家中医药管理局的编制，令邓铁涛和其他的专家都十分感奋。

"八老"上书，受到国家的重视。国家中医药管理局保留下来了。

第三章　"中医西医不能抓大放小"

距上书江泽民总书记 8 年之后，全国曾刮起一股中医院校合并于西医院校之风。新疆中医学院合并于西医学院，只剩下一个寥寥 47 人的中医教研室；河北中医学院与河北医科大学合并，只保留一个中医系！当时还有 6 所中医院校计划要合并。邓铁涛赶忙与他的老朋友、长春中医学院任继学教授商议对策。

邓铁涛说："国务院执行抓大放小的政策，这对于大多数行业来说，无疑是正确的。但在医学界，西医'大'，中医'小'；抓了西医的发展而放了弱势的中医，岂不'死火'？"

这两位为中医事业费尽心思的老人，决意给朱镕基总理写信，陈述己见。当即推邓铁涛执笔，任继学征求同道签名。

一封长达 1600 多字的信，一气呵成。反映了中医药发展中许多深层次的问题。

朱镕基总理：

您好！

我们几个老朽，对中医药事业的改革发展，对您说几句心里话。

一、这次压缩编制，把中医药管理局保存下来，我们感到十分欣慰！自国家中医药管理局成立以来，中医药事业得到空前的发展。但从整体实力看，中医和西医之比，仍然是小孩与壮丁之比。保留中医药管理局，便对中医的发展有了组织保证，谢谢国务院的英明决策。

二、中医药近百年来，受尽摧残。国民党要消灭中医，王斌要改造中医，虽然先后受到批判，但实际上一直在执行中，使中医之元气大伤。再加上中医学来源古远，容易被人们所误解以为落后，故虽然有党的中医政策之号召，但实际上自中医药管理局在 1986 年 12 月成立之后，中医药事业才真正开始有生机。短短 12 年，中医药的科研成果，逐步使人信服，中医中药是中华文化之瑰宝。虽然如此，但中医药事业，与西医药比，则正如上述。一个是少年，一个是壮年。要使中医药有较大较快之发展，我们盼望中央下大力气，下大本钱。西医药全世界在努力发展，中医药之发展舍我其谁？加快中医药之发展是历史赋予我们的神圣任务。深入改革必须注意贯彻中医政策。中医药要加快发展，不能阻碍发展。

三、目前形势下，我们担心的是：

1. 中医学院合并于西医学院成为一个系。

2. 中医医院合并于西医医院成为一个科。

3. 中药新药的评审按西药的模式评定。

4. 中医医院医药分家。

5. 中医教育与中医医院重西医轻中医的倾向日趋严重。

对待中西医的改革，绝不能"抓大放小"。因为中医小，西医大，任由小者自生自灭，则中医将灭多生少矣！有些省已按强并弱的原则，则中医之消亡有日矣！

四、有人认为中、西药都是药，可以统一管理，可与国际接轨照外国办法管理。我们认为十分不安。西药多为化学药，毒副作用大，按外国办法管理是合理的。中药是天然药物，在人身上运用已数千年，和西药在小鼠身上得来的成果截然不同，中药的发展离不开中医理论，我们是辩证唯物主义者，不能机械地用管理西药的一套去管理中药，否则将扼杀中药之发展。

中药的发展不是个学术问题，而是个经济大问题。现在的药审办法，有利于西药的进口，不利于中药新药之发明。可能有人以为不按西药的办法便不利于出口，那他们便忘记了我们有 12 亿人民需要中药的治疗。何况在发展中药的同时，必须提出我们的新观点，可以引导世界医药市场使用中药。如果不准中医医院用自己的制剂，不但限制了新药研制的苗头，中医院生存的条件亦将被扼制。中医医院诊金不能高，手术不是中医的强项，没有钱买各种昂贵的检查设备。西医切一个阑尾要 800 多元，中医针灸加服药只需几十元；中医治疗胆囊炎顶多花 200～300 元，而西医小切口胆囊手术要 1 万元以上。试问硬要中医药分家，中医院还有多少生存空间呢？

若中医院越来越少，中药的使用自然越来越少，西药的进口自然越来越多，这笔经济账该如何算呢？中国自己能发明、生产的西药几何？外国大药厂将挟其资金与技术优势涌入中国，取走利润。

中医药是一个很有前途的知识经济领域，我们千万不可等闲视之！

我们建议：西医学院增加中医药学的课时，以便引导他们运用中医中药治病，减少使用西药外汇之支出。据说日本会用中药的西医占 60%～70%，他们利用中国之药源制成新药，价值比我们每年中药创汇只有 5 亿美元不知大多少倍。我们岂能安枕无忧乎？我们赞成按国际方法研制中药，更赞成创造中国式的传统与新科技结合研制新药，也容许中医院医药不分家地进行研制新药，推广新药。

五、概括上述，我们建议：

1. 中药改革决策层及中药药审领导层，需要有真正懂中医药的专家参与。

2. 报载国务院多次邀请专家讲课，能否也请老中医专家讲讲课，让他们讲讲中医药的过去、现在与未来，提供领导决策参考。这不是授课，而是调研的一种方法耳。

以上浅见供总理参考，并给予教正，幸甚幸甚！

此致

敬礼！

广州中医药大学教授邓铁涛
长春中医学院教授任继学
黑龙江省中医研究院教授张琪
中国中医研究院教授路志正
中日友好医院教授焦树德
北京中医医院主任医师巫君玉
上海铁道大学中医教授颜德馨
上海中医药大学教授裘沛然
1998 年 8 月 11 日

在上次向江泽民总书记上书的"八老"中，有一位已经逝世，有两位未参与此次活动，但又加入了一位北京的主任医师和上海的两位教授。其中，上海的裘沛然教授与邓铁涛教授同龄，是国家科委中医组的成员，已撰写著作 20 多部。这支堪称中医"国家队"的专家团队，就中医药改革发展的方方面面提出了建议书，并呈送给朱镕基总理，很快便得到了批示。当时"八老"感受到的是，中医医院与学校合并于西医院校和西医院的"风"，被遏止了。

第四章 "为中医中药立法"

2002 年 12 月最后一天，本是写信给亲友或首长恭贺元旦的日子。可是，以振兴中医为己任的邓铁涛，却抓紧一切机遇，向中央领导人宣传中医。

彭副委员长：

　　您好！

　　最近，我接到了三封颇有代表性的信件。第一封是来自四川省两个家传师承的白发中医，称行医 30 多年，因没有医师职称达不到医师法的规定而被定为不合格被要求停业感到痛心疾首。第二封是一位考上 2000 年某中医学院的硕士生来信诉说："第一年的理论课在十几门研究生课程当中，中医课少得可怜，大部分是西医课，即使有几门中医课也是走马观花，与本科相差无几，第二年的临床实习中，医院用的几乎全部是西药……真可谓中医学院的西医生……第三年争做课题，养白鼠，用西医的实验来验证我们中药的效果，这又如何能将中医发展呢？""中医前途何在？""中医到底怎么了？"年轻的中医研究生感到困惑、茫然和深深的文化焦虑。与之相反的是，第三封信来自异国他乡的澳大利亚，我的弟子杨伊凡在信中如此说："如今喜见西方国家中医发展如火如荼……上个月纽省卫生厅已下达本省中医注册草案，说明澳大利亚各省中医注册在即，此举其他国家亦将效仿，中医必将在不远的将来，在全世界生根开花。"

　　又阅《南方日报》2002 年 12 月 20 日对话栏目"将祖宗传下的衣钵打造成金饭碗"，栏目中记载：现在中医在外面的知名度越来越高了，追捧的人不少。举个例子，现在英国 5000 万人口，有中医诊所 3000 个；荷兰 1500 万人口，有中医诊所 1600 个；加拿大约 3000 万人口，有中医诊所 3000 个；澳大利亚 1900 万人口，有中医诊所 4000 个。一些国家如泰国、新加坡、澳大利亚，还对中医药进行立法，中医药开始合法化。

相比之下，我们老中医感到非常焦急，长此下去，我们真担心有朝一日会出现中国人到外国去学习中医！

一直以来，中央对中医工作的指示首先指出"中医不能丢！"我觉得中医的特色，已经越丢越多！中医几千年得来的宝贝丢失得太多了。努力发掘宝库，加以整理也是创新。但可惜的是，我们当前的医、教、研，都努力引进西医的模式以管理中医中药，或以西医的理论改造中医的精华。还以为是在创新！这种错误的倾向，影响中医的发展已经数十年了，不能不引起我们的反省。中医的发展，教育是根本。已故崔月犁部长说我们培养的高级中医是中西医两个中专的水平，他早就给中医教育重西轻中敲响了警钟。为此，我建议对现行的中医教育状况来一次全面的回顾调查，进行必要的战略调整。中医药之发展舍我其谁？加快中医药之发展是历史赋予我们的神圣使命！

根据邓小平理论，要建设有中国特色的社会主义社会。论医学，中医是最具有中国特色的医学。中医学具有"简、验、便、廉"的优点，最适合我国国情和人民的健康需要，应当花大力气和政策上的倾斜，加以帮助，使之有更大的发展。开国以来，毛泽东、周恩来等老一辈革命家，制定了中医政策，以维护中医事业。但今天看来，光有政策和成立了中医药管理局仍然不够，必须为中医中药立法，保护中医之特色，使之有法可依，才会有更大的发展。大力发展中医药，是我国卫生事业的"三个代表"重要思想的充分体现之一，不可等闲视之。

反思 20 世纪的中医史，事实证明：虽然 20 世纪的自然科学有飞跃的发展，但仍然帮不了中医药学的大忙。我们寄希望于 21 世纪新的技术革命，多学科与中医药学相结合才能帮助中医药学带来飞跃的发展。

以上所言，如有不当，请批评指正。

此致

敬礼！

广州中医药大学教授邓铁涛

2002 年 12 月 31 日

邓铁涛发出"必须为中医中药立法"的"呐喊"没多久，2003 年《中华人民共和国医师法》实施。他了解到，全国有一大批没有获得大学毕业证书、没有执业医师证的民间中医师，将不能够再开业坐诊看病。他认为，民间医生是一个弱势群体，这样等于从中医队伍中开除了一批有真才实学的、有经验的中医师，这是广大农村的损失，也是中医事业的一大损失！这件事让他耿耿于怀。

时间来到 2015 年的夏天。邓铁涛在家中收到了北京的来函，征求他对于中医药立法的意见。他认真地拟定了回函的内容要点。7 月 10 日，他根据拟定的纲要，口述意见和建议，由其弟子录音并整理为文字，他审核后回信北京。这时的邓铁涛不但重视立法，对能否正确执法更加重视了。邓铁涛回信主要内容如下：

我提不出对于中医立法的具体意见，只能按照我亲身几十年的体验，提出一些不成熟的建议，供专家们参考。第一，我们中医到底有什么问题没解决呢？这些要先全面深入调查研究。

中医立法，立的是小法，大法是最重要的。我们《中华人民共和国宪法》明确规定中西医并重。《中华人民共和国中医药条例》第三条："国家保护、扶持、发展中医药事业，实行中西医并重的方针。"这涵括了很多中医的问题了，所以我们要执行、贯彻宪法，在宪法领导下的中医立法才有权威。所以，我认为首先要对目前以及日前，对待中医的卫生行政措施进行调研。某些措施有没有损害中医学术发展以及人民的利益？有的话，先要从速改正，中医立法才有目标，才能找到根据。

所以要先深入地调查研究。要花一两年时间调查研究，然后再来定这个法才比较可靠。……

我认为首先要进行中医药政策贯彻情况的调研。我们党是有中医药政策的，中医药政策不但要保护中医药，更要发展中医药。建议要从维护中医药的发展和人民群众的利益这个立场上面去调查中西医并重做得怎么样。这是第一个意见。

第二个就是提议，提议西药师必须学中药，要深入地去研究中药，熟悉中药学君臣佐使等中药理论。

另外，对民间中医，我建议要帮助他们提高水平，组织他们参加学习班，培养他们几年，每年几个月，他们就是能够扎根山区及乡村，服务当地民众的好医生。还要特别注意中医药的知识产权问题，日本、韩国和西欧都在挖我们中医药的宝。

邓铁涛无私无畏，拳拳赤子之心，可昭日月！

2017年7月1日，凝聚了以邓铁涛为代表的几代中医人的努力与期盼的《中华人民共和国中医药法》正式颁布施行。在中医药法以及《中医药发展战略规划纲要（2016—2030年）》等一系列政策文件的保障和促进下，正如习近平总书记2015年在给中国中医科学院的贺信中提到的那样——"中医药振兴发展迎来天时、地利、人和的大好时机"。

邓铁涛深知中医事业面临的困境与挑战，依旧不惧压力，每每在中医药事业发展的重大节点，挺身而出，坚定地捍卫中医的尊严和地位。这种铁肩卫道的精神，不仅体现了他对中医事业的深刻理解和独到见解，也体现了他的勇气和担当，彰显其智慧与坚毅，更体现了他对中医药事业的深厚感情和坚定信念。他的这些努力为中医药事业的发展注入了新的动力和活力，也为中医药的传承和创新做出了巨大的贡献。

君子于仁也柔，于义也刚。君子怀德，半是怀柔，半是怀刚。

邓铁涛一生践行"仁心仁术"，以温和包容、仁爱之心对待每一位病患；在传承中医药文化的过程中，他更是以开放包容的心态，积极吸收西医学的精华；而在推动中医药事业发展和改革的路上，敢于直言不讳、刚正不阿，坚韧不拔，体现了其铮铮铁骨。他的一生，蹈仁义而弘大德，是君子之风的典范，是中医药科研工作者的楷模。

第七篇

铁涛精神，杏林之光

我能留给儿孙最大的遗产为仁心仁术、全心全意为
人民服务。

——邓铁涛书面遗嘱

第一章　学术扶贫，南药飘香

五指毛桃是岭南中草药佳品，是邓铁涛临床标志性用药。因为"五爪龙即五指毛桃根，有南芪之称，此药性味和平，益气而不提气，扶正而不碍邪，虽有外邪亦不忌"。故邓铁涛临床上对五指毛桃情有独钟，积极推动该道地药材进入《中国药典》，还带动了一项重大的学术扶贫项目。五指毛桃能为临床所广泛使用，离不开邓铁涛的发现、应用和推广。

五指毛桃的发现和应用

五指毛桃为岭南草药，又称"五爪龙"，主要产于两广、福建，尤以粤北产地之品为佳，药用部分为根部。五指毛桃性平味甘，气香如椰汁，味道如牛奶，因其能补虚治病，又能食疗养生，对于广东百姓来说，并不陌生。百姓家庭喜用它来煲汤养生，不少酒楼、饭馆用它制作药膳。

20 世纪 70 年代末，"文革"后百废待兴，临床治病时，中药材黄芪常常缺货，邓中光就此情况向父亲咨询。邓铁涛说，一方水土养一方人，他指导邓中光寻找黄芪的替代品，重点查找范围是岭南的地方本草。父子俩查阅了大量的文献资料，经过不断查找比对，最终找到了一味名叫"五爪龙"的岭南草药——"五爪龙，味甜辛，性平，清毒疬，洗疮痔，去皮肤肿痛。根治热咳痰火，理跌打刀伤，浸酒祛风筋骨。一名五龙根，其叶五指，为真的，世人多以山槟榔乱之，但五爪龙乃清香，山槟榔无味，可以别之"。

该记载见于岭南本草专著《生草药性备要》，清代何克谏约撰于康熙末年。本书2卷，上卷记载岭南生草药305种，每药下简要列出其性味、功用等，其中一部分现已广泛应用于临床；下卷为7种杂症的生草药治法。书中有多味《本草纲目》未载之品，如田基黄、五爪龙等，均为现今岭南常用民间草药。在此书基础上，萧步丹的《岭南采药录》也记录了五指毛桃："五爪龙，别名五龙根，火龙叶。木本。其叶五歧，有毛，而气清香。"

邓铁涛察看五爪龙生长情况（2001年冼建春摄影）

又查阅《广东植物志》，知五爪龙为桑科粗叶榕的干燥根，其叶五歧如五指，果实桃形，外面密披粗毛故亦称"五指毛桃"。其性平，味甘、辛，气香特异。主产于岭南，有健脾补肺、利湿舒筋之功，为岭南地区习用药材。

邓铁涛父子二人，开展了对五爪龙的临床应用观察，特别是对黄芪的代替使用效果进行观察。他们发现，用五指毛桃配伍黄芪，可增强益气之效，又可以减轻黄芪的温燥，符合岭南气候多湿郁热的特点。此后，父子二人常用五指毛桃与鸡血藤配伍，用于气虚血瘀；或与太子参（或党参）配伍加强补气，用于治疗胸痹心痛、中风后遗症、心悸怔忡等；与紫菀、百部、苦杏仁、浮海石等配伍，治疗肺虚咳嗽、喘证有效；甚至可大剂量用于治疗重症肌无力。

药食同源，岭南佳品

邓铁涛经过数年的临床应用、观察和总结，对五指毛桃的运用积累了不少的体会和验方。他首先讲授给他的学生、弟子。邓铁涛指出，五指毛桃益气补虚功同黄芪（北芪），虽补气之力不及北黄芪，但其益气而不化火，补气而不提气，扶正不碍邪，兼能祛痰平喘，化湿行气，舒筋活络，补而不燥，更适合岭南多热多湿的气候特点。五爪龙可代黄芪使用，故又有"南芪"之称。由于其药性温和，补而不峻，正合"少火生气"之意，尤宜虚不受补之患者。久病脾虚，久咳肺虚，正虚不能胜邪等证，皆宜选用。如治疗风湿性心脏病、肺气肿、慢性咽喉炎、重症肌无力等。

邓铁涛食疗养生中也喜用五指毛桃，其研制的系列药膳有以下几种。

养心：五指毛桃 60 克，熟枣仁 20 克，枳壳 5 克，丹参 10 克，猪心适量。

健脾：五指毛桃 50 克，莲子肉 15 克，龙眼肉 10 克，猪瘦肉适量。

补肾：五指毛桃 50 克，杜仲 15 克，菟丝子 15 克，猪尾适量。

补肺：五指毛桃 60 克，陈皮 3 克，云苓 15 克，白术 12 克，猪肺适量。

补脑：五指毛桃 50 克，川芎 3 克，大鱼头 1 个。

"五指毛桃煲鸡"：取五指毛桃 200 克，先将五指毛桃水煎半小时，去渣取汁，再与鸡一起煲一小时，调味后即可食用，味道清香可口，适合于男女老幼，可用于容易感冒、汗多、疲劳及病后体虚之人。

"五指毛桃薏米煲龙骨"：五指毛桃 150 克，薏米 30 克，龙骨 200 克，先将五指毛桃洗净后加水 1500 毫升，慢火煎煮 30 分钟，去渣取汁，与龙骨、薏米一起文火煮 40 分钟，调味后即可食用，此汤有益气健脾祛湿之效，尤其利于双下肢浮肿伴有神疲乏力、脸色萎黄者，若再加入猪肚或猪肉同煮，效果更佳。

五指毛桃资源与产业开发

1999 年在邓铁涛的倡导下，在广州中医药大学徐鸿华教授的推动下，广州中医药大学与河源市城区政府合作，在河源市建立五指毛桃 GAP 示范基地。

2002 年秋，经徐鸿华教授的引荐，金源绿色生命有限公司创始人陈楚镇先生拜会了邓铁涛，邓铁涛向陈楚镇介绍了五指毛桃的功效特点及临床应用，从此，开启了陈楚镇推广邓铁涛应用五指毛桃经验的篇章。2003 年 1 月，陈先生公司与广州中医药大学、河源市源城区政府三方签订了《道地药材五指毛桃（GAP、GMP）产业化基地建设合作协议书》，由公司承接五指毛桃开发项目，并聘请邓铁涛作为该项目的技术顾问，从此开启了应用邓铁涛学术经验扶贫的事业。

为了促进五指毛桃产业的发展，让五指毛桃为人类健康事业做出更大的贡献，邓铁涛将其临床治病、保健养生效果良好且以五指毛桃为君药的"小儿康"方、"抗疲劳"方，以扶贫方式赠送公司。公司不负邓铁涛的厚望，

2006 年 7 月 24 日，广东扶贫项目河源五指毛桃研讨会（光亮、陈安琳摄）

将这两个方开发为五指毛桃植物饮料、五指毛桃固体饮料、五指毛桃汤料、姜枣粉固体饮料、益生菌固体饮料等产品。

此外，邓铁涛还把治疗慢阻肺取得突出疗效的"活肺通"方赠给公司。邓铁涛还为公司题写了公司名"金源绿色生命"，要求公司要带动山区农户种五指毛桃，让农户增加收入，脱贫致富。

在邓铁涛的支持鼓励下，公司以"公司＋高校＋农户＋基地"的模式，在河源各县区开展五指毛桃种植。10 余年来，共推广种植约 1 万亩，带动 3000 多户农民种植五指毛桃，户均增收约 1 万元，实现了邓铁涛"推广五爪龙可以致富"的愿望，获得了良好的经济效益、社会效益和生态效益。

第二章　文化自觉，上工之智

21 世纪初，邓铁涛呼吁文化自觉自信，倡导重视中医"上工治未病"养生文化。他说："过去，自从鸦片战争后，部分人失去了对本国文化的信心。而在 21 世纪，我们必须对优秀的中华文化重新树立信心并加以发扬，造福世界人民，这是我们的责任。"邓铁涛长期致力于中医养生学、治未病研究，并身体力行，逐步摸索形成了既有理论又有实践的独特养生保健学术主张和方法模式。

书法寄怀，守意练气

邓铁涛一生酷爱中国文化，尤其是中国书法，年轻读书时，他坚持每天练习一小时书法。

"书法是中华文化独有的艺术之花！"书以言志，文以载道。邓铁涛在不同历史时期都曾经用书法表达对社会与时代大事的关切和论述，用书法记录百年中医发展历程，留下了一批具有鲜明的时代气息和中医特色的书法作品。毛笔就是邓铁涛手中的号角和抗争的枪杆！"中医之命运有如和氏之璧！""切勿自我从属！""振兴中医功在国家造福于人民！"一字一句振聋发聩。邓铁涛的墨宝，曾于 2012 年结集正式出版，即《国医大师邓铁涛墨迹》。

书法、中医——这两者都是中华优秀传统文化的代表，两者都是国医大

书法既是邓铁涛的养生之道，也寄托着邓铁涛热爱中医药的拳拳心

师邓铁涛教授一生热爱，一生践行的仁术！在邓铁涛的理想中，书法及以其为代表的优秀传统文化都是未来医学的重要组成部分，因为"养生重于治病"，书法是修身和养生最好的方式之一，与中医学强调的治未病思想一致，与传统文化道法自然，仁者爱人的思想同根同源。邓铁涛毕生为中医学留下了丰富的临床经验，也留下了不少宝贵的书法墨迹，记载着世纪老人的学术思想和精神风骨！

　　青年时代的邓铁涛，在救亡运动进步文化影响下，如饥似渴地阅读了毛泽东的《新民主主义论》、恩格斯的《反杜林论》及《鲁迅全集》等，确立了历史唯物主义和辩证唯物主义的思想观点。这些思想不仅成为他日后钻研中医学宝库的指路明灯，也逐渐内化为邓铁涛的治学思想，并呈现在他许多书法作品之中。1967 年，邓铁涛毛笔抄写毛泽东同志《为人民服务》全文，并装裱布展于家中客厅最显眼处。他以书法作品的形式回答了生命之终极意义，回答了矢志中医事业之宗旨。对于毛泽东诗词，邓铁涛也是赞赏不已，因此，他毛笔抄录《毛主席诗词三十七首》全书，恭录《水调歌头·重上井冈山》，以书法文化之仪式表达对民族文化之骄傲和弘扬之决心。又如弘扬鲁迅精神，邓铁涛曾书写鲁迅先生名言——"横眉冷对千夫指，俯首甘为孺子牛"，还曾木刻鲁迅先生肖像，以志铭刻鲁迅先生之风骨。

书法也是邓铁涛回忆峥嵘岁月，怀念战友的主要形式。特别是当年一起在香港从事东江纵队秘密交通站联络工作的好友谭军、彭会以及冯杲等老战友。"五十年过去，回头望，北风凛冽抹不掉，岭南树上枝头绿，东江之水接延河。80年代，十多年来东江水奏鸣曲，掀起了经济大潮，席卷三山和五岳。"提笔书写这首纪念东江纵队成立五十周年的诗词，一笔一画，邓铁涛心中澎湃激情，不减当年。

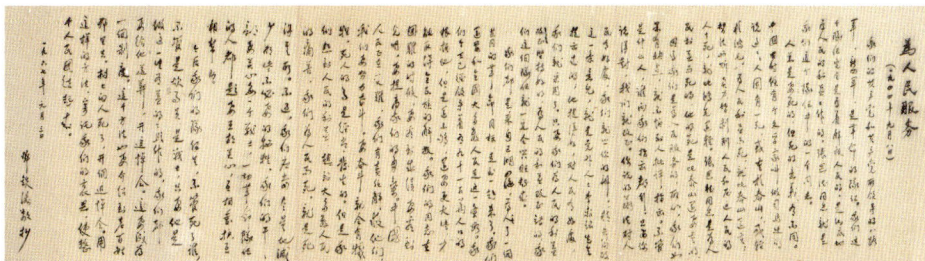

1967年，邓铁涛毛笔抄写毛泽东同志《为人民服务》全文

"黄金有值，艺术无价！"书法是邓铁涛一生所热爱。2005年，邓铁涛以89岁高龄出任国家重点基础研究发展计划（973计划）首席科学家和中医专家组组长。因为是首个国家级中医理论研究专项，邓铁涛高度重视，他先是亲自撰写开题报告会的主旨演讲，后又用毛笔全文抄录，成为目前邓铁涛学术研究中的珍贵档案资料。"中医五脏相关理论继承与创新研究"从指导思想、思路之由来、方法的选择、我们的希望四个方面，深刻阐述中医五脏相关理论继承与创新研究的整体研究框架和顶层设计，高屋建瓴，提纲挈领，为现代中医基础理论研究领域开辟了新的路径。其学术影响之大，时至今日仍备受学界所赞许。该件墨宝现收藏于广东中医药博物馆。

以静养神，以动强身。动静结合是邓铁涛养生经验的原则之一。动则生阳，阳气是生命的动力，我们每天充满活力的躯体离不开阳气的支持，阳气越充足，人体越强壮。如果人久坐少动，阳气则无从化生，就容易疲倦乏力。静是一种养生方法也是一种养生目的。养神就是借助静修的途径达到心神安静的境界。心主神明，为五脏六腑之大主，心神失养，则五脏六腑危矣。邓铁涛常用的静养方法包括书法、静坐、冥想等。静养方法不受时空限制，常可因时因地灵活运用，比如晨起后、入睡前，或者旅途中，静养片刻有助于安定神志。

2006 年 7 月 15 日下大雨，邓铁涛在家练气功

医武同源，创新邓氏八段锦

邓铁涛是中医学大家，也是传统武术的传承与推广者，他认为传统武术与中医学在理论与实践上均有非常密切的联系，即"医武同源"。传统武术如内家拳、八段锦等是中医学体系中行之有效的养生保健方法，是医武同源的高度体现，是中华文化的精髓。

邓铁涛 26 岁左右就跟随北拳南传的代表性人物、"五虎下江南"之傅振嵩宗师学习太极拳、八卦掌。傅振嵩，字乾坤，河南省怀庆府泌阳县马坡村人。1928 年，南京"中央国术馆"成立，傅振嵩被聘为八卦掌总教师。1929 年，傅振嵩应邀赴广州任两广"国术馆"副馆长兼太极拳总教师。傅振嵩注重博采众家之长，陆续创立了傅式初级、中级、高级太极拳，阴阳八卦掌，龙形八卦掌和八卦推手等套路，被称为"国术圣人"。邓铁涛跟振嵩宗师学习近十年，跟同门师兄

2005 年 6 月 27 日，89 岁的邓铁涛在江苏南通利用课余时间练太极云手

弟傅永辉、梁强亚、郑仲直及他们的学生、子女等均保持非常密切的联系与友谊。1984 年振嵩宗师的儿子、时任广东省武术协会副主席傅永辉创立广州市武当拳会，邓铁涛担任武当拳会顾问，并一直任此职 35 年，在此期间，邓铁涛尽管学术事务繁忙，但是仍然支持武当拳会的传承与发展，在广州中医药大学大力推广振嵩宗师所传武当拳。

1982 年，66 岁的邓铁涛联合著名拳师李佩弦和离休干部郑仲直发起广州中医学院武术协会，并一直担任武协名誉主席，由郑仲直担任武协名誉副主席协助负责。2004 年，张进受邓铁涛和郑仲直嘱托，被聘为武协指导老师，开始传授内家拳。2016 年郑仲直百岁仙逝后，邓铁涛再次手书"医武同源"墨宝赠予张进，嘱咐张进将传统优秀的内家拳传承下去。

邓铁涛赞同华佗"人体欲得劳动，但不使极耳"的观点，认为"生命在于运动，运动要注意适量"，运动有刚有柔，柔性的运动对于体弱、年老及妇女儿童都更为合适。运动养生内功为最佳，因为内功用意不用力，以意为

主，以意为引，以气运肢体，不偏不倚，不会伤气耗血，因此除了练习太极拳外，邓铁涛还发掘整理传统养生功相关资料，在古代八段锦的基础上，编创了一套简便易学的养生功八段锦。邓铁涛 50 岁左右开始每天练习八段锦，数十年来从未停止，并通过武协进行推广，并出版了专著、光盘，推广到全国。

邓铁涛在几十年中医和武术的实践中不断思考国医与武术的关系，逐步形成"医武同源"的学术思想。2005 年广州中医药大学首届武术文化节，邓铁涛题词"止戈为武非好斗，医武同源为养生"，指出止戈为武，修习武术非是纯技击好勇斗狠，而是为了维护和平，要将医学和武术结合起来，发挥武术的医学养生功效，为人民的养生保健事业做出贡献。

2012 年，武协成立 30 周年之际，邓铁涛挥毫题词——"医武同源，强身健体，兼能自卫，治未病之良法也"。

2014 年"医武同源·跨越十年"广州中医药大学第十届武术节千人八段锦展演，2014 名学生共同演绎邓铁涛养生功八段锦，场面很是壮观。"邓铁涛八段锦"已经成为八段锦最有影响力的流派之一。

邓铁涛说，运动要适当，凡中老年人不宜进行快跑、网球等剧烈运动，以其刚也，刚则耗气。体操、跑步、拳术之类，重在使用外劲，当属外功；五禽戏、太极拳、八段锦之类则属内功。内功用意不用力，以意为主，以意为引，以气运肢体，不偏不倚，不会伤气耗血，是中医保健养生学的精华。汉代华佗在论五禽戏时指出："人体欲得劳动，但不当使极耳。动摇则谷气消，血脉流通，病不得生。"八段锦作为我国古代导引术，健身效果显著，是中华传统养生文化中的瑰宝。邓铁涛每天坚持做八段锦，运动筋骨且调理脏腑功能。他平日每天午饭前围绕着他住的楼房悠闲散步 10 圈，称为"养生步行"。再有，运动不单是体力的，也包括脑力运动，读书、看报纸，使脑筋运动；思考问题、写文章，脑部也可以运动。他建议老年人坚持写日记，可以延缓老年健忘，对预防阿尔茨海默病有一定好处。

养生先养心，以和为德

古有"仁者寿"说，又曰：大德，必得其寿。邓铁涛晚年精神矍铄、思维清晰，身心健康是他取得成就的保证，这得益于中医一整套养生保健之道。

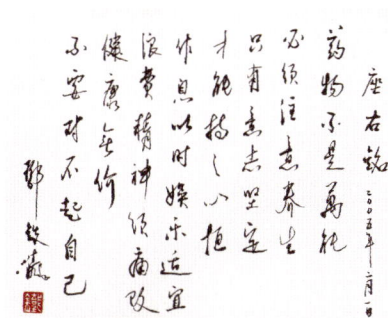

2005 年邓铁涛给自己题写的"座右铭"　　2014 年冬邓铁涛书法作品，强调"厚德者寿"

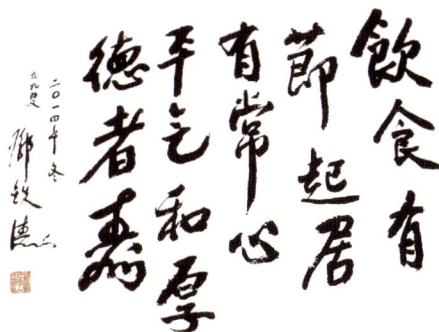

邓铁涛认为，养生保健的核心是"上工治未病"，它包括未病先防、已病早治、愈后防复（发），重点在于防病。西医也很重视预防，讲究卫生，如无菌、消毒等；但中医更重视发挥人的能动抗病作用。邓铁涛认为，西医讲究对抗性治疗，以生物为本，凡病都要找到病源，然后杀死；而中医讲究平衡，以人为本，最大限度地调动和激发人本身的潜能，抵抗各种疾病侵扰。他预言，未来医学必将把养生放在最重要的地位，要靠中医的养生理论去引导那些亚健康人群。

有记者问邓铁涛长寿秘诀，是经常吃维生素片保健吗？邓铁涛答：很少吃维生素片。元气乃健康之本，元气健旺，提高人体健康水平才能吸收服用的营养品，而不是靠长期服维生素片提高人体健康水平。谨记中医"药食同源"的道理，不偏食，在自然饮食中摄取生命所需要的各种元素。一日三餐如何安排？邓铁涛答：一周有两餐吃粥，吃馒头，或吃南瓜等。饮食不要过咸，要养成淡食习惯。每周或半月一次猪横脷（粤语，即猪的脾脏）煲怀山，预防糖尿病。

他说，中医养生保健讲究阴阳气血平衡、人体与自然的平衡。阳为气，阴为血；"春夏养阳"即春夏天地间阳气释放，万物生长，人活动频繁，损耗阳气过多，要注重调补阳气；"秋冬养阴"即秋冬时人活动较少，体内阳盛阴缺，要注重调理阴血。只有顺应自然去调理身体，人才不会生病，身体才会健康。

人体日常状态都有其偏态，绝对的"阴平阳秘"非人之常态，阴阳的轻度失衡在亚健康状态最为常见。对此，可以药食之性味纠正人体之失衡。他偶尔会炖服中药，如取人参10克、陈皮1克炖服，补益而不腻，是岭南地区很好的保健品；还可加田七片5～10克，起到活血通脉之功。他喜喝茶，有清晨在家喝茶的习惯。他患有高血压，故常用少量活血行气的玫瑰花或菊花搭配平肝凉肝的龙井茶或助消化的普洱茶作为早茶，晨起后饮上数杯。

邓铁涛为了惠及社会，特意献出家传配方，开发出"邓铁涛凉茶"，并呼吁建立凉茶文化。邓铁涛凉茶结合药食同源的中华文化传统，融防病治病、养生保健于食品之中。2006年5月25日，经国务院批准，粤、港、澳21家凉茶生产企业的18个品牌54个秘方及术语进入国家非物质文化遗产之列。在获得认定的54个凉茶配方及术语中，"邓铁涛凉茶"独占9席，位居所有凉茶品牌之首。

邓铁涛认为，现代人缓解疲劳首先要消除不良刺激，克服紧张、焦虑、急躁情绪，培养乐观豁达的性格；注意调整心态，焦虑就不会干扰太久。可以闭目养神，练练气功，舒缓工作节奏。邓铁涛常背诵《素问·上古天真论》："恬淡虚无，真气从之，精神内守，病安从来？"他说，养生必先养心，养心必先养德，心是一身之主，既支配血脉运行，又主持精神活动，是人体最重要的器官，称为"君主"。所以养生必先养心，心强健是整体各个脏腑健康正常之基础。如果心处于非正常状态，血脉闭塞不通，便会损及脏腑，达不到养生长寿之目的。

他认为人的精神健康很重要，凡事不要患得患失，"退一步海阔天空"，颐养浩然正气，所谓"恬淡虚无""积精存神""节戒色欲""饮食有节"等都是至理名言。而作为致病因素的七情，是指那些情志过于强烈导致脏腑气血逆乱而发病。欲望无穷，放纵无度则有损健康，甚至化生百病。而积极正确的欲望对养生则必不可少，特别是为人类事业发展而生的欲望，乃欲望之大者，为浩然正气，对养生有莫大的好处。因此，把握好欲望的大小关系，舍小欲、私欲而怀苍生之念；入世而宠辱不惊，正是养心正道之所在。

道法自然，本乎和谐。"和"是中华文化之精髓，是儒家思想对中华民族乃至世界的伟大贡献。邓铁涛康寿之要诀在于和谐为本，以和为贵。道法自然是人与自然和谐；君子和而不同是人与人和谐；身心阴阳平和是人内在和谐。这三个方面的和谐又相辅相成，对于健康长寿缺一不可。人与自己生存的自然生态环境和谐互动，才能万物并育而不相害；人与人之间，君子之交，和而不同，社会和平，人民安居乐业，个人的健康长寿也就有了重要保障；个人内环境也讲求和谐，所谓"气血贵和不贵强，贵流不贵滞"，和谐不是相等，是一种动态的平衡。

对于养生之法，邓铁涛要求养生先养心，养心先养德。因为"百行德为先"，"大德者方得其寿"。"德"涵盖诚信、仁义等美好品行，是中华民族文化的核心概念。道家言："道者，为己之事；德者，为人之事。修道有尽而积德无穷。"儒家认为，德是人们共同生活及行为的准则、规范，在心为"德"，发之于心而表现为行为即为"礼"。德以仁为思想核心，"仁物之性者，德也"。对于医生的品德修养要求，邓铁涛指出，"仁心仁术乃医之灵魂"。《周易·系辞》说："地势坤，君子以厚德载物。"厚德载物是中国传统文化中的优秀精神遗产。因厚德载物，故"仁者寿，寿而康"。我国历史上的许多思想家和养生家都把养德放在养生的重要位置。历代养生典籍都强调养德可以长寿，养生必先养德这一观点。唐代孙思邈在《千金要方》中指出："百行周备，虽绝药饵，足以遐年；德行不克，纵服玉液金丹，未能延寿。"

杂食不偏，起居有常

日常饮食当中也蕴含康寿之道，邓铁涛常笑着说："只有四个字，那就是'杂食不偏'。"中医养生也要求简便廉验；平时不忌口，但强调饮食有节，以七分饱为度。

邓铁涛对饮食物的节度感是相当精确的，有事例为证。有一天，邓铁涛对二儿媳说"安琳，我口干，你帮我煮些石斛吧。"

陈安琳是邓中光的太太，2003 年接受邓铁涛邀请，辞去香港上市公司的会计工作，回到广州担任邓铁涛的秘书和助理，承担邓铁涛文献资料收录、分类存档、整理汇编工作。正好存取资料是安琳会计工作的强项，跨学科运用于邓铁涛资料的整理和提取，收到很好的效果，所以她是邓铁涛晚年的生活秘书和学术秘书双肩挑。

陈安琳说："好，煮多少呢？"

邓铁涛说："一粒。"

陈安琳知道邓老并非随意定量，便按照需求取出一粒莲子大小的石斛，剪碎，浸泡，再煮成一小茶杯的量，端给邓老。邓铁涛只是轻轻地喝了一小口，也就是小茶杯的三分之一分量，就说："够了。"这倒出乎意料了，安琳当时非常惊讶，心想这么一小口解渴效果这么好吗？再次和邓铁涛确认，没错，就需要这么一小口。安琳对此事印象深刻，石斛水，差一小口就能感觉到口干，喝一小口足够解渴，多一口都觉得多！她第一回体会到邓老对饮食物的节度和平衡感竟然到了那么极致的境界！

　　还有一回，陈安琳陪邓铁涛在楼下散步，一边沿着住宅楼绕圈一边聊天，突然，邓铁涛说："安琳，今天少走一圈吧，我觉得有点气不足，今天的中药是不是黄芪放少了？"

　　"啊？不会吧？"陈安琳难以置信，即便放少了，这也是能感觉出来的吗？

　　少走一圈回到家，陈安琳赶紧查看保留的中药小包装袋，没想到果然如邓铁涛所说，当天的黄芪用量少了。原来每次黄芪是 30 克，分为两小包各15 克包装，当天，其中有 1 小包的量不是 15 克，是只有 10 克的包装。

　　陈安琳再次见证神奇的"天人相应"，赶快说："爸爸，对不起，原来黄芪真的少了 5 克。竟然被您散步检验出来了。"

　　最后，同时也是最关键的要诀，关于健康长寿的所有思想理念、法则技巧，只有落实到日常实践，日复一日地坚持，才能真正地掌握，才能不断收获成果。做到起居有常，持之以恒。此所谓大道至简。邓铁涛自己晚年的生活作息正是如此规律，特将陈安琳的整理转录如下：

　　早上七点起床，八点早餐，十一点喝中药。中午十二点用午餐，晚上六点用晚餐。晚上九点准时洗澡并用温热水泡脚，十点时根据自身情况，叫家人准备好第二天要用到的中药，然后洗漱睡觉。

　　邓铁涛早上起床，会先喝几口温开水，然后晨练一个小时至八点钟。每天早上的晨练，是必做的功课，包括在卧室做一套"自我按摩保健康"大约20 分钟，喝半杯花旗参茶，在阳台练一套"八段锦"。接着是洗漱之后的配套作业——梳头，左右手交替各梳 50 下。最后休息一会，测量当天第一次血压。

　　"自我按摩保健康"是邓铁涛年轻时根据解放军部队某门诊部所传之手抄本习得的内容，又经过他自身体会改编而成，定名为"自我按摩保健康"。邓铁涛天天练习，多年未曾间断。

　　邓铁涛每天练习八段锦一套大约 15 分钟。该套动作也经过他改良，也就是后来广受群众欢迎、简单易学的"邓氏八段锦"。"邓氏八段锦"整套动作柔和连绵，滑利流畅，有松有紧，动静相兼，简单易行，养生功效显著。邓铁涛自年轻时就开始坚持每天练习八段锦。他说："八段锦是优秀的中国传统保健功法。古人把这套动作比喻为八匹绫罗绸缎那样美好珍贵，故名八段锦。"

上午八点半到十点半，是邓铁涛工作时间，内容包括看书、看报、写文章、书法、写信、接待来访者，等等。邓铁涛读报的习惯也是数十年如一日，一份《光明日报》和《参考消息》紧跟时政，一份《广州日报》了解身边事，一份《中国中医药报》关注行业思潮和动向。

上午十点半是邓铁涛的早茶时间，他会歇息，自己冲泡一杯养生茶喝，也就一个小功夫茶盖碗的分量。邓铁涛会按照不同季节配制保健养生茶：红茶或普洱茶、玫瑰花两种是基础，配以龙井或者菊花，菊花用杭白菊、雏菊、菊米、怀菊、雪菊均可，偶尔会加少许陈皮。随后，十一点钟喝中药，中药一般是一剂管两天，即头煎和翻煎混合后分为两次的量，每天只喝一次。邓铁涛的经验，餐前一小时左右喝中药吸收比较好。养生保健中药，组方以活血、补气、养心为主，选用黄芪、五指毛桃、田七等。

午间也有健身活动，十一点半，气温适宜，邓铁涛会在午餐前下楼散步20分钟，谓之午间采阳。午餐后看报纸20分钟。一点半到三点半午休。

下午三点半起床，喝半碗稍微加热的果汁。然后工作，看书、看报、接待来访者。四点半或五点，开始运动健身。冬季是下午四点半，夏季是下午五点，下楼散步20分钟，然后回家站桩、练气功（松静功）、单盘腿，手拿电动按摩器自己按摩两臂、两腿、腰背。邓铁涛百岁仍坚持自己两手拿着1千克重的电动按摩器伸到背后按摩腰部一百个来回。若遇雨天路滑则直接在家站桩、练气功，不外出散步。

晚上七点，看电视，央视新闻、广东新闻、广州新闻、体育赛事、综艺节目，等等。

邓铁涛每天的早餐，是一杯牛奶（奶粉），一小个馒头或曲奇饼干。午餐必吃一碗米饭、鱼和汤，一个蒸苹果、一个蒸鸡蛋。晚餐必吃一碗米饭、鱼和汤，两个核桃仁。家人晚上回家一起吃饭，一桌饭菜，荤素搭配、主副食搭配。邓铁涛日常主食以大米饭为主，一周有两餐吃粥（鱼粥或肉粥）、馒头、南瓜、番薯。

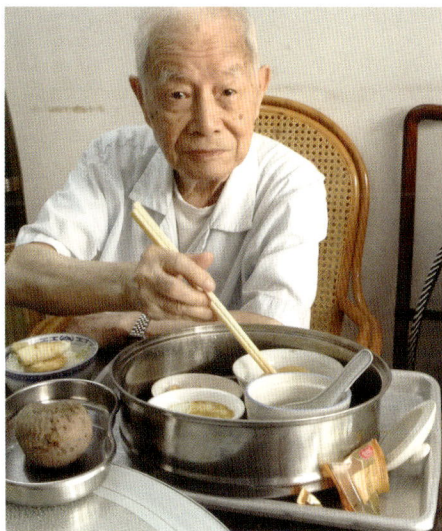

2014 年 10 月 15 日，邓铁涛用鸡蛋羹午餐（陈安琳摄）

邓铁涛的洗澡倒是有些与众不同。他洗澡一般要45～50分钟，他将其归为一项运动养生项目。春、夏、秋、冬，不论寒暑，每天坚持洗澡。有时冬季气温7℃以下了，家人会劝邓铁涛："今天特别冷，不要洗澡了。"邓铁涛会说："我洗澡是运动，运动是要天天坚持的。"

邓铁涛洗澡运动的具体内容是这样的：在浴室，先坐着跺脚三百下，然后站着，扶着扶手栏杆，踩着防滑地垫，再跺脚三百下。然后冲澡，冲澡用冷、热水交替各三百下，且重复三遍，感到全身舒坦。

洗完澡，休息一会儿，测量第二次血压。接着，用温热水泡脚十分钟。

一般来说，邓铁涛晚饭后不再吃其他东西，但是如果晚上还要动脑写文章，消耗大，他认为是要吃些有营养的夜宵及时补充的。比如晚上加班检查修改文稿、课件，时间晚了，家人就会给邓铁涛准备夜宵。夜宵一般是冲100毫升奶粉，加上两块曲奇饼干。

简、便、验、廉是中医学的特色优势，在养生保健中体现得更加充分，邓铁涛强调："养生保健并不是一门高深的学问，它就存在于我们的日常生活中。养生需要一种好的生活方式，人的健康与长寿，与生活中的习惯息息相关。"

"上工治未病——医之战略"

"养生重于治病！"这是邓铁涛的主要学术思想之一，其理论渊源是《难经》《内经》的"上工治未病"思想，20 世纪初，邓铁涛将这一思想作为中医学未来发展战略加以强调和提倡。

"上工"是指高明的医生，高明的医生能治未病。"未病"包括健康状态、介于健康与疾病之间的状态即所谓"亚健康状态"，以及疾病病程进展过程中的病情加重变化状态。在《内经》时代，能否做到"治未病"已经成为区别医生境界高低的一个准绳。"治未病"思想适用于临床各科，随着医学的发展，特别是健康医学观的建立，中医"治未病"实践应用范围不断扩大。

2004 年，邓铁涛在其学术思想国际研讨会上做主题报告指出——"治未病是医学未来发展方向"。他重点阐释了"养生重于治病"的论点：

这是一个重要的指导思想，它包括未病先防、已病早治，重点在于防病。西方医学也很重视预防，讲卫生。但两者比较起来，西医略显消极，而中医比较积极。西医的预防比较重视外部的预防如无菌、消毒；而中医比较重视发挥人体内在的能动作用，调动机体的防御功能，所谓正气存内，邪不可干。中医养生学有几千年的历史积淀，内容十分丰富，理论富有哲理。未来医学必须把养生学放在最重要的地位。富如美国也支持不了日益增长的天文数字般的医疗开支。一个高血压病人必须天天服药，药物有副作用，便要不断更换新药，新药新价格，价格可能越来越高……中医的养生术、导引术

既能防病又能治病。

邓铁涛对治未病有深刻的认识，他说："要认识到中医治未病学术思想的积极向上，相比起容易给人带来心理负担的亚健康理念，治未病思想要高明得多。"他敏锐地洞察到，随着我国进入老龄化社会，心脑血管疾病、肿瘤及呼吸系统疾病的发生率显著增高，治疗这些疾病的医疗费用也呈高速增长态势。所以，我们在进一步提高疾病诊治水平的同时，要将视点前移，要把关注的重点放在预防上面。也就是要充分发挥中医药在治未病中的主导作用。因此，邓铁涛在 2005 年郑重地写下"上工治未病——医之战略"重要论断，明确指出，"治未病"思想要从推动中医药事业发展并服务于人类生命全周期、服务于健康中国建设的战略高度去认识和开展工作。

"治未病"是一个既古老又前沿的命题，随着国家"治未病健康工程"的部署、启动、实施、推进和战略发展，中医学治未病思想的先进性和超前性进一步凸显出来。在 2007 年的全国中医药工作会议上，时任国务院副总理吴仪从国家经济社会发展的战略大局，提出了开展中医"治未病"工作的要求，并就建立完善中医预防保健服务体系做出了重要指示。吴仪讲话强调：中医学中有一个理念"上工治未病"。就是重视预防和保健的医学，也就是防患于未然。随着疾病谱的改变，医学模式的转变，以及现代医学的理念由治愈疾病向预防疾病和提高健康水平方向做出调整，"治未病"的重要性将会进一步凸显出来。我们要加强这方面的研究。2008 年国家"治未病健康工程"启动！

随着"治未病"健康工程的实施开展，中医药的服务对象由以患者为主拓展到患者、亚健康人和健康人，服务范围由医疗为主拓展到医疗、预防、保健、养生、康复等各方面，中医药的活力进一步增强，优势日益凸显，中医"治未病"纳入国家基本公共卫生服务项目。

2019 年 11 月《中共中央 国务院关于促进中医药传承创新发展的意见》

印发实施，要求强化中医药在疾病预防中的作用："结合实施健康中国行动，促进中医治未病健康工程升级。在国家基本公共卫生服务项目中丰富中医治未病内容，鼓励家庭医生提供中医治未病签约服务，到2022年在重点人群和慢性病患者中推广20个中医治未病干预方案。大力普及中医养生保健知识和太极拳、健身气功（如八段锦）等养生保健方法，推广体现中医治未病理念的健康工作和生活方式。"

这一年，邓铁涛仙逝，但他的"治未病"战略思想惠及千万家，中医药为助力健康中国伟大工程建设正发挥越来越大的作用。

第三章　最大的梦——"中医走向世界"

　　2013 年 5 月 2 日，邓铁涛接受南方日报时政中心记者采访，讲述了他的中国梦。"我的父亲叫作邓梦觉，其名字来源于中国的一句古话——大梦谁先觉，平生我自知！"邓铁涛说，人生贵乎有梦想，但又不能停留于梦和想，生命苦短，更可贵是逐梦的自觉，是勇于实现梦想的知行合一。

　　"我是为中医而生的人，我的中医梦想就是我的中国梦。"

　　正如众多弟子所说："邓老是一部活的医学史。"邓铁涛晚年，不仅大笔描绘中医的未来愿景，更一笔一画地着力书写中医走向世界的历史。他说，70 年代美国总统尼克松访华时，随行的医生见到了针刺麻醉，很惊讶，此后针灸在美国热了起来，并席卷全世界。改革开放后，中医走向世界的形势更加向好。但很重要的是，"我们这些继承人技术要过硬才行，不过硬就成了泡沫"。"走向世界要靠本事，"邓铁涛说，"要回归中医，才能走向世界。"这是对于个人而言，而对于中医学走向世界，他是成竹在胸的。他会诊过一个中风患者，因合并肺部感染高热，用尽了各种抗生素高热都不退，而他在治中风处方用药之外，开了两

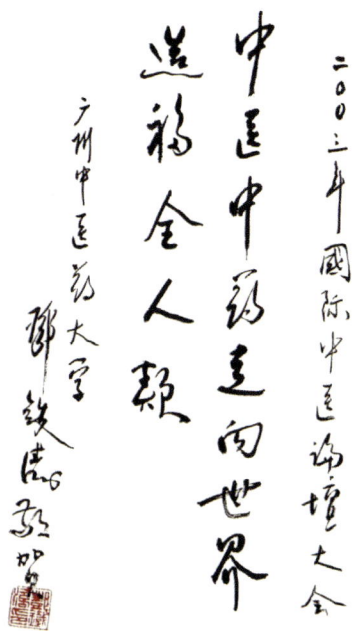

2003 年邓铁涛为"国际中医论坛大会"题词

片紫金锭，溶化后保留灌肠，三天后患者体温稳稳降下来了。邓铁涛说："不要认为中医不行。很多中医诊疗方法是没人用，不是没用！"

弘道东南亚

马来西亚、新加坡、泰国等东南亚国家是邓铁涛讲学交流足迹常到之地。

邓铁涛早年在广东中医药专门学校求学时，有个同窗叫饶师泉，他比邓铁涛年长1岁，读书期间品学兼优，曾辗转广东、上海求学行医，无奈日本发动侵华战争，1938年在同乡帮助下逃亡去了马来西亚。当年广东中医药专门学校按成绩排座位，饶师泉坐第一，邓铁涛第九，正好坐在饶师泉的后面。1936年饶师泉转学去了上海新中国医学院，进入研究院攻读并毕业。经过数十年奋斗，在东南亚中医业界，饶师泉成了"执牛耳"者。他组织了东南亚五个国家的中医业界联合举办"亚细安中医药学术交流会"，历次会议都邀请邓铁涛出席讲学。有记录可循的是：

1986年7月，邓铁涛应邀出席了在马来西亚首都吉隆坡举行的"第二届亚细安中医药学术大会"，作了"冠心病的辨证论治"专题报告。

1989年9月，邓铁涛应邀出席在泰国曼谷举行的"亚细安第三届中医药学术大会"，作了"高血压的辨证论治"专题报告。

1986年7月邓铁涛在新加坡亚细安中医药学术大会上作报告

2000年9月，邓铁涛又应

邀出席了在泰国曼谷举行的"第六届亚细安地区中医药学术大会"。

　　每次，两位老同学在亚细安学术会议上相聚，除了交流新的学术心得，谈论得最多的是办中医教育。因为饶师泉于 1955 年在马来西亚吉隆坡创办了一间马华医学院。因为是靠民间私人奋斗，办学规模与设备自然与广州中医学院不能相比，但几十年来马华医学院也培养了一批又一批中医药人才，使得已有 200 年中医历史的马来西亚以至东南亚诸国的中医事业得以继承与发展。为了提高办学质量，饶师泉倡议由马华医学院与广州中医学院联合办本科班。时为 20 世纪 80 年代，与国外联合办学尚属首创。敢为天下先的邓铁涛与广州中医学院领导班子磋商。他说："马来西亚是第三世界，办学赚不了钱，往往还要赔本，但这是一件关乎炎黄文化、中医学术在国外传播的大事，我们只要力争收支平衡就可为之。"经过邓铁涛的努力和校方的支持，跨国的本科班办起来了。广州中医学院按教学大纲派教师去马来西亚马华中医学院上课，学生来广州中医学院进行基础与临床学习。

　　在这期间，饶师泉又建议中马两个学院合办一个高级中医内科研习班，招收毕业于马华医学院并已临床工作多年的中医生，以提高中医的整体水平。这也属于创举。邓铁涛不仅促成此事，而且从学员的实际出发，建议改变教学方式。这批学员都是开业医生，来自马来西亚各地，他们不能丢了饭碗，白天来集中上课，只能灵活地把授课时间分成若干段，并且利用节假日和晚上授课。这样，老师授课当然比在国内教学辛苦。已 78 高龄的邓铁涛于 1994 年 4 月末带着次子邓中光副教授亲自飞去马来西亚授课。由于经济条件所限，学校的生活条件很差，天气酷热，居室内只有一台电风扇，没有公共食堂，住处室内放置两个电饭煲，一个用来煮饭，一个用于煮菜，买菜、烹调都得自己动手。但学生的热情颇得邓铁涛赏惜，他们从马来西亚各地坐飞机或驾汽车集中来听课，每次都是舟车劳顿、不辞辛劳。邓铁涛不仅在课堂讲授理论知识，而且到思华诊所临床带教，这家诊所是个慈善机构，患者就医只需交 1 元诊金。来了中国专家之后，每人诊金 10 元，每天限 10

个名额。一时间，求诊者络绎不绝，很多还是复杂的久治不愈的病症。邓铁涛父子向学生们讲授中医脾胃学说、中医诊断学，讲授重症肌无力、心血管疾病、胃肠疾病等的中医诊治方法，毫无保留。有多年临床经验的学员听得很投入，领悟得很快，学到手又能自己应用于临床。求诊的患者感到有疗效，常常带着家人朋友来求诊。这段生活虽然艰苦，但教师、学生、患者三方都满意。这个内科专科研究班办了3年，19名学生毕业，为马来西亚培养了一支高级中医人才队伍。

话题回到1986年的第二届亚细安中医药学术大会。与会的新加坡青年中医师李金龙、王平、陈鸿能被邓铁涛的学术魅力吸引，仰慕他的学识渊博，要投身他门下，希望能攻读中国的中医学硕士学位。他们的愿望得到了邓铁涛和校方的支持，这3名外籍华裔中医师成了邓铁涛首批外籍硕士研究生。邓铁涛根据他们的具体情况，安排他们攻读中医医史与各家学说专业。毕业之后，他们不仅中医诊疗水平提高了，还能致力于研究东南亚的中医历史，推动当地中医学术发展。这3位中医高级人才的硕士毕业文凭在当地报纸刊出，引起了强烈的反响。当时新加坡对于中医未有立法，但从此有关中医问题，新加坡政府都会请李金龙等参与研讨，中医的社会地位提高了。1995年3月，邓铁涛出席在新加坡举行的"国际传统医学与保健学术大会"，秘书长就是这3位硕士研究生之一的王平。

值得书一笔的是，他们毕业的时候，广州中医学院还没有中医医史文献博士点，陈鸿能还想继续深造，就报考了中国中医研究院的博士研究生，但因为他的年龄已经超过40岁，能否招收，中国中医研究院专门为此写信征求邓铁涛的意见。邓铁涛复信说：陈鸿能是外籍人士，是自己出钱读书的，与国内培养博士生需要国家投入不同，因此，只要他够条件，应该不受年龄限制。这样，陈鸿能得以顺利入学。邓铁涛对培养外籍中医人才的热忱可见一斑。陈鸿能亦不负邓铁涛期望，若干年后担任了新加坡中华医学会会长。2018年邓铁涛住院期间，他专程来广州探望老师。

1999 年 9 月，邓铁涛（右二）与长子邓中炎（右一）在新加坡参加学术会议留影

载誉东瀛

20 世纪八九十年代，邓铁涛曾三次应邀到日本讲学。但他对日本的学术影响则可以追溯到更早，他的学术著作，已先期在日本传播。这里要先提到一位日本著名医学家伊藤良博士，他出生在中国大连并且略懂汉语，是一名西医博士，但曾师从日本一位名汉方医学习中医。他在日本组织了"神户中医研究会"，任会长。70 年代初，他与另一位名医森雄才博士一起到香港搜集现代中医书籍，得到了邓铁涛主编的《中医诊断学》，随即由松本克彦先生译成日文，于 1976 年由日本燎原出版社出版。伊藤良曾先后十多次来华，每到广州中医学院，都与邓铁涛会面。1977 年，他领导的神户中医研究会翻译了上海中医学院编的《中医学基础》，再版的时候，伊藤良写了一封信连同译本样书一起寄给邓铁涛，请他审阅。

邓铁涛的军中大弟子靳士英教授精通日语，师生俩一起认真地审阅译稿，靳士英指出了"血虚生风"的论述中有一些错误，邓铁涛则指出了绪论中有受"四人帮"影响的错误论点，特别是关于儒家与法家的论述。靳士英教授以娴熟的日文复信，伊藤良等深表惊讶，在1979年的再版后记中，特别致谢邓铁涛与靳士英。

1981年11月，日本中医学会与中医学院联名邀请广州中医学院代表团赴日参加第十四次汉方交流会，成员中有广州中医学院副院长刘汝琛与邓铁涛等。他们一行于11月5日晚从香港乘飞机抵达日本大阪，受到日本中医学会朋友们的热烈欢迎。邓铁涛以精湛的书法艺术条幅题赠日本中医学院，只见大幅宣纸上，笔走龙蛇，飘逸的草书写着鲁迅先生的诗句——"扶桑正是秋光好，枫叶如丹照嫩寒"。6日，在神户出席日本中医学会欢迎会。大会气氛友好热烈，由伊藤良博士担任主席，主席台上挂起了中文的"热烈欢迎广州中医学院学术交流团"的横额，下端另一条横幅是日文书写的"广州中医学院创院25周年纪念会"，主席台左方在一幅日本国旗下，坐着日方主人，右方在中华人民共和国的五星红旗下，端坐着刘汝琛、邓铁涛等中方贵宾。邓铁涛再以书法条幅赠神户中医学研究会，上书"樱花红阪上，柳叶绿池边，燕子声声里，相思又一年。周恩来春日偶感诗"。

神户中医研究会是日本50多个中医研究会中较具影响力的1个，日本翻译的中医书籍85%是神户中医研究会出版的。邓铁涛在欢迎会之后，出席了"第十四回汉方交流会神户大会"，与二三十位日本同道进行学术交流。这次行程7天，邓铁涛始终穿着庄严的中山装。他还应邀在大阪做了学术报告，京都奈良和首都东京都留下了他的足迹。

1986年9月12日至23日，邓铁涛第二次来到日本出席"第四回日中中医学研究会"。此次会议由东方医学研究会主办。邓铁涛与湖北女中医张晓星教授以中华人民共和国卫生部医疗卫生国际交流中心专家的身份前往讲学。会场外竖着"第四回日中中医学研究会汉方理论研究会场"的牌子，会场内，讲台上悬挂着大幅横匾，上书"热烈欢迎中华人民共和国邓铁涛先生、张晓星先生"。身穿黑色西装系红条领带的邓铁涛年届古稀，精神奕奕，滔滔不绝地在麦克风前演讲。连续多日，日方把一些典型患者请到会场，由邓铁涛、张晓星诊脉、察舌、讲解，日本汉方医学界人士在旁听讲，然后围桌讨论，即席提问，请邓铁涛、张晓星即席作答。如此深入的切磋交流，令邓铁涛感到日本朋友穷究中医之道的认真。

1998年4月8日至15日，邓铁涛以医学教育家的身份和担任广州中医药大学基础医学院院长的大儿子邓中炎教授，应日本大阪医疗技术学院专门学校之邀前往参加该校开幕礼。这所学校与广州中医药大学有学术往来。邓铁涛父子在大礼堂感受到继承汉方医学的莘莘学子济济一堂共庆开学盛典的喜悦，参观了学校的课室、电脑室等；随后又到大阪保健福祉专门学校参加开学典礼。

通过多次访问，邓铁涛了解到日本历史上对以张仲景为代表的中医学说吸收较多，故名"汉方医学"，对研究张仲景与注解《内经》颇有成就；而对于金元以后的中医学说则吸收较少。但好学求精的日本朋友，当发现了邓铁涛写的介绍宋元明清以来的中医学说的《温病学说的发生与成长》一文，立即全文翻译发表了。

随着年岁增长，邓铁涛和伊藤良这两位结下了深厚情谊的老朋友再难会面，但伊藤良和日本研究中医的朋友，对邓铁涛的尊敬与怀念，却不因岁月的流逝而稍减。距邓铁涛最后一次访问5年之后，日方邀请了靳士英教授访日，当大会主持人介绍靳士英是邓铁涛的学生的时候，全场响起了热烈的掌声。靳士英处处感受到邓铁涛在日本的影响力。比如，靳士英写的《邓铁涛教授论SARS》的文章，被神户中医研究会翻译出版了，伊藤良会长特意介绍译者鸠雉先生与靳士英相识。另外，从细微处也可见邓铁涛在日本留下的印迹，神户中医研究会的一位会员，听说靳士英是邓铁涛的学生，便手持一本由邓铁涛题写书名的书，请靳士英签名；东京中医专门学校教务科科长兵头先生，听了靳士英的学术报告之后，手持签名本趋前把邓铁涛十几年前的签名指给他看，并请他也签名。还有一位日本中医对靳士英说：当年，邓铁涛教授叫我读中国清代何梦瑶的著作《医碥》，那的确是一本思想很先进的书，我至今仍然在读。伊藤良博士更是深情地托付靳士英，千里迢迢带回一根手杖给邓铁涛，以表达他的感谢和思念。

邓铁涛在中日中医医学交流史上，写下了动人的篇章。

2009 年 8 月 2 日，日本北辰会藤本莲风带团前来中国广州祝贺邓铁涛荣获“国医大师”称号

美加之行

1992 年，邓铁涛应美国旧金山中医学会的邀请，以 76 岁高龄之身飞渡重洋。

　　由于偶然的原因，学术交流活动尚未开展，他就被加州大学医学院的许家杰教授先期请去了加州大学医学院带诊，历时1个月。这位许家杰教授，出生于香港，19岁去了美国，多年苦读之后，获得医学博士学位。他虽是西医，但对中国的传统医学很感兴趣。当他得读邓铁涛的《实用中医诊断学》，就爱不释手，还认真地在书本上画了许多杠杠。说也凑巧，他认识邓铁涛的一个远房亲戚，得知邓铁涛将去旧金山，便冒昧委托这位亲戚来请邓铁涛。"许先生读了您的书，想请您到他的诊室会诊患者。"

　　对于热心中医之道的人，邓铁涛向来是"来者不拒，不能来者送上门去"。当即爽快地答应了。

　　许家杰只是个医生，租不起豪华的旅馆接待邓铁涛，只能把这位在国内是"泰斗"级的人物安顿在一个台湾同胞经营的汽车旅馆住着，在医院餐厅用餐。邓铁涛毫不计较生活条件，一心传道。他幽默地说："汽车旅馆虽然简陋，传中医之道，是愉快的。"

　　每天上班时间，邓铁涛都到许家杰在加州大学医学院的诊室去，他为患者诊脉开方，许家杰就在一旁学他如何辨证、下药。值邓铁涛出诊的机缘，后来许家杰把自己的科室命名为"东西医学中心（研究所）"。1个月的时间虽然不长，但与这个诊室结下医缘的患者却不少。有些用西医方法治疗难以见效的患者，紧追邓铁涛不舍。有位华裔马来西亚籍的妇女，患了中风和糖尿病，截了肢，到美国求医，疗效不显，邓铁涛带许家杰为她诊脉治疗，病情有所改善，她不仅多次复诊，邓铁涛离开美国时，她还坐着轮椅到机场送行。邓铁涛看过的患者，以后就由许家杰接诊。送行时，许家杰对邓铁涛说："真要谢谢您，在医院里，我诊室的患者最多。"此后，许家杰用中医方法治病的声誉日高，还在加州大学医学院讲中医课程。这是后话了。

　　且说，许家杰与邓铁涛相处1个月，深感他医术高明，医德高尚，育人之诚，便恳切表示，愿意每年捐助一些钱，在广州中医学院设立"邓铁涛奖学金"，每年500美元。后来，邓铁涛也从自己的收入中拨出相应的款项纳

入奖学金之内。2003 年许氏捐助 6000 元人民币，2004 年捐 12000 元人民币。从 1993 年至今，先后奖励了 108 名优秀学生。

这位许家杰教授，在邓铁涛 83 岁寿辰之际，专程从美国飞来中国，向老师致贺。

邓铁涛到美国时，校友奔走相告，他们从旧金山、华盛顿、洛杉矶各地聚拢而来，设宴欢迎老师。邓铁涛倡议在美国成立校友会，以增强团结，切磋学术，形成合力，推动中医事业在美国的拓展。

传播中医的同时，邓铁涛也深入考察各国医学发展情况。许家杰的一篇文章《美国医学现状及发展的概况和若干思考》，介绍了美国医学发展概况和若干问题，邓铁涛非常重视。该文认为，美国 15 年来医学发生了很大的变化，称之为一场革命毫不为过，"目前美国社会有一亿人患各种慢性病……大量的事实表明，仅采用封闭式的医院为主的生物医学模式来防治这些疾病，是难以减低其发病率和死亡率的。这些因素促使美国医学从过去以急性病、传染病、住院开刀为主正在转变为慢性病、身心疾病和老年病、退行性病诊治和预防保健为主。医院数量不断减少，以住院手术为主的医疗模式也正在向社会化的网络模式，包括家庭病房和家庭护理方面转变。医学的主要任务已不是诊治患病个体，而是转向保护健康群体，防患于未然"。许氏又说："美国医疗费用的暴涨是引发医疗制度变革的主要原因。据统计，1996 年的全美医疗费用高达 1035.1 亿美元，占国民总产值的 14% 以上，预计到 2007 年全美医疗费用将高达 2 万亿元。……高涨的医疗费用虽然对促进现代医学模式下深入认识疾病机理、提高疾病诊治能力等方面起到重要作用，但也不能不看到昂贵的医疗费用并未有效地解决临床上存在的许多实际问题，尤其是对某些慢性病、老年病仍然一筹莫展。"这些数据深刻印证了邓铁涛对中医特色的把握和未来发展价值的预期，他常引用许家杰的报告警醒大家：一个经济大国不堪负担其天文数字般的医疗开支，值得深思。

2016 年 6 月 6 日，邓铁涛在家中与许家杰先生合影（陈安琳摄）

1997 年 4 月，81 岁高龄的邓铁涛在次子邓中光的陪同下，飞赴北美的"枫叶之国"加拿大。

这次北美之行的渊源要追溯到知识青年"上山下乡"的时代。广州一位著名颅脑外科教授的儿子蔡理平所在的农场有个女孩子病了，诸多办法诊治都不奏效。后来，蔡理平通过中学同学邓中光请来邓铁涛会诊，女孩服了邓铁涛开的四五剂中药就神奇地好了。蔡理平看到中医的疗效，就报考了中医学院，成了邓铁涛的学生。毕业之后，蔡理平去了加拿大，先是坐堂诊病，还与别人一起办了中医针灸学院。这次便是这所加拿大的中医针灸学院邀请邓铁涛去讲学的。

　　不觉间，邓铁涛在加拿大也有了不少弟子，在多伦多还有很多校友、同道，他们乘机汇聚前来听邓老讲学，陪久违的师长游览郁金香盛开的公园，拍照留念。温哥华的校友，不论开诊所的还是办中医学院的，他们知道了也联名请邓铁涛到温哥华讲学。邓铁涛总不忘叮咛弟子们合力推动中医学在北美的传播。

两访澳大利亚

　　邓铁涛第一次飞临澳大利亚是 1993 年 10 月。那时，广州依然酷热，澳大利亚却是春意盎然。大片的绿地，清新的空气，令人神清气爽。特别令他感到快慰的是他 1985 级的硕士研究生杨伊凡召集了 57 名广州中医药大学的

澳大利亚全国中医针灸联合会欢宴中国广东中医药代表团（左一为杨伊凡）

校友欢迎他，真有如春风扑面。

邓铁涛此行是参加广东省卫生厅副厅长张孝娟率领的广东省中医代表团访问澳大利亚的。澳方主人是澳大利亚全国中医针灸联合会会长林子强。

林子强是从柬埔寨到澳大利亚多年的华裔中医，头发已斑白，资历颇深，在澳大利亚中医界威望颇高。全程陪同的澳华中医学会会长杨伊凡年仅30有余，精明能干，是澳大利亚中医界的知名人士。师生相聚，诉不尽的思念祖国之情；在纽省中医药研究会与澳大利亚全国中医针灸联合会联合举行的欢迎宴会上，又道不尽中医在海外创业的艰辛。大家谈得最多的是澳大利亚未立法承认中医的地位，中医不能注册，只能开药店，坐堂。尽管澳大利亚的中医人都在不懈地努力，一步一个脚印地闯入澳大利亚主流医学的"禁宫"。大家特别提到杨伊凡的努力。

原来，杨伊凡1989年到了澳大利亚之后，为了谋生，受雇于澳大利亚一家进口中成药的公司，后来，他以扎实的中医功底，擢升为这家公司的顾问，他为这家公司引进了大批中成药，并以巡回讲学、带教促销等形式，使中药的使用在澳大利亚迅速普及，当地传媒称他为"澳大利亚引进中成药的功臣"。他还开设了中医门诊部，治好了许多西医不能治的奇难杂症。有些西医医生还请他去会诊。他说，这完全得益于跟师邓铁涛时所积累的临床经验。其后，杨伊凡首次获准在西方国家政府医院中进行中药治疗丙型肝炎的临床试验，实现了"中医药闯进西方国家政府医院零的突破"。……

当然，还有不少中医在针灸和其他临床治疗以至科研方面做出了成绩，如邓铁涛所熟识的毕业于广州中医药大学的梁利明硕士和曾与邓铁涛在一个教研组任教的郭福宁博士等。

邓铁涛用自己的亲身经历鼓励他的弟子说：以前我中医学成毕业时，连证书也没有。但现在中医师不仅在国内受到重视，就算在发达国家如美国等，也开始研究亚洲医学、中医中药学。中医得到国内国际承认是一门科学，是有关人士的艰辛争取来的。我深信，21世纪，中医师便可以在世界各地与西医享有同等的地位，而中西医术、医药合璧，彼此长短互补，更是不可抗拒的科学趋势。

在拜访了澳大利亚药品监督管理局，探讨中药进口澳大利亚的途径之后，张孝娟、邓铁涛等看到澳大利亚中医蓬勃发展的势头，萌发了一个念头：在悉尼召开一次有影响的国际中医学术交流会。林子强、杨伊凡等都认为这不仅有助于推动澳大利亚对中医的合法地位的承认，对于在西方国家拓展中医药事业也将会产生深远的影响。双方当即在中澳两国中医药界人士的结谊典礼上，签署了 1996 年举行国际学术会议的协议。

这是一件大事，张孝娟为此率领代表团拜访了中国驻澳大利亚大使馆，反映澳大利亚中医界的诉求，以及即将召开中医国际学术会议的计划。邓铁涛虽是初次访澳，但大使馆的有关人员对于这位国内首屈一指的名中医是有所耳闻的。他们热情地支持，并预期这个有国内一流专家参加的中医国际盛会一定能够办成高水平的学术会议。

张孝娟、邓铁涛等的首次访澳之行，为 1996 年 10 月举行的国际中医药暨传统医学特色疗法学术交流大会，拉开了序幕。

1996 年 10 月，邓铁涛随张孝娟率领的有广东中医界 145 人参加的代表团再次抵达澳大利亚。17～19 日，国际中医学暨传统医学特色疗法学术交流大会在澳大利亚隆重举行。会议地点设在澳大利亚唯一的，也是最高级的悉尼达令港国际会议中心，中澳两国政府官员、中国来的专家教授与包括澳大利亚在内的 8 个国家的中西医人士共 300 多人济济一堂。主席台上坐了两排两国政府官员和著名的专家，邓铁涛在主席台前排就座。

让我们从 1996 年 10 月 30 日澳大利亚《华声日报》的报道中了解这次大会的盛况吧！报道以"国际中医界的空前盛会——记 96 雪梨（注：悉尼）国际中医药学术交流大会"为题：

澳大利亚有史以来第一次国际中医药学术交流会大会于本月 17～19 日

在雪梨达令港国际会议中心隆重举行，并获得圆满成功，各界好评如潮，作为一个里程碑而载入西方国家中医发展的史册。

17日上午10时，在庄严的澳、中国歌声中，大会澳方主席、澳大利亚全国中医药针灸联合会会长林子强宣布大会开幕，接着由中方主席、中国广东卫生厅副厅长张孝娟致开幕词，代表澳大利亚联邦卫生部来参加大会的澳大利亚联邦药管局总局长塔斯拉特先生在大会致辞中高度赞扬了近年来通过澳大利亚中医界的努力，中医在澳大利亚迅速发展，并带给澳大利亚人民的健康实惠。参加大会开幕式的还有中国卫生部原副部长胡熙明先生，中国驻雪梨领事馆总领事段津先生，澳大利亚联邦药管局执行局长加利－詹姆斯先生，雪梨市曾筱龙副市长，中国驻澳大使代表范明毅参赞，中国国家中医药管理局副局长诸国本先生，中国广东省政府副秘书长陈坚先生，维多利亚省卫生厅长罗伯特－多尔先生，新南威尔士州卫生总监约翰－欧文先生，艾士菲市议员邹延祥医生，澳大利亚联邦卫生部药政处处长戴维－格兰先生等。两国政府官员和卫生官员出席会议开幕式，大大提高了会议的规格。

两国官员向大会致辞之后，中国著名中医学家、广州中医药大学教授邓铁涛，承办单位、东道主澳华中医学会会长杨伊凡医师，澳大利亚中医注册调查小组组长、悉尼大学讲师艾－本茨森先生及澳大利亚西医代表、华人社区领袖黄肇强医生亦在大会上讲了话。

在开幕式350多位参加者的热烈掌声中，大会澳中双方官员剪彩之后，学术论文宣读即告开始，第一位演讲者为澳大利亚纽卡素政府医院消化科主任贝迪教授，在会上宣读了他主持的在澳大利亚有史以来的第一次用中药治疗丙型肝炎的临床经验，并获得成功的结果。政府医院的西医专家在中医的讲坛上宣读论文，在澳大利亚尚属首次，大大地鼓舞了澳大利亚中医界的信心。

接下来演讲的有中国国家级的著名中医教授邓铁涛、梁剑波、袁浩、张学文、张万岱、周岱翰、欧阳惠卿、邱健行等。许多论文研究及临床疗效均达国际先进水平，共有 100 多篇论文宣读，连续 3 天进行，有投影、有幻灯、有录像，在巨大的银幕上，内容精彩纷呈，专家各有绝技，使澳大利亚中西医参加者大开眼界。

邓铁涛在开幕式的讲话中，充分肯定了在世界各国的中医药界人士弘扬华夏优秀文化，运用中医药为世界人民健康造福的贡献。在宣读论文时，他介绍了用中药强肌健力饮治疗重症肌无力的临床观察。

会后，邓铁涛才知道他的硕士研究生杨伊凡为组织此次大会所做的艰辛努力，如组织 100 多篇论文的同声传译，游说澳大利亚政府官员参加会议等。杨伊凡说：澳大利亚新南威尔士州的官方一向对中医不太了解，当我们把邀请信寄去之后，州长秘书打电话来问"什么是中医？"面对这样的询问，我们只得带上大批资料，上门向他们或他们的秘书解释中医，解释即将召开的中医国际交流大会，最后州长才写来了对大会的贺信，也委派了有关官员参加。

邓铁涛动情地说："我为你对中医的热忱、你的成就而感到骄傲。这是一场战斗，一场华夏优秀文化与西方轻视中华文化的战斗，说到底是为世界人民的健康造福的战斗。"

他又握着伊凡的手说："我对学生的要求是'学我者必须超过我'，以这个作标尺，你在把中医药学推向世界方面已远远超过我了。"

这次国际中医盛会，世界各地近 30 家报刊发表文章或通讯报道，高度评价大会的积极意义。

澳大利亚更是不断传来喜讯：1997 年 3 月 16 日至 18 日，在悉尼举行的首次丙型肝炎学术会议上，杨伊凡宣读了用中药治疗丙型肝炎试验的论文。结论是用中药治疗丙型肝炎成本大大低于用干扰素，而且没有干扰素的副作用。这项试验是澳大利亚纽卡素政府医院消化科主任贝迪领导的。为了将试验研究继续下去，1997 年 7 月，纽卡素大学医学院录取杨伊凡为临床医学博士研究生。中药治疗丙型肝炎研究组组长贝迪教授为杨伊凡的导师，这个研究组特别聘请中国著名中医专家邓铁涛教授为顾问。

1997 年，由西悉尼大学艾伦先生领导并由来自广州中医药大学的郭福宁博士、梁利明硕士等协助完成的用中药治疗肠道激惹综合征的临床试验开始了。试验结果显示用中药治疗有显著疗效，并高于西医常规疗法。1998 年 11 月，这一研究的论文在美国有影响的西医杂志 *JAMA* 发表，震动了西方国家的西医界。

1998 年 11 月 12 日，澳大利亚新南威尔士州参议院举行中医注册听证会，杨伊凡应邀出席。

澳大利亚国际中医盛会 7 年之后，即 2003 年 9 月 12 日至 13 日，张孝娟出席在香港举行的首届中医药全球大会。会上各国的中医界人士都兴奋地谈到澳大利亚盛会对于推动中医药在世界各国取得合法地位的影响。澳大利亚全国中医师学会联合会会长林子强说，澳大利亚中医立法并影响了欧洲各国；墨西哥的代表说，政府对中医政策有了很大的改变并对拉美一些国家产生影响。美国世界传统医学学会会长罗志长谈了美国加州中医立法的概况；英国亦已成立了中医注册学会。这次大会的组织者、世界大城市医药团体首脑协会会长古广祥说：新世纪预兆着全球将掀起中医热，中医药在世界正呈现出"潮平两岸阔"的美好景象。这正好印证了邓铁涛的预言，即"21 世纪是中华文化的世纪，是中医药腾飞的世纪"。作为 1996 年悉尼国际中医盛会的倡议人之一，邓铁涛是一位颇具战略眼光的社会活动家。

纵观邓铁涛在港、澳、台地区传播中医药学和推动中医药走向世界的活动，人们可以看到：

他学术著作的光芒，早已照耀海外。

他不顾高龄与生活条件的艰苦，亲临国外传道，铸造了精诚的大医之魂，享誉海外。

他通过众多的弟子，把精湛的医道、医德，薪传海外。

　　邓铁涛说过："我是一个战士。"那么，他已经把对危害人类健康的疾病作战的战场，从中国拓展到世界。

　　邓铁涛说过："我是一个呐喊的中医。"那么，他已经把"中华优秀文化不容轻视""中医是中华文化的瑰宝"的呐喊，从中国传到五洲四海。

　　邓铁涛功不可没，在中医走向世界的历史中，应留下他浓墨重彩的一章！

学术思想国际研讨

　　2004年11月18日至19日，"邓铁涛学术思想国际研讨会"在广州召开。

　　大会筹备处将一封封邀请函寄往全国各地，也飞越重洋，送达美国、加拿大、澳大利亚、日本、马来西亚、新加坡等国家。国内外中医药同道携带贺词与学术论文赴会。这些论文，既是对邓铁涛从医从教66年、精勤不倦济世半生的肯定，也是邓铁涛在中华大地及世界各国播种其学术思想的反馈和证明。广州的学术团队一早做好充分准备，邓铁涛指导弟子们在研讨会召开前编著出版了8部论著。邓铁涛亲自主编面向临床诊疗需求的《实用中医诊断学》和适用于大众养生保健的《八段锦：邓铁涛健康长寿之道》。弟子徐志伟等将研讨会论文结集汇编为《邓铁涛学术思想研究Ⅱ》。邓中光、郑洪和陈安琳等汇编邓老的医话，出版《邓铁涛寄语青年中医》。邱仕君十年磨一剑，在1994年出师论文的基础上，编著《邓铁涛医案与研究》，以医案实录的形式系统记载传承邓铁涛临床治验。吴焕林立足专科，主编了《心脾相关论与心血管疾病》。周毅、李剑、黄燕庄等编写了纪传体的《国医大师邓铁涛》。吴伟康等出版了译著——英文版的《邓铁涛学术思想国际研讨会论文集》。

　　研讨会到会学者300余人，其中境外学者80余人，到会的全国知名中医学家有任继学、朱良春、路志正、吉良晨、何炎燊、张学文等。任继学代表名老中医在大会发言。会上，邓铁涛做了题为"中医与未来医学"的特别演讲。

邓铁涛开宗明义，他说："21 世纪开始，将是西方文化与东方文化相融合的时代。现在世界的诸多难题，要靠推广东方文化去解决。中国是东方文化的代表，论未来医学，将是西方医学与中医相结合而成为更加完美的医学。"

首要的依据，是因为仁心仁术是未来医学的最高精神境界。"仁者爱人"，作为医生，对患者有爱心，这是天职，故曰"仁心"。生物医学，许多治疗措施与技巧都是从动物身上练出来的。不少治疗手段，看来可能解除了某一个病的威胁，但会落下另一个终身遗憾。这样的技术，就不能称为"仁术"。

再者，邓铁涛认为，医学模式将向"人天观"发展。20 世纪后期发现医学的模式应该是"生物—心理—社会模式"。这是一个进步，但仍然不全面，还没有把人提到最重要的地位。中医把人放在天、地、人群之间进行观察、诊断与治疗，模式应是"天人相应"观，简称"人天观"。比如 2003 年 SARS 流行，中医是根据气候环境、地理条件与患者的证候表现，实行辨证治疗与预防。为了说明"治病"和"治人"的区别，他还举了一个运动员患腹痛病的典型例子："治疗无效，为了把病确诊，便进行剖腹探查，把腹部全部器官全检查了，找不到病根，无从治疗。"而且，患者术后腹痛如故。"后来我诊断为气血两虚、气滞血瘀，用补气血药加活血药把她的病治好了。"

第三，养生重于治病。富如美国也支持不了日益增长的天文数字般的医疗开支。他说："根据现代的生产力，在合理的制度下，一个成年人每周工作 5 天，每年工作 8 个月，大概已足够了。一年分两段，半年工作 4 个月，两个月是养生、娱乐、体育、美术及其他自己喜爱的，毫无忧虑与压力地愿意干什么就干什么，这样一来人的健康与寿命一定会更美好。"

因此，邓铁涛认为，未来医学之路应该是这样的："医学不仅仅只有重视微观的西医才是唯一的医学科学，立足于宏观的中医学也是科学。""中西医学全面而平等地合作，前途是光明的，共同创造未来的医学，为人类的健康与幸福做出更大的贡献，是可以做得到的。"

演讲最后，邓铁涛大胆地对21世纪的未来医学发展做了展望：

（一）人类将摆脱化学药品的副作用，摆脱创伤性的检查以及治疗技术带来的痛苦与后遗症。医学要讲人道主义，要达到"仁心仁术"的职业道德最高境界。

（二）实行"上工治未病"，医学将以养生保健为中心，使人人生活过得更愉快、舒适、潇洒。

（三）医学将以"保健园"的形式，逐步取代医院的主要地位，医院将成为辅助机构。

（四）医学除了属于科学范畴之外，将深入文化、美学、艺术，使医学从人体的健康需求上升到精神世界的美好境界。医学、文学、美术、书法、音乐、歌舞、美食、药膳、气功、武术、健康旅游、模拟的环境、梦幻的世界……将成为"保健园"的重要组成部分。接受保护健康，是快乐的事而不是苦事。

（五）第三世界要摆脱贫困与落后才能一起进入未来医学的世界，而使第三世界贫困与落后的原因是强权政治、种族压迫与掠夺战争。抢救一个垂危的病人，十分艰辛，但打死一个人，只要手指一扣扳机！

要实现未来医学的美好愿望，我们该怎么办呢？战争与医学，杀人与救人，永远相伴吗？人类这个万物之灵，总会觉醒的。解除人类痛苦的曙光出现在东方。

邓铁涛先生，这位中医界的巨擘，他的一生不仅是对中医智慧的精耕细作和不断精进，更是对中医文化国际传播的执着追求。他深知，中医不仅是中华民族的瑰宝，更是全人类共同的健康财富，因此，"让中医走向世界"成为他心中最炽热的梦想。

"让中医走向世界"，这不仅仅是一个梦想的实现，更是中医文化自信的彰显，是构建人类卫生健康共同体的助力。邓铁涛先生倾尽一生诠释了中医的包容性与开放性，证明了中医不仅能够与西医学并行不悖，更能为人类健康事业贡献独特的智慧与力量。

如今，我们站在新的历史起点上，回望邓铁涛先生的足迹，我们更加深刻地体会到，中医走向世界，不仅是技术的传播，更是文化的交流。这一梦想的实现，不仅增强了中医的国际影响力，更提升了中华民族的文化自信，为构建人类命运共同体贡献了独特的东方智慧。

邓铁涛先生的梦想，如同一颗种子，已然生根发芽，开花结果。而我们，作为中医的传承者与发扬者，将继续沿着他开辟的道路，携手前行，让中医的光芒照亮世界的每一个角落，让中医这块"和氏璧"继续闪耀光芒，被更多的人所发现、所珍视，让这份古老而又年轻的智慧，为人类健康事业书写更加辉煌的篇章。

第四章 新世纪展望的鼓与呼

跨过新世纪，邓铁涛已经85岁了，学校内、医院外和社会上都尊称他为邓老，其实，看上去，邓老一点也不老。走路，如脚下生风；演讲，在台上一站就是一个多小时，声音洪亮；写文章，思维敏捷，思路清晰。他有一腔热爱祖国、热爱中华文化的激情，被誉为"热血不老人"。他准备以58岁的标准继续为中医振兴奋斗！

邓老不老，更在于他的思想常新。用现在一句流行语是"与时俱进"，他的思想越老越新；成就，越老越辉煌。新的世纪，他并没有做任何的个人的退休计划，或者晚年生活规划，依然全身心扑在中医事业上，高屋建瓴地勾画着中医学的新世纪愿景。

正如邓铁涛所奋斗和期盼的那样，"21世纪是一个新的世纪，中医的第三个春天来了！"

"21世纪是中华文化的世纪"

21世纪中医药学的命运将如何？

"21世纪将是中华文化的世纪，是中医药腾飞的世纪。"——这就是邓铁涛的答案，是他对新世纪中华文化的展望，是他对中医药腾飞的梦想与宣言！

邓铁涛说："这不是空话、大话，这是历史的必然，相信历史将为我们作证，请拭目以待。"

"21世纪年轻一代成长起来，能用中医药解决世界医学上的难题，发扬中医理论，还有什么事情比这更激动人心呢？"邓铁涛接连撰写了两篇理性思考而又热情万丈的"宣言"，深切寄语21世纪的青年中医：

和21世纪的新科技相结合就会带来中医药学的腾飞。要腾飞必须有一个基础，那就是目前十分需要千千万万个高明的中医临床家和相对少数的基础研究家。中医药理论的源泉来自临床实践，检验真理的唯一标准是实践。

21世纪，中医药已站在腾飞的起跑线上，辉煌的时刻一步一步向我们走来了。年轻的战友们，努力吧！

2003年11月18日至19日，在以观赏枫叶红遍的景色著称的北京香山，在世界著名建筑大师贝聿铭设计的香山饭店内，"香山科学会议"第219次学术讨论会正在举行。会议主题是"中医基础理论的建构与研究方法"。邓铁涛应邀出任大会执行主席。国内著名中医专家、中医基础理论研究人员、从事基础研究的科学家、哲学家和科技部及国家中医药管理局的科技管理专家等60余人参加了会议。

香山科学会议，是我国科学界的高层会议，是国家科学决策的风向标。1993年由国家科委发起，在中国科学院的共同支持下创办，相继得到国家自然科学基金委员会、中国科学院学部、中国工程院、教育部等部门的资助与支持。2000年正式成立了香山科学会议的领导机构——香山科学会议理事会。香山科学会议面向科学前沿、面向未来。每一次会议主题都选择我国基础研究前沿问题、重大工程技术领域中的科学问题、自然科学与社会科学交叉的重要问题，以及有关科技政策与管理和科技发展战略等方面的重要问题；而每一次会议都对相关领域的研究起到推动作用。

与历次科学会议一样，科技部情报所向会议组委会提交了第219次会议的申请报告之后，组委会请有关专家就会议主题的前沿性和重要性、中心议题设置的合理性、拟定报告题目和报告人的适合性等方面提出意见和建议，并公开广泛征求学术界意见。

能够担任这样一个科学会议的执行主席之一，并且要做主题评述报告，87 岁高龄的邓铁涛既感到荣耀欣喜，又感到肩上的责任重大！何况，香山科学会议已经设立 10 年，关于中医药学主题仅有过 3 次，分别是：第 32 次会议"中医药科学与技术发展战略"、第 63 次会议"面向 21 世纪的中国传统医学"与第 65 次"经络研究的进展与未来"。而从 1997 年起，近 7 年时间，这是仅有的一次关于中医药研究的会议。邓铁涛不能不加倍认真对待。早在 1 个多月前，他就已经写好了主题评述报告，但仍不断推敲，反复琢磨。这次到北京，血压还略有升高。

深秋的香山，已看不到满山枫叶的美景，纯色素白的香山饭店，线条简洁明快，气氛倒也令人神清气爽。邓铁涛在郑洪博士和中山大学中西医结合研究所所长吴伟康两位弟子的陪同下，径直进了住处房间，便潜心静养，以气功消除连日为准备大会主题报告和邓铁涛研究所成立所积累的深深的疲劳。

18 日早上 9 时，邓铁涛精神抖擞地走进会场。会议不设主席台，是圆桌式会议。邓铁涛和另外两位大会执行主席王永炎院士、陆广莘教授正坐在以一大片枫叶图案为标志的"香山科学会议"的会徽下。60 多位来自国内外的专家团团围坐在椭圆形会议桌旁。

"现在，请邓铁涛教授做主题评述报告。"王永炎院士宣布。全场的目光投向这位中医泰斗。只见他穿一件银灰色的对襟毛衣，外罩一件藏青色的西装，配一条银底间红斜条的领带，双目炯炯有神。他以敏捷的动作起立，向与会者致意之后，坐在原位上，摘下眼镜，开始了精彩的主题报告。

"我今天报告的题目是：为中医药的发展架设高速公路。"

主题评述报告只安排 50 分钟至 1 个小时，其他与会者不论职位，不分资历，不讲辈分都可以自由地表达学术观点，每次自由发言 10 分钟。在这宝贵的时间里，邓铁涛分析了目前中医药所处的时代背景，回顾了中医理论研究的历史及中医发展的坎坷，以及一直在与时俱进的历程，并提出今后开展中医药基础理论研究的战略和策略。此外，他向大会提交了书面报告，以补会议发言时间之不足。

"为中医药的发展架设高速公路"

邓铁涛的报告，自始至终以高屋建瓴之势，站在中西文化对碰的基础上看待中医药，站在人类医学发展战略高度上讨论中医药的发展及其重大价值。报告一开始，他语出惊人地说："21 世纪一开始，炮火硝烟就笼罩着世界，今天的世界可以说是世界的战国时代。"

世界的战国时代的形成，是西方文化统治的结果。要扭转这一局面，应该向东方文化寻找出路。特别是大力发扬中华文化会达到使世界和平与进步的目的。

中华传统文化是不是有这样大的力量呢？中华文化的精髓是天人合一，是与大自然的和平相处观；世界大同，和而不同，是与世界人民的和平共处观；还有老吾老以及人之老，幼吾幼以及人之幼的社会观。新中国的和平共处五项原则是周总理解决世界纷争的一个很有力的武器，它的来源就是传统文化。党的十六届三中全会提出五个统筹：统筹城乡发展、统筹区域发展、统筹经济社会发展、统筹人与自然和谐发展、统筹国内发展和对外开放。其中前三个统筹与第四个统筹就是老吾老以及人之老思想和天人合一等思想的发展。

还有，最近的世界经济发展宣言，从纽约到新德里到赞比亚，已经写了三年都没有取得统一的意见，但到了中国的珠海就解决了，产生了《珠海宣言》。正如《光明日报》有文章说："纷纷扰扰的世界将在中国的声音里找到平衡。"

因此，中华文化教育要参与到世界文化，并与世界文化合流才能够更好地让世界人民幸福和谐。

与会者正惊讶于这位年近90的老中医宏博的视野、澎湃的激情，他忽然淡淡一笑道："谈中医怎么扯到世界战国时代呢？"

"是的，我们的国家，我们的科学界必须认识这个问题，过去自从鸦片战争后我们失去了对本国文化的信心，现在21世纪了，我们必须对我们优秀的中华文化树立信心。过去对传统文化批评过头了，现在必须重新认识并加以发扬和发展，造福于人类，这是我们的责任。"

2003年11月19日，香山会议第219次，执行主席邓铁涛做主题报告

他把话锋转回到中医，说："中医学是中华文化的瑰宝，发扬中医以造福全人类。中西医互补，互相不能取代，经历一二百年可能会走到一起，这是历史发展的必然规律。"

他极具前瞻性地预言："中华文化大发展始于战国时代，如果说，今天是世界的战国时代的话，那么，估计中华文化的爆炸式的新发展，将起始于21世纪。中医学的发展亦将同步，中医药学腾飞的条件已经具备了，那就是中医药学与世界第二次科学革命相结合，走自己的路，中国医学就会走在世界的前列了！但必须得到政府的大力支持。"

他略略提高了声调，恳切地呼吁说："政府应为支持中医药的发展架设一条高速公路。21世纪的中医药将以崭新的面貌出现于世界科学之林！"

这气度恢宏的演讲，像一把熊熊烈火，点燃了科学家们的心烛，一阵高过一阵的掌声，令会场的气温到了沸点。

紧接着，他特别强调了发展中医药的责任与医学研究的目的。他说："这不是中西医学之争，发展中医药首先是为13亿人民享有医疗保健的权利，为中国社会发展服务的。"因为"中医药的特色是简、验、便、廉"。

他最后讲了关于中医研究与发展的战略与策略的意见建议，结束了这场精彩的报告。

邓铁涛的通篇讲话，喷涌着对中华优秀文化的炽热情怀。深邃的文、史、医、哲修养，并有他个人与中医群体的最新科研成果支撑，立论稳健恢宏；犀利的语锋，针砭时弊，透出他的胆识。在会间休息时，科技部副部长兴奋地对他说："邓老，您的主题报告很精彩！主题报告成功，会议就成功了一半。"

会议进行到第二天，与会专家或提问，或答疑，或辩论，各抒己见，展开了热烈的自由讨论。

邓铁涛在讲话中，尖锐地指出了当前中医发展内涵不足的问题：现在中医有"泡沫中医"之忧，外观五颜六色，实则中空无物。将中医经典作为选修课，而经典讲授教师不上临床，从理论到理论，中医临床实践能力从何而来？

他也对《中华人民共和国医师法》出台后民间中医何去何从表示担心和

关注。邓铁涛以其波澜壮阔的成长经历和博采众长的治学经验，曾总结中医这个伟大宝库有三大构成部分：一是浩如烟海的中医典籍；二是在中医尤其是老中医脑海里的宝贵学识与丰富经验；三是在广大人民群众之中的秘方验方。群众中掌握中医秘方验方者，主要就是赤脚医生、乡村医生队伍中的中医。

与历次香山科学会议一样，科技部门领导以专家身份参加会议，直接听取科学家的意见，会议结束后，反映与会专家主要学术观点的会议简报送往科技部。这些意见，无疑会对国家科技方针的制定起到重要参考作用。

为争取到更多对中医药事业的支持，邓铁涛的报告全文由弟子郑洪、邓中光协助整理后，分三期在《中国中医药报》连载。2024年2月4日，《中国中医药报》又以头版头条的位置报道了邓铁涛等100多名中医药专家的建议：将中医药作为重大科技专项列入国家中长期科技发展规划。

据了解，当时国家规划未来15～20年我国科学技术的发展方向，拟选择20项重大专项开展科研攻关，而中医学未在其中。邓铁涛在香山科学会议的报告在全国中医药界引起强烈的反响，他们在国家制定中长期科技发展规划的关键时刻，联名致函向党中央、国务院呼吁：第一，中医药确有比较优势，能解决13亿人健康问题；第二，中医药关系到国家的功能运转和国家安全的维护；第三，中医药是解决13亿人口特别是9亿农民医疗保健问题的关键；第四，中医药正处于生死存亡的关键时刻，我们不希望成为千古罪人。建言书陈词恳切、掷地有声，是香山科学会议呼吁的延续。

后来，国家重点基础研究发展计划（973计划）在2005年首先设立了中医基础理论研究专项，并聘任邓铁涛担任首任专家组组长和专项首席科学家，2003年的香山科学会议被学者认为是该研究规划的论证和筹备会议。

"中西医结合是手段、是方法"

两年后，邓铁涛再次以大会执行主席身份出席香山科学会议。2005 年 5 月 10 日至 12 日，主题为"中西医结合发展与现代科技交叉"的香山科学会议第 253 次学术讨论会召开，会议聘请刘颂豪院士、邓铁涛教授、谢楠柱教授和陈可冀院士为执行主席。

2005 年 5 月 10 日至 12 日，香山科学会议第 253 次学术讨论会

邓铁涛，是一部活的中医史，是 20 世纪中医发展的历史见证人，也是创造者之一，他曾说："我大半个世纪经历，那种认为中医老旧、不科学的偏见，像一座大山，压了我们一辈子。人家衡量你不科学，实践证明中医又能解除病痛；尽管中医的内涵很先进，但医书上都是古老的语言，那么，中医出路何在呢？我大半辈子都在探索中医现代化的路。"

早年的"中西汇通"，实践已证明此路不通；此后有人提出"中医科学化"，也没"化"出什么名堂，反而使人误认为中医原本不科学，需要科学化。

新中国成立之后，有人提出"中西医结合是我国医学发展的唯一道路"。看似正确，但邓铁涛指出，毛病不在于"中西医结合"，而在于"唯一"。因为中西医各有不同的理论体系，这个"唯一"相当于把中医学独立发展的道路给堵死了，中医只有接受"改造"一个选择了。不能独立自主，所谓结合便是从属性质的结合，亦即"医助"。

1999 年 12 月，邓铁涛曾就中西医结合话题，给广州中医药大学 98、99 级中西医结合 7 年制硕士班同学讲座。讲座的题目叫做"谈中医院校学生的责任"。

邓铁涛开门见山，直接给同学们抛出问题：中西医结合的目标是什么？

对于中西医结合专业的学生，讲责任、讲担当，首先要认识自己的专业，明确开设中西医结合专业的目标。邓铁涛说："我认为主要是为了发展中医药学，使中医药学造福人类，更好地为中国人民和世界人民的健康服务，应该是这样。关于中西医结合问题，不是中医＋西医，也不是中药＋西药，而是要在理论上有所突破。要达到理论上的突破，光靠中医和西医两门科学还不够，还要与最新的科学技术相结合，和自然辩证法相结合，这就是中医能够做出贡献的关键。"

那是一场特别的讲座，邓铁涛以提问开场，引人入胜，又以提问结束，令人深思。他说："原则上，中医课、西医课都要学好，但是重点一定要把中医学好。因为中西医结合不是目的，中西医结合是手段、是方法。其目的在于振兴中医，既然要振兴中医，如果重点不放在中医，那你干什么？"

回到 2005 年这次香山科学会议，邓铁涛报告的题目是"中西医结合的方向"。

"中西医结合"的提出，已有半个世纪，各家看法不一，邓铁涛注意到，《中国中医药报》当年 3 月 28 日刊登了一篇文章——《中医发展应走中西医结合之路》，文章指出中医存在三大痼疾：复古、信老和抱残守缺，因而提出"中医西化"是实现生存的必然选择，最后结论是"中西医结合是中医振兴和发展的一条重要出路"。

邓铁涛认为，该文明显肯定中西医结合就是中医西化，也是认可中医应走被改造之路。他说："这是中西医结合的又一种方向。从百家争鸣的角度论此文之出发点无可厚非，但如果把中西医结合看成为了中医的生存，这个方向未免太渺小了，因为把学术发展看作行业宗派求生存本身就错了。"

2005 年 4 月 17 日，邓铁涛于北京科技大会堂"新时期中医药发展战略与政策论坛"所做报告中也提到："从迄今走过的路来看，中西医结合多是'西化中医'。中西医结合应是为了发展世界医学，而不是单纯为了发展中医。中国有 157 万名西医，中医只有 27 万名，真正提倡中西医结合的话，西医大多数人应学中医，然后把研究的成果向欧美介绍。据说目前，日本有60％的医生会开中药，在美国约有 3000 个正牌的西医生会针灸。最近有报道称，全世界接受针灸治疗的人占全人类总人口的 1/3，所以中医已经走向世界了。"

"再如，试管婴儿技术是 20 世纪的一大发明，但成功率只有 20％。我的一个学生在美国旧金山，去年春节送给我一本书——《试管婴儿与针灸》（英文版），这本书在美国很畅销。施术前西医把做试管婴儿的患者介绍给她，然后她给患者做针灸，再吃中药，这样，西医完成试管婴儿手术的成功率就能提高到 40％～60％。甚至有一些患者吃了她开的中药已经自然受孕，就不需要进行试管婴儿了，可见，中西医结合是双向的，而不要一提中西医结合就只想到中医学习西医。"

回顾中医的发展史，的确易使人产生误解。他继续阐释："中医药和中华文化一样已有五千年的历史，两千年前已奠定理论基础，历史悠久但其内涵却博大精深，不易被现代人所理解。19 世纪以来，中医先经过自我反省，产生了中西汇通派。20 世纪前半叶几乎被国民党所抛弃，新中国成立后又深受王斌思想所影响。后有幸得到党中央、国务院和人民的重视，发展传统医学被写入宪法，差不多全国各省、自治区都设立有中医学院。这是正确对待传统文化的英明措施。但由于历史的和其他的种种原因"，他稍作停顿，再掷地有声地道出他的"诊断"结论，"中医药的受重视程度与西医相比还有差距，至今并未达到'并重'的地步。"

2005 年 5 月 10 日，邓铁涛在第 253 次香山科学会议上做报告

　　显然，邓铁涛是支持开展中西医结合工作的，但中西医结合的目的是什么，方向何去何从，始终是需要明确的首要问题。他认为，中西医结合开展的过程也应当同步进行"医学的目的再审查"，确保走在"振兴发展中医"正轨，确保不会走向"改造中医"歧途。最后，他强调："中医是中国的特有医学，如果中国的中医不能在中医药方面不断前进，而西医学却在世界各国都在不断提高，可以想象中西医结合的双方一个不断强大，一个不断萎缩，那么中西医结合之路还能走多远？"

　　"中西医结合，必须站在平等的地位上。"

"发展中医是建设中国特色医疗事业的关键"

到了 21 世纪，还有人提出来要"告别中医"！2006 年发生了一场"告别中医"的闹剧。

有些老中医忧心忡忡，年届 90 的邓铁涛却显得淡定从容："这是民族虚无主义的'回光返照'！"他劝大家，此事不必老中医出面，中青年中医中自有人会站出来。结果妄想万人签名告别中医中药的狂妄之徒最后只得到一百多人签名！

邓铁涛因此事，特别对民族虚无主义在中医学上之全部历史做了回顾总结，并用三部曲以概括之：一是余云岫之"废医曲"，民国"漏列中医案"是其序曲；二是王斌的"改造曲"；现在"告别曲"勉强算是第三部，也可以称之为"回光返照曲"。

对于唱"告别曲"者，只需挥挥手送别他们，无须多虑。但他特别强调：对王斌的"改造中医"，我们不可以掉以轻心！"你是中医，不过你干的是西医，你想的是西医，你的思维是西医，你的研究是西医，这就要命了。"例如，令邓铁涛揪心不已的，他听闻：有一个中医高等院校附属医院心血管科的科主任，居然说心血管科已经开除中医了。还有我们自己培养的学生，居然有人选择躺平接受改造，且美其名曰：中医变也得变，不变也得变。"这是我们自己培养的我们的掘墓人啊！"所以，他说，"这是最值得我们警惕的！我认为，要注意在我们中医界里面要肃清这个'改造中医'思想，因为堡垒最容易攻破是在内部。"

2006 年，党中央、国务院把"中医研究院"正式更名为"中国中医科学院"。8 月 6 日，邓铁涛在为《中医战略》所作序言中感叹道："从此中医药学是不是科学这个百年论争，可以休矣，岂不快哉！"

戊子年春节前，邓铁涛再次收到了香山科学会议的邀请，会议的主题是

"中医药发展思路与继承创新思维和方法"。邓铁涛撰写了书面发言稿："中医是有中国特色的医学科学。发展我国的医疗事业，一定要重视中医药的作用，走自己的路。现在中医的医疗、教育与科研等方面都还有不完善的地方，有必要认真思考，加以改革。"核心内容摘录如下：

第一，平等对待中医，真正实行中西医并重。过去中医一直处于从属地位，中医之数量与中国人口的膨胀发展成为反比。在大多数地方，中医院的数量和规模都远远小于同级西医院，也是明显的事实。中医的发展必须得到加倍支持。因此，要实现人人享有基本医疗卫生服务的目标，中医药简便廉验的作用不容忽视。要加大在农村、城市基层第一线的中医医疗力量，加强对基层医生的中医基础理论和技能的培训。

真正把中医药学作为中国医疗事业的特色内容来对待，把中医医疗技术作为解决医疗保健问题的实用技能来推广，这样才是有中国特色的社会主义医学发展道路。

第二，进一步解放思想，加强中医教育改革。教育部门对中医教育不要"一刀切"，模式化，应该允许进行改革的探索。中医本科学生头三年应该集中学中医，后两年再适当学习西医基础知识和中医实习。要进行教学内容、方法改革：减少课堂教学，增加自学和实践。过去课堂教学课时太多，满堂灌的教学必须痛改。学生必须早接触临床，多参与临床，早跟师。

第三，中医科研应走自主创新之路。目前西方科学的思维和模式还不能正确认识和评价中医，中医科研不能自我从属于西医。我相信未来的科学发展能够在更高层次上认识中医的价值，而坚持中医科研的自主创新，就是迈向这一远大目标的关键步骤。如果中医消亡，科学将失去一次飞跃的机会。

振兴中医，人才是根本！

2008年2月24日第318次香山科学会议如期在北京举行。卫生部部长陈竺，同济大学颜德馨教授，中国中医科学院王永炎教授、陈可冀教授，中国医学科学院刘德培教授担任会议执行主席。邓铁涛委托广东省中医院院长吕玉波代表发言，题目是"发展中医是建设中国特色医疗事业的关键"。

中医现代化——走自己的路

好学多思的邓铁涛毕生都在思考、吸纳、批判，早在1982年，他在致友人的信中，就讨论了"怎样理解中医现代化"的问题，并对中医现代化的核心指标和要求做了论述。邓铁涛认为，中医现代化主要内容包括四个部分：一是中医基础理论的大整理；二是中医临床诊疗水平大提高；三是与自然辩证法相结合；四是与自然科学相结合。他指出：第一、第二点是现代化必备的基础，第三、第四点是中医现代化必须采用的指导思想与手段。从这篇首次系统论述中医现代化的文章，可以看出他是中医现代化的倡导者。邓铁涛认定，在中医现代化中必须"以我（中医）为主"，坚持走自己的路。

1999年，邓铁涛在为《碥石集：著名中医学家经验传薪》第一集所作序言中说："中西医药是两个不同的学术体系。不能认为西医是现代的，中医是古老的，科学之真理不是以时间先后为坐标的。何况中医不是古医，我们同样是现代的中医。"他以中药的科研为例：20年代西医认为人参只含糖分，不会有什么起死回生之功。直到五六十年代，亦只承认人参皂苷，最近才注意到还有人参多糖。今后可能有更多的发现。如果20年代的中医相信当时的化学分析，中医药学不就倒退了吗？中药之研究，90年代以前只承认分析之研究，只有找药物的单体有效成分才是方向；只承认麻黄素、青蒿素、砷注射液才是中医研究的样板。如果早早与当时之自然科学结合，沿着西医的路走，恐怕中医中药早已退出历史舞台了。不全部解体也无可救药了！

2001 年，邓铁涛发表论文专题"谈中药发展之路"："中药要发展，我们可以采纳西药的先进制作工艺，但必须在中医理论与经验的指导下去进行研究。最近研究的砷剂治白血病取得很好的成果。当青蒿素的研究收不到治疟效果的时候，不是从晋代葛洪的《肘后方》找到出路了吗？为什么就不能由中国人的研究产生使西方世界折服的成果呢？亦步亦趋，不是 21 世纪中国科学家的性格。中医中药是我国的国宝，我们必须而且有可能走在世界的前头。当然，我们也应研究日本和韩国对中药研究的经验，但必须在最短时间内超过他们。要超过世界水平，只有发扬我们的特色，发掘我们的宝库，引用世界最先进的技术，闯出独步于天下的路来，一言以蔽之：走自己的路！"

物换星移，到了 2000 年 3 月，《光明日报》3 月 2 日"文化周刊"《给京剧"号脉"》一文，触动了邓铁涛对中医现代化问题的思考。辛勤耕耘的邓铁涛又发表了《铁涛医话：中医现代化问题》一文。文中强调：

现代化不能以西方文化为准则，这是显而易见的。若硬是向西医接轨便以为是现代化，这是天大的错误。我认为中西医对号入座，不是现代化；以西医之理解释中医学，也不是现代化；阉割中医更不是现代化。

现代化不是目的，不能为现代化而现代化，正如京剧不宜以现代化之布景削弱演员的演技一样。中医和西医文化背景不同、理论体系不同，因而互补性甚大。若以为西医是现代医，中医为古医，就会把中医摆到从属地位，扼杀中医学的发展。事实上，从理论高度看，正是西医逐步向中医靠拢，而不是中医西医化。

文章最后，他更完整地提出对中医现代化目的之思考："我认为中医现代化，应按中医学自身的发展规律，沿着验、便、廉的方向，想方设法提高防病、治病、养生、康复的水平，发扬其精华，与现代最新的科学技术相结合，从理论上争取有突破性的发展，从而引发世界主流医学的革命，这才是中医现代化的目的。"

第五章　中医薪火生生不息

2001 年 10 月 28 日至 29 日，"著名中医学家邓铁涛教授学术研讨会"在北京庄严的人民大会堂隆重举行。全国人大常委会副委员长铁木尔·达瓦买提、彭珮云，中纪委驻卫生部纪检组组长张凤楼等出席会议。会议由国家中医药管理局副局长房书亭主持，李振吉副局长、于生龙顾问及国家药品监督管理局副局长任德权等领导出席会议。参加会议的还有有关部委及北京、天津、广东卫生医疗单位的领导，全国著名老中医，以及美国、澳大利亚、日本等国的专家学者。卫生部副部长兼国家中医药管理局局长佘靖、广东省副省长李兰芳讲话。

邓铁涛发言时说：我今年 85 岁了，但要按照 58 岁的要求努力为中医工作。顿时引起会场阵阵欢笑，参会领导及专家学者都佩服邓铁涛的风趣幽默。

邓铁涛在"著名中医学家邓铁涛教授学术研讨会"上发言

　　佘靖局长在讲话中赞扬了邓铁涛几十年为中医药事业做出的巨大贡献，希望大家以邓铁涛为榜样，认真学习和大力弘扬邓铁涛"热爱中医、献身中医、实践中医"的精神，不断提高中医医疗保健服务的质量和效率，在新世纪更好地为人民的健康服务。会上，广东省中医药局拨款 5 万元设立邓铁涛学术思想研究启动基金，广东珠江投资公司、新南方公司和广州珠光房地产有限公司捐款 300 万元设立广州中医药大学邓铁涛学术研究基金。

　　这次由国家中医药管理局支持，中华中医药学会、广州中医药大学、广东省中医药学会等单位联合举办的邓铁涛学术思想研讨会，在医学界乃至全国范围内引起了强烈的反响，被评为 2001 年全国中医药十件大事之一。

大悲中的坚强，为中医而活着

　　2001 年是邓铁涛大喜大悲的一年。10 月的研讨会余音未了，11 月 21 日，与他相濡以沫 60 多年的夫人林玉芹女士突发大面积心肌梗死，舍他而去；2002 年 2 月 20 日，患癌症的大儿子邓中炎也随母亲去了。3 个月之内，相继失去两位亲人，对于 85 岁的邓铁涛来说，实在是太残酷了！

　　翻开相册，只见去年生日在广州白云山鸣泉居所照的"合家欢"，这是一个美满幸福的家庭：笑容满脸的他安坐在餐桌的正中，敦厚慈祥的妻子坐在身旁，左右两侧是大儿子中炎、次子中光。身后一字排开站着两位儿媳，两位男孙和一位孙媳妇。怎么转眼间，祖孙三代的温馨的家就破碎了呢？他久久端详着妻子那张发了福的圆脸，往事一幕幕涌现眼前。

　　他不能忘记，长着一张美丽的瓜子脸的香港树仁中学教师林玉芹，冲破世俗的偏见，嫁给他这个贫寒的药店坐堂郎中。

　　他不能忘记，在抗日战争与解放战争长达十几年的动荡、战乱中，林玉芹带着两个孩子跟他辗转于香港、广州、武汉谋生，他们一起挨过嚼干粟米充饥的日子，林玉芹以教师为职业与他共同挑起生活的重担，有时，她的薪金还超过丈夫的收入，贤惠的她，从无怨言。作为职业妇女，她的表现是出色的，从教师而教务主任而校长。新中国成立后，她担任了广州市教育局的视导员，负责指导全市小学的教育工作，忙得废寝忘食，回家又要照料两个孩子，夜里常常因为别人敲门叫邓铁涛急诊而弄得睡不安稳。终于积劳成疾，罹患高血压、冠心病、胃溃疡等多种疾病。邓铁涛深知她责任心极强，不安心请假治病，便千言万语劝说她"病退"休养。在人民路那间小楼上，一张床，一把躺椅，便是林玉芹的休养处，邓铁涛常常熬好自己开的汤药，端到她跟前的小茶几上。春天，还隔三岔五地买一小碟白玉兰花，让花的芳香代替忙碌的他陪伴妻子。就这样，从中年到临终前的几个小时，83 岁高龄的她，从未住过医院，邓铁涛是她生命的保护神。而她，虽然身体不好，却长期默默地操持家务，关爱子女，支持丈夫，就在她心脏病发作前 4 天，还亲手写好为丈夫祝贺 85 岁生日的菜单。

往事难忘啊！看着卧室、餐厅的书柜，他又想起了是智慧勇敢的林玉芹保护了这批珍贵的古典书籍。"文革"时期，家中只有孤清的林玉芹一人守着。有一天，一群"红卫兵"闯进家门，举手就要砸书柜，扯线装书。这时，林玉芹镇定地以师长的口吻循循善诱说："同学们，不能砸！毛主席的"老三篇"中就有一篇《纪念白求恩》。白求恩是个医生。人民需不需要医学？需不需要医生？这些书不是'四旧'，是医书，人民太需要医学书籍了，如果轻易地毁坏它们，就是对医学的损害。""红卫兵"们这才停下了手。这批古典书籍方才得以保存下来。那是邓铁涛从事医学研究的宝贵资源啊！患难见真情，林玉芹对丈夫事业的支持，仅这一件，就可见丹心一片了。

可是，现在这个有智有勇有谋的林玉芹哪里去了呢？邓铁涛在弟子刘小斌教授的搀扶下，跟跟跄跄地来到第一附属医院，目送她走完生命的最后一程，眼泪夺眶而出，来回走过无数次，从医院到家里的路竟变得特别漫长，双脚沉重得每挪动一步都感到困难。

"爸！选一块好的墓地，让妈妈入土为安吧？"子媳征求他的意见。

"不！骨灰安放在家里，我可以天天看到她！"

当儿孙们护送骨灰回家的时候，对生死之事已司空见惯的邓铁涛，却怎么也接受不了这残酷的现实。林玉芹的辞世，使邓铁涛一下子苍老了许多，血压也大幅度波动，整整一周，他在自己的房间里，看书，写字，空气沉寂得像凝固了一样。

一晚，他把儿子、儿媳都叫到跟前，冷静又带几分沉重地说："你们的母亲，一辈子从事教育事业，热爱教育事业，我想完成她的心愿，把她毕生积蓄下来的18万元，我再补12万，凑足30万，捐给学校，我想听听你们的意见。"

子媳们都佩服老人的理智，为他坚强地从悲痛中走出来而感到欣慰，个个都表示赞成。接着，全家认真讨论这笔钱捐到哪里去。邓铁涛想捐给妻子生前在广州工作过的学校，但儿媳们说："几十万元对于一间大城市的学校来说，不过是九牛一毛，农村更需要支持，不如捐回家乡。"

大儿媳主动承担了责任，说："爸爸，这件事交给我办吧！"

她先后几次回到邓铁涛的家乡开平市月山镇，在镇政府的协助下，考察了当地的中、小学办学情况。最后，邓铁涛决定把这笔钱捐给办学认真、成绩优秀、当时被评为江门市一级中学的开平市月山中学。学校当时正在兴建一栋学生宿舍大楼，就把这幢楼冠名为"林玉芹楼"，并由邓铁涛亲笔题写。月山镇人民政府写了"林玉芹楼记"，简单介绍了林玉芹的生平，"楼记"刻在花岗岩石板上并镶嵌在大楼墙壁。

大楼落成的时候，学校主张搞个剪彩礼，请邓铁涛去主持，但是，他却说："不必了，把钱省下来吧！"他只在校庆的时候，到这所学校看一看他妻子的化身——林玉芹楼。

邓铁涛夫人林玉芹女士捐赠 30 万元予故乡开平月山中学建设学生宿舍

　　邓铁涛本就是一个自奉甚廉、务实的人。他可以把妻子毕生积攒的几十万元慷慨地捐给学校，可以把自己精心研制并获得广州市科技进步奖励的科技成果转让费五万元全部捐给医学会，可以从自己的收入中一次又一次捐钱奖励后学，资助贫困病患，自己却过着十分俭朴的生活。他住的是大学的单元宿舍，他们夫妇与次子各占一间卧室，他长期在卧室读书写作，家里没有现代装修、豪华家具，客厅用的是老旧的木圆桌、长椅，也不知是哪个年代买的了，还有一大一小的两张藤椅，是他休闲时坐着读报看书看电视的。客厅里，熠熠生辉的是徐向前元帅为他亲笔写的条幅"心底无私天地宽"，时任卫生部副部长朱庆生为祝他 85 岁寿辰赠送的铜匾"大医精诚"，还有患者送的两尊塑像。记载着他学术成就的各种奖杯和纪念品就排列在客厅二儿子邓中光自己设计并打造的木头展示柜里。学校领导曾提议帮助装修一下房子，他却说："能住就行了，家具也不换了。"他就是这样一个追求精神富有而不尚奢华的高尚的人。

　　当邓铁涛正从捐赠"林玉芹楼"一事中获得一丝慰藉的时候，更大的不幸又向他袭来。大儿子中炎因癌症病情突然恶化，于 2002 年春节后又舍他而去。他感到揪心的疼痛。他在心底呼唤：

　　"孩子啊！当五十九年前，你在战乱中呱呱坠地的时候，你是祖父单传的长孙，是全家的希望，你从小听话又调皮、乖巧而孝顺；高中毕业后，毫不犹豫地考了广州中医学院，你学业优秀，立志成为父亲的传人，你是我事业的延续与希望。你该不会忘记，父亲为你获得教授、博士生导师资格的喜悦，你该不会忘记，当你肩挑基础医学院院长重任时，我对你的嘱咐——'要以服务人民，培育人才为人生宗旨'。你出版了一本又一本学术专著的时候，我希望你为发扬光大中医学说而超过自己的父亲。当你接受'广东省名中医'称号的时候，我还想着你能在培育中医人才的岗位上做出更大的贡献。你的人生太短暂了，事业对于你来说，正是任重道远，老父亲的学说需要你继承，正倚重你做我的左膀右臂啊！你怎么能撒手而去呢？"

几天之后，学校举行邓中炎教授的遗体告别仪式，家人、弟子，谁都不敢问他是否出席。因忍受不了白头人送黑头人的悲伤，害怕自己倒下，所以他没有去见儿子最后一面，就这样把自己关在家里。但他始终坚持着"为了中医事业我不能倒下去！"他强迫自己把精神专注于教学、科研和临床上，用更加倍的工作来掩埋失去亲人的悲痛。在失去2位亲人之后，他为《碥石集》第三集写了长达7000多字的序言；失去亲人的第一个中秋节（即2002年中秋节），万家欢乐庆团圆之时，他独自一人在书房里又写下了《碥石集》第四集的序言。

此后，邓铁涛忘我地投入学术继承指导工作、投入临床会诊、投入抗击"非典"、投入学术会议和国际研讨、投入新世纪新的呐喊，不断写出在全国有很大影响的文章，他视野更广阔，思维更敏锐。经常陪伴他左右的学术继承人邱仕君教授说："邓老已经从悲痛的阴影中走出来了！他为大家而活着，为中医而活着。用三个词来概括这段时间的邓老，那就是：坚忍、坚强、坚毅。"

这是为了中医药事业，五雷轰不倒的邓铁涛！

香港荣誉博士和荣誉教授

　　2001 年 12 月，香港浸会大学举行了隆重的"校长就职暨颁发荣誉博士学位典礼"。这是浸会大学颁发的第四批荣誉博士证。据有关人士透露：被这所大学授予荣誉博士学位的有诺贝尔奖得主，有世界各地著名自然科学家和人文学者，而授予中医界的学者，邓铁涛是第一人。

　　这一天，浸会大学礼堂嘉宾如云，香港特别行政区行政长官董建华莅临主礼，历届获得该校荣誉博士学位的著名学者从世界各地赶来，礼堂上下两层座无虚席，十分敬业的香港记者们手持"长枪短炮"，把镜头瞄准了主席台。邓铁涛身披间金色条纹的大红荣誉博士袍，被人簇拥着迈上了主席台，前后还有同时获颁荣誉博士学位的几位中外学者。他个儿最小，年龄最大，但健步不让年轻人。他们数人在行政长官董建华的右边坐定。新任校长就职仪式之后，邓铁涛是第三位被请到主席台前接受学位证书的。他庄严地肃立着，一位女士朗声宣读了授予荣誉博士学位的决定。然后，他被人引导到主

2001 年 12 月 4 日，香港浸会大学授予邓铁涛荣誉理学博士，会后与
香港特别行政区行政长官董建华（中）、广东省中医院院长吕玉波合影

席台的中央，行政长官董建华用博士帽在他头上轻扣，对他致以热烈的祝贺。之后，邓铁涛把黑色镶金穗的博士帽郑重地戴在头上，转身向全场鞠躬致意。

这时候的邓铁涛，百感交集。64 年前，他是香港九龙一间药店的坐堂中医。几年前，已是著作等身，科研成果硕硕的他，以广州中医药大学教授的身份，第一次应邀到这所大学讲学，不过，彼时的香港还被英国殖民统治。此刻，香港已经回归祖国怀抱。在中华人民共和国国旗下，在庄严的国歌声中，接受这份荣誉，怎不令他感动？他对人说："如果不是新中国的栽培，让我有条件从事临床，进行科研和教学，哪有我今天的成就！"

1979 年 6 月，邓铁涛就曾再一次来到香港。当时是应香港新华中医中药促进会的邀请，广州中医学院与广州医学院联合组团赴港，邓铁涛是成员之一。同时，还赴澳门访问。他在港澳交流治疗高血压、冠心病和运用中医脾胃学说的经验。香港浸会大学 1999 年开办中医药学院，邓铁涛十分关心这个中医教育阵地。原广州中医药大学副校长刘良当了这所中医药学院院长之后，多次请邓铁涛去讲学，他从不推辞。他还担任了这所中医药学院的技术鉴定委员会委员，参与各种专业评审活动。香港大学的中医药学院也经常请邓铁涛前往讲学。据广州中医药大学的统计，从 1981 年到 2002 年 11 月，邓铁涛赴香港、澳门讲学有 22 次之多。

2003 年 10 月，邓铁涛获邀任香港浸会大学中医药学院荣誉教授。

2004 年，国家中医药管理局举办的全国名老中医专家临床经验高级讲习班第六期在香港举行。这次活动是与香港特区政府医管局联合举办的，香港中医界人士出席听讲。邓铁涛演讲了 2 个课题："新技术革命与中医""吴鞠通病源学说的科学性"。这样，邓铁涛在香港的讲坛，从两所大学扩展到由政府召集的中医药界。而通过港澳这两个窗口，也使他的学术思想传向世界。

"最大的遗产为仁心仁术"

2009 年 7 月 1 日，卫生部副部长王国强赴广东为邓铁涛颁发 "国医大师" 证书和奖章，颁授仪式在广州中医药大学第一附属医院门诊楼大厅举办。邓铁涛致谢辞说："今天是我们党的生日，首先让我敬祝中国共产党成立 88 周年，带领 13 亿人民战胜一切灾害和金融海啸，从胜利走向胜利！" 大厅里响起热烈的掌声。他接着动情地说："作为一个在坎坷路上走了几十年的老中医来说，是无限的光荣与幸福。饮水思源，我这些光荣与幸福，都是党和人民给的。" 邓铁涛表示，一定加倍努力，胜利完成国医大师工作任务，向党和人民交上一份合格的答卷。

2009 年 7 月 1 日，国医大师颁授仪式后，邓铁涛与弟子邓中光（左）、秘书陈安琳（右）合影

2014 年 7 月 3 日上午，"广东名人国医大师邓铁涛档案捐赠仪式" 在广州中医药大学邓铁涛研究所举行。这是国内首位中医名家档案被广东省档案局（馆）收藏。邓铁涛亲临捐赠仪式现场移交档案资料。邓铁涛在仪式上表

示:"我几十年能走到今天,正如习近平总书记说的,'道路决定命运'。我受党的教育,学会用马克思主义的历史唯物主义和辩证唯物主义观点为振兴中医药事业而奋斗,并得到政府的认可与支持,荣获'国医大师'称号。现将我为中医事业而奋斗的相关资料献给省档案馆。感谢党和政府对我的教育与培养。"

但这并非邓铁涛第一次捐赠"身外之物"。他的图书主要捐赠给广州中医药大学图书馆、多家中医医院的阅览室。广州中医药大学图书馆建设有邓铁涛捐赠图书的特藏室。2012年2月25日,他在家中向广东中医药博物馆捐赠了一批实物原件,包括"中国针灸学研究社社员证书"、荣誉理学博士袍,以及"中华文化黄河发源,长江发展,珠江振兴"等墨宝3幅。此后,邓铁涛及其家属邓中光、陈安琳伉俪又先后捐赠数十批次邓铁涛物件。邓中光、陈安琳还参与了后来筹建"邓铁涛纪念馆"的全过程。2024年11月6日,邓铁涛纪念馆在广东中医药博物馆内落成开馆,丰富的真迹藏品正式向公众开放参观。

神龟虽寿,犹有竟时。2017年4月17日,邓铁涛得知国医大师颜德馨仙逝的消息,他回忆起10多年前,颜老突破门墙为广东带徒,指导广东弟子抗击"非典",还将膏方绝学倾囊相授,深为感念,撰写了"一代宗师仙逝,颜氏流派永存"挽联,深切缅怀挚友。5月7日,邓铁涛对陈安琳说:"我有些身后事情要交代给你。"陈安琳拿来纸和笔,一边记录一边复述给邓老确认。

邓铁涛嘱咐道:"我一生做中医,告别仪式要有我的学生弟子代表和家人站在一起。按顺序排列:邓中光、刘小斌、邱仕君、徐志伟、陈立典、杨伊凡、郑洪。这七个弟子代表要为我发讣告、扶灵、和家人站在一起。穿着要整齐。"告别仪式要使用的照片,在陈安琳协助下,他选定了2004年拍摄的证件照,并嘱咐转给一附院和研究所备份。"我最后穿西装打领带,戴国徽。""我身后的事情需要与大学、医院联系的全部由刘小斌负责。"

"告别仪式奏《在那遥远的地方》，这是我最喜欢唱的歌。"

"挽联写'生是中医的人，死是中医的魂'，如果有横批，写'铁杆中医'。"

"希望以后经常有人去看看我。我下一世还做中医。"

中秋节后，时年101岁的邓铁涛服从组织安排入住广州中医药大学第一附属医院心血管病科调养。

2017年邓铁涛在病房疗养，坚持每天读报

11月1日，邓铁涛补充嘱咐："安琳代我交最后一笔党费1000元。"

住院期间，这位看遍世事变迁的期颐老人对待生死无比坦然，他反复对弟子刘小斌说三句话：一是"置生死于度外"，二是"问心无愧方乃真君子"，三是要好好读读毛主席的《为人民服务》。2018年11月7日，在自己的生日会上，邓铁涛说，记得102岁、103岁生日会都在心血管病区，现在我又迈进104岁人生旅途。此后，邓铁涛曾一度转入ICU，但他清醒后却用笔写下"不要做无谓的事情"。

2019年1月10日6时6分，国医大师邓铁涛教授安然长逝，享年104岁。老人家在遗嘱中写道："我能留给儿孙最大的遗产为仁心仁术、全心全意为人民服务。"

医界巨星陨落，同仁咸多悲悼，全国各地包括海外中医药界以及社会各界人士纷纷发来追思唁电，送来悼文挽联，敬送花圈，媒体报道如漫天飞雪。如张伯礼院士："国医楷模一代人，大师风范万世存。传承坚守保根基，留得青山绿成荫。"陈可冀院士："邓铁涛大师千古，一代宗师，四海同悲。"首届国医大师周仲瑛："沉痛悼念邓铁涛教授。铁杆中医，国医砥柱，大医精诚，风采永存。"

党和国家领导人、中共广东省委广东省人民政府对邓铁涛这样一位老中医的逝世，也表示深切哀悼，亲切慰问，敬献花圈。

生是中医人，死是中医魂

2009年9月28日晚上7点30分，广州中医药大学大学城校区，千名青年学子在这里举行庆祝中华人民共和国成立60周年大型文艺晚会。由第一临床医学院自发组织编演的诗朗诵《苍生大医》，描述了邓铁涛岁月如歌的一生，当大屏幕出现邓老图像及勉励同学们"学我者必超我，祝愿大家未来成为中医大师"的录音讲话时，全场响起经久不息的掌声，同学们欢声雷动，晚会达到高潮。

节目主持人道出了大家的心声：国医大师邓铁涛老先生的青少年时代饱尝战乱的悲惨和亡国的屈辱，也亲眼看见了中华人民共和国的诞生，他而立之年亲身参与了母校的筹建，从此就把一生献给了广州中医药大学和中医药事业。他的身上既有老一辈中医药人"大医精诚""上医医国"的风骨，也体现着母校"厚德博学，精诚济世"的校训精神。他是广州中医药大学的象征，也是新中国中医药事业的象征。

2024年开学之初，广州中医药大学第一附属医院院长，同时也是邓铁涛研究所新任所长李俊教授，在"铁涛班"思政第一课上深切缅怀邓铁涛，呼吁青年学子弘扬"铁涛精神"，争当新时代的"铁杆中医"。

2015年9月20日，邓铁涛和广州中医药大学首届"铁涛班"新生合影

那么，什么是"铁涛精神"呢？李俊教授说，国医大师邓铁涛教授一生以振兴祖国医学为己任，以弘扬中医药文化为使命，为党和人民的中医药事业忠诚担当、攻坚克难，为中医药传承人才培养呕心沥血、建言献策、不懈奋斗。他的精神意志既体现了中国共产党人精神谱系之科学家精神共同特征，又展示了中医药领域科学家独特的优秀思想品格。这就是值得我们中医人代代传承的"铁涛精神"！

他向同学们进一步详细阐释了"铁涛精神"的含义：

一是初心如磐，矢志岐黄的爱国精神。胸怀祖国、矢志创新，是我国不同时期、不同领域的科学家共同的精神内核。他们的一生追求与祖国需要紧紧联系在一起。他们的事业，因自觉与国家需要和民族命运相结合而倍显光辉。邓铁涛也不例外，正是怀着对祖国的无限忠诚和热爱，青年邓铁涛不畏艰险，投身于抗日救国的伟大事业。

"不为良相当为良医"。邓铁涛从小立志从医，救死扶伤、悬壶济世就是他的初心，祖国医学振兴发展就是他的梦想，矢志岐黄、弘扬祖国医学承载着他对祖国最真挚最热烈的爱。邓铁涛说："我是为中医而生的人，所以一生为她奋斗；对中医的发展，看得比自己的生命还重要。"

诗言志，歌咏情。邓铁涛 80 余岁仍写下了热恋中医的诗歌《热恋的答辩·代序》：

> 八十七岁了，还热恋着她？
>
> 我越是老来越爱她。
>
> 她比你大几千岁，
>
> 值得你刻骨铭心的爱？
>
> 她还年轻，君不见，
>
> 她正打败新世界的恶魔 SARS!
>
> 人人都说不知她的美在哪？
>
> 容貌朦胧欠清明。
>
> 不敬重她的人休想看见她，
>
> 天姿国色披着厚厚的云霞。
>
> 你看：她有一颗慈母的心，一双"观音菩萨"的手；
>
> 你听：大医精诚，救死扶伤，健康长寿，
>
> 多么婉转美妙的歌喉。
>
> 你说，你说，教我如何不爱她？！
>
> 2003 年 7 月应届毕业的研究生，经过紧张热烈的答辩，即将走向社会。我这个答辩却没个完，因为相信我的人还未占多数。
>
> ——邓铁涛，2003 年 7 月 5 夜于广州中医药大学

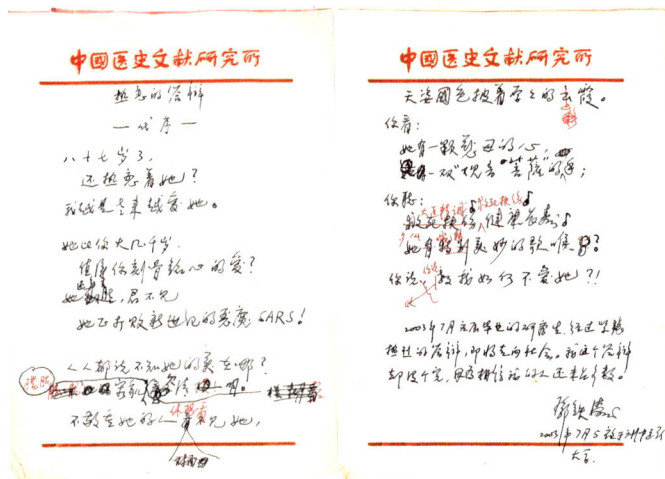

2003 年 7 月 5 日答辩季抒怀

　　从年少立志到阅尽百年沧桑，跨越一个世纪，邓铁涛始终在做着一个从未改变的中医梦。他的梦想，就是"21 世纪是中华文化的世纪，是中医腾飞的世纪！"这就是邓铁涛的"中医梦"！他用名字写下了百年中医药事业的宝贵注脚，用铁肩铸就了让一代代岐黄后人守望致敬的精神坐标。

　　二是仁心仁术，精诚济世的人本精神。邓铁涛的人文思想、人本精神，集中表现为他对"仁心仁术"的追求和倡导，表现为他精诚济世的毕生实践。"仁"是传统文化儒家思想的核心，仁者爱人，"仁心仁术"就是怀着关爱之心施行有人文温度的技术。"仁心仁术乃医之灵魂"，因为中医学是以人为本的健康医学。作为中医生，对患者有爱心，这是天职。邓铁涛说："仁心仁术是对我们每一个医务工作者的职业要求，是我们必备的素养。没有这个素养，请你别当医生！"邓铁涛把临床疗效看成中医的生命线，几十年坚持临床实践，坚持"实践是检验真理的唯一标准"。在中医药是否有效的问题上，坚持"人点头，而不是老鼠点头"！

　　除了坚持施行"仁术"，邓铁涛还经常予以患者经济上的帮助和精神上的支持，一次又一次用实际行动诠释其精诚济世之情怀。乃至邓铁涛的遗嘱，"我能留给儿孙最大的遗产为仁心仁术、全心全意为人民服务"，无不彰显邓铁涛一生以人为本、仁者爱人的赤诚之心。

邓铁涛自己，怀着施行仁心仁术以救死扶伤的济世情怀，精研学术，躬耕临床。他忧患者之忧，敢于开拓创新，为攻关疑难罕见疾病义无反顾，数十年如一日攻关重症肌无力，成功创立中医理法方药系统诊疗方案，使无数患者免于病痛折磨。

三是文化自信，勇担使命的斗争精神。"斗争精神"出自习近平总书记在中国共产党第二十次全国代表大会上所做报告。习近平总书记在报告中强调，要"坚持发扬斗争精神。增强全党全国各族人民的志气、骨气、底气，不信邪、不怕鬼、不怕压，知难而进、迎难而上，统筹发展和安全，全力战胜前进道路上各种困难和挑战，依靠顽强斗争打开事业发展新天地"。回顾邓铁涛一生，这位优秀共产党员中医的身上，闪耀着斗争精神的光芒。邓铁涛在危机困难面前敢于挺身而出，在歪风邪气面前敢于坚决斗争；作为党员，展现了勇于担当作为的风貌；作为中医，展现了高度的文化自信。邓铁涛一生最艰苦卓绝的斗争，就是同民族虚无主义的斗争，坚决保护祖国医学宝库，坚定致力于整理和挖掘祖国医学遗产。他说："中医学是中华文化的瑰宝，是关乎国计民生的大事情、大学问。作为中医院校的医学生，肩负着传承中医药文化和促进中医药发展的历史使命。""现在21世纪了，我们必须重新认识我们的传统文化，对我们优秀的中华文化树立信心，并加以发扬和发展，这是我们的责任。"

邓铁涛以"舍我其谁"的使命感担当起振兴中医的历史大任，并为之进行了艰苦卓绝的斗争、贡献了毕生精力，厥功至伟。

四是铸魂育人，甘为础石的教育精神。作为一名中医教育家，邓铁涛尤其重视传承人才培养，认为"弘扬中医药事业，人才是根本！"中医事业是接力事业，只有薪火相传才能持续发展、传承光大。邓铁涛高山仰止，却日夜忧心中医药人才成长青黄不接，甘当磌石人梯，因为"继承名老中医经验，抢救中医学术，已成燃眉之急！"2006 年大学校庆，邓铁涛这样寄语中医教育："为人类的健康育天下之英才。"站在事关全人类健康的高度来观看中医教育，这是邓铁涛的中医教育思想。邓铁涛特别强调，"中医教育首先要着力给学子们铸造'医魂'，要把热爱中华文化、热爱中医事业的热忱传承给一代代中医学子"，因为"如不铸造医魂，只传授些技术，最终是不会培养出优秀中医学子的"。他从未停止过对青年学生思想的启迪，时时刻刻关注着他们的健康成长。曾挥毫落纸，大笔如椽，一气呵成书写道：

"振兴中医，需要一大批有真才实学的青年中医作为先锋。这些先锋，对中医有执着的爱，掌握中医的系统理论，能用中医药为人民解除痛苦，有科学头脑，有广博之知识，决心利用新技术以发展中医学，并在发展中医学中又反过来发展新技术。这不是高不可攀的，就怕决心不大，骨头不硬，方向不明，对祖国、对社会主义、对几千年岐黄之术没有炽热的爱。

这是写给广州中医学院 1982 级本科班同学信中推心置腹之言。

邓铁涛严谨细致的治学态度、孜孜不倦的学习精神，是活到老学到老的典范，特别值得我们求学过程仿效学习。他的书房就像一间小型图书室，里面不仅有很多古典医著、名医经验，还有文学、历史、哲学等书籍。邓铁涛一生博学，古典医著、名医经验乃至民间验方和文、史、哲一并博览、融会贯通，因而他的医术不仅精益求精，而且他的思维敏捷、眼界宽广，对中医的过去、现状、未来都有独特的见解。

最后，李俊所长引用了原广州中医药大学副校长、全国人大常委会委员王宁生对邓铁涛的评价，他说：

邓铁涛对于广州中医药大学其意义已远远超出了他的学术价值本身。从某种程度而言，邓铁涛是我校的旗帜。邓铁涛所追求的学术意境和表现出的对中医药发展的理性关怀已经深深地影响了我校杏林学子的心灵。邓铁涛是一部历史，在他身上写尽了我国当代中医药发展的演进和变迁，写尽了我校建校以来的成长与壮大。邓铁涛生活在现实与历史的深度里，搞好学术的同时又具有深切的社会关怀。邓铁涛铁肩担道义，对中医药发展的隐忧与期盼，对青年人才的培养与教诲无不倾注了他的思考与心血。邓铁涛的一生是叱咤风云的一生，他的四处出击、他的滴血呼喊无不让人为之动容。

邓铁涛的志存高远和锐意进取正是一代代中医人精神风貌的集中体现，他们的坦诚、敏锐、积累、思辩亦正是近代中医百年历史的宝贵精神财富。

尾 声
"万里云天万里路"

我们是为中医而生的人，所以一生为她奋斗。要把中医的发展，看得比自己的生命还重要。很高兴能见证中医事业的腾飞，我看到了中医药的春天，中医中药将为人民的健康发挥越来越重要的作用。

我说说我的梦想吧，21世纪是中华文化的世纪，是中医腾飞的世纪，这就是我的中医梦！

——邓铁涛

2024 年 1 月 10 日，广东省中医药学会在广东省中医院二沙岛分院隆重召开纪念邓铁涛教授逝世五周年暨学术思想传承座谈会，以延传他独特的学术思想，学习他高尚的品格风范，缅怀他为我国中医药事业做出的重要贡献。原卫生部副部长、国家中医药管理局原局长王国强带着邓铁涛生前写给他的几封亲笔信来到广东参加纪念活动。

王国强副部长向将毕生心血都奉献给了中医药事业的邓铁涛教授致以崇高的敬意和深切的怀念。他说，5 年前的今天，我们敬爱的国医大师邓铁涛老先生仙逝，全国广大中医药同仁为中医药行业失去了一位敬仰的旗手而悲痛不已。"生是中医的人，死是中医的魂"，这是邓铁涛先生生前为自己选定的挽联。邓铁涛将个人的命运与中医药的事业紧紧地连在一起，他热爱中医，心系中医，乃至他的一生都在为中医大声疾呼。即使在晚年高龄之时，仍然在为中医药传承创新上下奔走，他光辉的一生将永远地被中医药人所铭记，他毕生做出的重大贡献将永远地载入中医药的史册。

王国强副部长回忆他和邓铁涛交往点滴，他说，自 2007 年担任卫生部副部长和国家中医药管理局局长之后，曾多次领略过邓铁涛的卓越风采，多次当面聆听过邓铁涛的教育和指导，多次交换过书信，亲身感受过他的勉励和鞭策，也亲身请教过他对中医药事业发展的真知灼见。这次王国强副部长专门带来了自己珍藏的这些年来邓铁涛给他的一些书信，并把这些珍贵的资料献给邓铁涛研究所。其中，三封信的内容，王国强副部长在会上和大家作了分享。

第一封信是邓铁涛 2009 年 9 月 19 日写的。

王国强副部长，您好！兹送上简报两份，请您赐阅。自您上任以来中医药工作取得了很大成绩，这是有目共睹的事实。作为在中医事业中生活了数十年的我，真可以说是喜在心头。中医在近百年来受到不少不公正的待遇，这并不奇怪。中医和国家同呼吸共命运，过去被西方的炮弹和鸦片的伤害，失去了民族的自尊心。在民族虚无主义横行时期，中医被歧视、轻视及排斥，这是历史的必然。今天在我党的正确领导下，中医政策的正确贯彻，此其时矣。中西医并重并举，已经提出了数十年了，我写此信的目的，希望中管局深入中医药事业的各个方面，看还有多少与并重相反的措施，卫生部门给予坚决的纠正。是不是并重的措施，不能以西医的规则为标准，应该以是否符合中医的特色为标准。如《医师法》有不少是不利于中医的规定，是最明显的例子。总之我所知有限，建议再组织一个专门研究"对中医药事业与学术发展不利"的调研课题组，以便深化改革。

　　第二封信是邓铁涛 2015 年 2 月 8 日写的。

　　王国强副部长，您好！日前读了《光明日报》2014 年 12 月 14 日第 5 版刊登的《医疗航母能否领跑中国医改》一文，读后有几点意见向您请教，因心中不安不吐不快。①这做法不但不能领跑医改，而是反医改！该文脱离中国之国情，盲目仿西方之做法。不知我们是人口众多之发展中国家，都去北京之航母治病行吗？不管你收费多少，远在青海、新疆之病人，都要家人陪伴，要花多少钱呢？……②这个航母要买世界级的设备，多少钱流向了资本主义国家？③中国之医改的主要矛盾是看病难，看病贵，而这一航母是增加矛盾而不是解决矛盾。这一措施不管是由国办还是私办，都是一个大错误！！④为什么不筹资送人才去我们的贫困地区去解决劳苦大众的困难呢？⑤前些年卫生部门强调资历，又要考西医，把不少民间中医资格取消了！我以为应该由政府或民间筹款，对原已被取消中医资格者，重新加以短期的及不断的培训，这是最好的、易行的，是中国社会主义初级阶段的真正的医改。近年中医药工作在您和中管局的领导下有了很大的成绩。搞好医改是习近平总书记"伟大复兴的中国梦"的重要组成部分。我这个"90后"的人，希望能看到中国的医改能够早日胜利成功，所以不自量力写了几点意见，不知是否有当，请多指教。

第三封信是邓铁涛 2011 年 1 月 9 日写的。

王国强副部长，您好！最近在《中国中医药报》上拜读了您在中国科协年会上的特邀报告《发展中医药，造福全人类》，读后十分佩服。我认为您的报告把中医的问题说透了，可以看作是一篇"21 世纪的中医宣言"。我们最近正在编写一本《中医基本理论》，想借用您的报告作为代序，以打开中医学之大门，以教育下一代。不知尊意以为可否？本书已编了两年多了，至今未完稿。稿未完，先请序，似失常规，但觉得您的报告对晚辈的教育实在太好了，所以敢冒昧作不情之请。书是我主编的，将以"五脏相关"取代五行学说，亦加入体质学说。总之想编一本 21 世纪的中医基本理论，以就正于当代。

王国强副部长说，这三封信，使我们深切地感悟和领略了邓铁涛作为老一辈中医人对中医药事业执着追求的情怀、深邃敏锐的智慧、高风亮节的风范、谦虚谨慎的品质，以及对国家中医药管理局的勉励和鞭策，使我们深受教育、启迪和鼓舞，不断地激励着我们满怀激情，开拓进取，把中医药工作推向前进。"铁涛精神"是我们中医药事业发展的宝贵财富，我们要面向国家重大需求、面向人民生命健康，继承和发扬老一辈中医学家胸怀祖国、服务人民的优秀品质，培育和增强敢为人先的创新精神，争做祖国医学新时代新成就的创造者、奉献者，争做大医精诚崇高思想品格的践行者、优秀传统文化风尚的引领者，以实际行动诠释铁涛精神的真谛，勇担时代赋予我们的神圣使命，为实现中医药事业振兴发展梦想而不懈奋斗。我们要把邓铁涛留给我们的宝贵财富、精神力量、学术思想传承于后代，光大于后世，造福于后人。

邓铁涛始终致力于发扬中医的临床诊疗思维与技术，继承与创新中医理论学说，提出了系列发展中医战略大计，对我国中医药学术和事业发展做出了重大贡献。正是有了像邓铁涛这样杰出的代表，一大批中医药人的不懈努力，才迎来了中医药振兴发展天时地利人和的大好时机和历史机遇。弟子代表邱仕君说：邓老的国医大师之路可以说是"万里云天万里路"，弟子们将始终致力于弘扬其仁心仁术的思想宗旨、敢为人先的科学态度、传道授业的师道风范和赤诚无私的奉献精神，继承和发扬邓老的学术思想与诊疗经验，树立发展中医药事业的坚定信念，为中医药传承之千秋大计继续不懈努力。

回看邓铁涛的一生，是对"悬壶济世"多维度的演绎：是坚守热爱，让古老文化不绝如缕；是无畏付出，为疾苦病患重燃希望；是无私传承，使杏林薪火代代相传。

邓铁涛的一生，怀揣着对中医的炽热，一脚深一脚浅地踏入这古老而神秘的领域且坚毅前行。每一步，都烙印着他对生命的尊重，对中医文化的坚守。他这一路，不只是时空意义上的跋涉，更是心灵的长征。

在那悠悠岁月里，他告诉我们，有一种力量能跨越时间，有一种热爱可抵御沧桑，那便是为理想、为信念倾尽全力，为民族文化、为人类福祉无私奉献。人生之路，恰如这万里云天万里路，或有疾风骤雨，或遇荆棘坎坷，但只要怀揣梦想与坚守，以无畏之心直面挑战，用仁爱之情温暖他人，便能如邓铁涛一般，让生命绽放光芒。

当下，站在新时代的新起点，中医迎来前所未有的机遇。科技赋能，大数据、人工智能与之相拥，传统文化与前沿科技碰撞，古老智慧焕发崭新光芒。

而今，在全球化的舞台上，中医也不再局限于一方诊室、一本古籍，而是以其独特魅力，借助现代信息化与科技劲风，跨越国界藩篱，传递着人与自然和谐共生的东方哲理，向世界讲述"上工治未病"、东方养生祛病的奥秘，成为人类健康福祉的共同希望之光，在国际舞台上崭露头角，续写华夏智慧的不朽传奇，开启人类健康的全新纪元。

高山仰止，我们既要心怀梦想，仰望高山；

景行行止，我们也要脚踏实地，追光而行。

万里云天凭志远，路在脚下任驰骋。

漫漫中医路，拳拳济世心；

巍巍中医梦，殷殷强国愿。

共勉之。

邓铁涛大事年表

1916 年　11 月 6 日（农历十月十一），出生于广东省开平县（现开平市）钱
岗乡石蛟村。

1932 年至 1937 年　就读于广东中医药专门学校，为第九届毕业生。

1938 年至 1941 年　在香港办南国新中医学院（夜校）。

1950 年　1 月，受聘于广东中医药专科（门）学校。5 月，在《广东中医药》
创刊号发表《评所谓"改造中医方案"》。在《星群医药月刊》第 5
期发表《中医怎样提高一步》。7 月，任广东中医药专科学校教务
主任。8 月，在《广东中医药》第 2 期发表《新中国需要新中医》，
反对"勿需培养新中医"错误观点。12 月，整理"广州中医教育
界座谈会纪要"，载《广东中医药》第 3 期。

1951 年　1 月，整理"广州中医界座谈会纪要"，载《现代医药杂志》第 1 期。

1953 年　8 月，任广东省中医进修学校教务主任。

1954 年	编写广东省中医进修学校《中国医学史》教材。
1956 年	1 月，获广东省卫生厅授予的"先进工作者"荣誉奖章。3 月，编写《中医内科学》教材。9 月，参加新成立的广州中医学院教学、医疗和科研工作。
1957 年	1 月，与罗元恺合编的《常用的中药》《中医妇科常见病》正式出版。7 月，在广东省科学馆进行学术讲座"宋代以后祖国传染病学的成就"。
1958 年	8 月，获广州市人民委员会授予的"先进生产工作者"奖章。12 月，参加向秀丽抢救治疗小组，任中医组组长。12 月，光荣加入中国共产党。
1961 年	在《广东中医》第 4 期发表《如何研究整理祖国医学遗产》。7 月，主编《脾旺不易受病》，参加广东省中西医结合经验交流会议。
1962 年	5 月，编写《中医学简明教程》，由广东人民出版社出版。9 月，出席广东省名老中医座谈会，成为第一批由省政府授予荣誉称号的广东省名老中医，并接收广州中医学院第一届毕业生劳绍贤为徒。1962 年 1 月至 1964 年，历任《广东中医》《广东医学》杂志副主编。
1963 年	3 月，参加"什么是祖国医学理论的核心"问题讨论。发言稿刊载于《广东中医》第 3 期。5 月，参加全国中医 2 版教材编写会议，承担《中医诊断学》主编工作，并参与《内科学》《各家学说》《中国医学史》编写讨论。
1964 年	8 月，主编《中医诊断学讲义》，由上海科学技术出版社出版。
1971 年	6 月，主编《中医学新编》，由上海人民出版社出版。10 月，主编《中医学基础》，在广州中医学院作为教材使用。
1972 年	7 月，主编《新编中医学概要》，由人民卫生出版社出版。
1973 年	9 月，任广州中医学院教务处副处长。

1977 年 在《中华内科杂志》第 1 期上发表《冠心病的辨证论治》。11 月，日本《汉方研究》第 11 期将该文翻译转载。在《新医药杂志》第 7 期上发表《眼肌型重症肌无力的中医治疗》。11 月，任中国人民政治协商会议广东省第四届委员会委员，连任至 1988 年第五届委员会委员。

1978 年 被批准为首批中医硕士研究生导师，招收研究生梁德任、李杰芬。主编的《新编中医学概要》获全国科学大会奖。12 月，广东省人民政府授予其"广东省名老中医"称号；获评"广州中医学院教授"。

1979 年 任中华全国中医学会常务理事、中华医史学会委员。主编的《中医学新编》获 1979 年广东省科学大会奖。5 月，主编《简明中医辞典》，由人民卫生出版社出版。6 月，应香港新华中医中药促进会邀请，至香港、澳门进行学术交流。9 月，在北京就"中西医结合"问题发表讲话，认为关键是如何结合？把中医放在什么位置上？是否唯一正确道路？1979 年 4 月至 1984 年 6 月任广州中医学院副院长。

1980 年 任中华全国中医学会中医理论整理委员会副主任委员。12 月，主编的《简明中医辞典》获广东省高教局科技成果奖二等奖。

1981 年 在《广东医学》第 1 期发表论文《中西医结合的回顾与展望》。11 月，应日本中医学会邀请，参加第十四届汉方学术交流会。12 月，论著《学说探讨与临证》由广东科技出版社出版。该书 1983 年获广东省卫生厅、高教局科技成果奖三等奖。

1982 年 1 月，开始对"五灵止痛散"进行临床研究。在《新中医》第 2 期上发表文章《怎样理解中医现代化》。2 月，写信给中华全国中医学会，提出"不同意用中西医结合来代替中医"等六点意见。3 月，任广州市科学技术委员会顾问。在《山东中医杂志》第 6 期上发表自传体文章《万里云天万里路》。10 月，参加张仲景医圣祠修复落成典礼，并在中华全国中医学会仲景学说研讨会上作"《伤寒论》叙例辩"的大会发言。10 月 19 日，任卫生部高等医药院校中医专业教材编审委员会委员。12 月，任广州中医学院学位评定委员会委员。

1983 年 1 月，任人民卫生出版社《中医年鉴》编委会委员。在《中医杂志》第 2 期上发表文章《中医急诊术必须抢救》。在《北京中医学院学报》第 3 期上发表论文《外感病辨证统一小议》。4 月，在《新加坡中医学院第十八届毕业纪念特刊》上发表论文《心主神明论》。12 月，主编的《中医大辞典（基础理论分册）》获广东省高教局、科技成果奖二等奖。

1984 年 在《大自然探索》第 2 期上发表医论《中医学之前途》。3 月 18 日，以一个"中共党员中医"的名义写信给徐向前元帅。8 月，五灵止痛散通过广州市卫生局主持的技术鉴定，并于 1985 年获广州市科技进步奖四等奖。11 月，任中华医学会医史学会第二届委员会委员。

1985 年 2 月，在北京发起成立振兴中医基金委员会筹委会，并把五灵止痛散技术转让费 5 万元全部捐献给该委员会。4 月，任中华人民共和国卫生部药品评审委员会委员、广东省卫生厅药品评审委员会副主任委员。6 月，主编的《实用中医内科学》由上海科技出版社出版。在《新中医》第 10 期上发表论文《新技术革命与中医》。11 月，写信给广东省委、省政府，呼吁加强对中医工作的领导及管理，并在广东省振兴中医工作会议上发言，提出五点建议。

1986 年 1 月，开始撰写"耕耘医话"，谈几十年之医学见解及临床心得，在《新中医》第 1 期起连续刊登至 1990 年第 12 期，共计发表医

话 46 篇。6 月，任中华医学会广东分会医史学会主任委员。7 月
28 日，出席在吉隆坡举办的"第二届亚细安中医药学术大会"，做
专题报告"冠心病的辨证论治"。9 月，出席在日本举办的"东洋
医学研究会第四次日中中医学研究会学术会议"。9 月，国务院学
位评定委员会批准为中医内科学博士研究生导师。1987 年 3 月，
开始带中医内科学博士研究生。10 月，开始进行重症肌无力临床
研究与实验研究的科研工作。

1987 年　任中国中医研究院客座教授和辽宁中医学院荣誉教授。5 月，点校
中医古籍《岭南儿科双璧》，由广东高等教育出版社出版。在《新
中医》第 7 期上发表《中医发展的现状与问题——在全国中医战
略会议大会发言》。12 月，主编全国中医院校五版教材《中医诊
断学》，由上海科技出版社出版；主编高等医学院校教学参考丛书
《中医诊断学》，由人民卫生出版社出版。

1988 年　1 月，承担卫生部课题《中国医学通史》编写工作，任编审委员会
副主任兼近代史分卷主编。在《广州中医学院学报》第 2 期发表
论文《略论五脏相关取代五行学说》。5 月，著作《耕耘集》由上
海中医学院出版社出版。6 月，主编的《实用中医诊断学》由上海
科技出版社出版。

1989 年　1 月，撰写"温病专题讲座"，在《新中医》第 1 期起连续刊登至
1990 年第 11 期，共计 12 篇论文。9 月，出席泰国曼谷第三届亚
细安中医药学术大会，做题为"高血压的辨证论治"的专题报告。

1990 年　主编的《中医证候规范》正式出版。8 月 3 日，在吉林长春，八位
中医老教授联名写信给江泽民总书记。10 月 9 日，中共中央办公
厅、国务院办公厅信访局回函答复，同意加强国家中医药管理局
管理全国中医药工作职能的意见。10 月，出席人民大会堂"全国
继承老中医药专家学术经验拜师大会"，代表全国五百名老中医药

专家讲话。12 月 15 日，被聘为《中国大百科全书·传统医学卷》编辑委员会副主任、"治法治则"分支学科主编。主编的"治则治法"分卷于 1992 年 9 月由人民卫生出版社出版。

1991 年　2 月，主编的《中医名言录》获广东省中医药管理局"广东省中医药科学技术进步奖"二等奖。2 月 25 日，经广东省人民政府批准，受聘为广东省中医医疗事故技术鉴定委员会副主任委员。5 月，著作《邓铁涛医话集》正式出版，收集自 1986 年至 1991 年撰写的医话 56 篇。7 月，中共广州中医学院委员会颁发"邓铁涛同志入党三十三年，为党的事业做出了贡献"荣誉证书。8 月，被广东省中医药管理局聘任为广东省中医药科技专家委员会副主任委员。9 月，出席上海"全国中医基础学科建设及课程设置优化方案研讨会"并发表讲话。10 月 13 日，应邀在"首届中国广州国际中医药学术会议"上宣读论文《重症肌无力的辨证论治》。11 月 23 日，国务院决定从 1990 年 7 月起发给其政府特殊津贴。

1992 年　4 月，应美国加州大学医学院邀请，前往进行学术交流与临床会诊。4 月 5 日，被马来西亚中医专科研究院聘为内科专科研究生导师。5 月 14 日，主持的"脾虚型重症肌无力的临床和实验研究"成果获 1991 年度国家中医药管理局中医药科学技术进步奖一等奖。10 月，在广州中医学院设立"邓铁涛奖学金"，12 月进行首次颁奖。11 月，主持的"脾虚型重症肌无力的临床和实验研究"成果获国家科学技术进步奖二等奖。

1993 年　6 月，在广东省佛山市成立"邓铁涛中医药开发研究所"。9 月 8 日，受中共广东省委高校工委、广东省高等教育局、广东省教育厅、广东省人事局、广东省教育基金会等五个部门联合表彰，获"南粤杰出教师"称号。12 月，参加东江纵队 50 周年（1943—1993）纪念大会。12 月 8 日，被聘为广东省振兴中医药基金会会长，聘期 3 年。

1994 年　1 月 6 日，被聘为澳大利亚中医学院顾问。2 月，点校中医古籍《医碥》正式出版。12 月，点校中医古籍《子和医集》正式出版。

1995 年　3 月，出席在新加坡举办的国际传统医学与保健学术大会。12 月，著作《邓铁涛医集》正式出版。

1996 年　10 月，出席澳大利亚悉尼国际中医药学暨传统医学特色疗法学术交流大会，受聘为澳大利亚维多利亚中医中心永远名誉顾问。10 月 15 日，出席澳门国际中医药学术研讨会。10 月 26 日至 27 日，在马来西亚吉隆坡出席第五届亚细安中医药学术大会。

1997 年　11 月 29 日，广州中医药大学授予其"终身教授"荣誉称号。

1998 年　1 月，专著《邓铁涛临床经验辑要》正式出版。2 月 4 日，主编的《中医大辞典》获国家中医药管理局 1997 年度基础研究奖二等奖，12 月获国家科技进步奖三等奖。4 月 20 日，被加州执照针灸医师公会"中国医学研究院"聘任为高级学术顾问。8 月 11 日，起草并联名任继学等全国八位老中医写信给朱镕基总理。

1999 年　1 月，开始在《新中医》杂志撰写"铁涛医话"专栏。至 2001 年 3 月，共发表"铁涛医话"24 篇。8 月，主编的《中医近代史》正式出版。出席由国家中医药管理局主办的"第一期全国名老中医专家临床经验高级讲习班（长春）"。9 月 19 日，出席澳门国际中医药学术大会。12 月 1 日，受聘华南师范大学客座教授。

2000 年　1 月，主编的《中国医学通史·近代卷》正式出版。8 月，访问法国里昂 P4 安全实验室、巴黎血液病研究所。9 月 2 日至 4 日，在泰国曼谷出席第六届亚细安地区中医药学术大会。11 月 20 日与任继学等十名老中医上书李岚清副总理，建议纠正中医教育不以中医药学为中心的偏差。

2001 年　1 月至 8 月，在《新中医》杂志上撰写"铁涛医案"专栏，共发表 8 期作品。4 月 20 日，出席广东省中医院拜师国家名中医仪式暨门诊住院综合大楼奠基典礼。5 月 26 日至 28 日，出席由天津市人民政府和国家中医药管理局主办的中国（天津）首届中医药文化节，并做大会发言。6 月 29 日，应香港浸会大学邀请，出席"中医药前瞻国际会议"，并做题为"21 世纪中医药——万里云天万里路"专题发言。9 月 25 日，任中华中医药学会内科分会名誉主任委员。10 月 28 日至 29 日，"著名中医学家邓铁涛教授学术研讨会"在北京的人民大会堂举办。10 月，出席在北京举办的"第二期全国名老中医专家临床经验高级讲习班"并授课。10 月，中华中医药学会授予其特殊贡献奖。12 月 4 日，香港浸会大学授予其名誉理学博士学位，由香港特别行政区行政长官董建华颁发荣誉学位证书。12 月，开始为香港《明报月刊》"新医疗保健"专栏撰写文章，至 2005 年 12 月发表《防治流感中医有对策》，连续 4 年，共发表文章 18 篇。

2002 年　6 月，广西中医学院刘力红一行就开办传统中医班事项咨询采访邓铁涛。10 月 12 日至 13 日，出席香港大学举办的"第二届庞鼎元国际中医药研讨会"，受聘香港大学名誉教授。10 月 21 日至 26 日，应上海市卫生局邀请，出席第三期"全国名老中医专家临床经验高级讲习班"并授课。11 月，出席"2002 穗港澳台中医药养生保健（广州）论坛"，交流论文《八段锦与健康》。

2003 年　3 月 18 日，经验方制剂"强肌健力口服液"获国家药品监督管理局药物临床研究批件。4 月 8 日，受聘广东省河源市金源绿色生命有限公司智囊团顾问。4 月 26 日，写信给胡锦涛总书记。5 月 1 日，论著《论中医诊治非典》公开发表。5 月 5 日，国家中医药管理局任命邓铁涛为专家顾问组组长。7 月，中国科学技术协会授予其"全国防治非典型肺炎优秀科技工作者"。7月15日，中华中医药学会授予其"中医药抗击非典特殊贡献奖"。9月1日，受聘香港浸会大学中医药学院"荣誉教授"。9月23日至28日，在陕西西安参加第四期"全国名老中医专家临床经验高级讲习班"并授课。9月26日，受聘世界中医药学会联合会第一届高级专家顾问委员会委员。10月15日至21日，在肇庆市出席由肇庆市人民政府、美国世界中医药学针灸协会主办的"2003国际中医药学论坛大会"。获大会最高荣誉奖"杏林之光"。11月8日，广州中医药大学邓铁涛研究所成立。11月8日至14日，出席在广州举办的第五期"全国名老中医专家临床经验高级讲习班"并授课。11月19日，担任第219次北京香山科学会议执行主席，做主题评述报告《为中医药之发展架设高速公路》。12月5日，担任国家中医药管理局中医药继续教育委员会优秀中医临床人才研修项目专家指导委员会主任委员。

2004年 1月，主持"中国医学通史的研究与编撰"获2003年度中华中医药学会科学技术奖一等奖。3月18日至20日，参加香港大学中医药学院教材评审。3月21日至27日，出席香港理工大学第六期"全国名老中医专家临床经验高级讲习班"，在开幕式发表"21世纪中医药腾飞"讲话，并进行首场授课。4月，受聘广西中医学院名誉教授。12日至19日前往授课。13日面向全校学生讲授"正确认识中医"。14日面向全校教师讲座"寄语21世纪青年中医"。5月10日至11日，在广州中医药大学出席全国非医学专业本科毕业生攻读中医学研究生培养工作研讨会，并做报告"非医攻博的教育问题"。5月，主持的"中医近代史研究"成果获广东省科学技术奖励二等奖。7月，受聘中华中医药学会终身理事。8月8日，担任广东省中医药学会疑难病专业委员会第一届委员会主任委员。9月4日至6日，出席香港注册中医学会和中华中医药学会名医学术思想研究分会在香港举办的"国际中医药学术交流大会"，担任大会学术委员会主任委员。9月10日，被全国科技名词审定委员会、中国中医研究院聘为第二届中医药学名词审定委员会顾问。9月18日至19日，出席香港中西医结合学会、广东省中医药学会热病专业委员会在香港举办的"香港中西医结合防治传染病（热病）研讨会"，担任大会名誉主席，做首场专题报告"论中医诊治传染病"。10月19日，出席在杭州举办的第七期"全国名老中医专家临床经验高级讲习班"，并授课。10月20日，在浙江省中医药管理局主持的"全国名中医专家拜师会"上，浙江省中医院呼吸生理研究中心主任骆仙芳拜邓铁涛为师。10月，科技部主管的重要刊物《科技中国》发表邓铁涛特稿《治疗 SARS：中医药无可取代》。10月28日，为"邓铁涛学术思想国际研讨会"交流材料《日本专家讲稿汇编》作序。11月6日，《中国医药报》刊载《古老中医学"牵手"高科技》一文，专题报道光学家刘颂豪院士与中医学名宿邓铁涛共同开创"光子中医学"。11月8日，会见到广州中医药大学"研修旅行"的日本东洋出版社的山本胜司等人。11月17日，受聘广东省中医药学会终身理事。11月18日至19日，"邓铁涛学术思想国际研讨会"在广州召开。12月2日，出席广东省中医院第四批拜师全国名老中医大会。同日，牵头全国名老中医代表写信给温家宝总理，建言组织实施系统调研以推动中医药深化改革发展。12月6日，受聘"第十一届中日健康学术研讨会"组委会中国委员。12月11日，出席香港中药学会第二届理事会就职典礼暨"中药发展之思考"研讨会，受聘为荣誉顾问，做专题报告"中药发展之思考"。12月18日，在广州出席中华中医药学会主办的第五期全国经方运用高级研修班并授课。

2005 年　4 月 1 日至 3 日，应邀任澳门"2005ISCM 国际中医药学术会议"主讲嘉宾，因故未能出席，委托莫飞智代表宣读专题报告"光子中医学与新世纪的中医学"。4 月 8 日，至广东省中医院会诊凤凰卫视主持人刘海若。出席广东省中医院脑血管病中心成立典礼暨"脑血管病外科治疗新进展学习班"并授课。4 月 13 日至 15 日，在郑州出席"中医药治疗艾滋病研讨会"并授课。4 月 17 日至 18 日，在北京中国科技会堂出席由中国软科学研究会、中华中医药学会、中国系统工程学会、中国中医药研究促进会联合主办的"新时期中医药发展战略与政策论坛"，并做大会报告。报告全文"继往开来，开创中医学发展新局面"被《中国软科学》刊登发表。4 月 27 日，在人民大会堂参加国家中医药管理局主办的"全国名老中医首批献方大会"，献出"加味珍凤汤"。5 月 10 日至 12 日，担任香山科学会议第 253 次学术讨论会执行主席，做中心议题报告"中西医结合的方向"。5 月 20 日，在广州出席广东省中医药学会疑难病专业委员会第一次学术会议暨"全国内科疑难病诊治高级研讨班"，首场授课"中医与未来医学"。6 月 17 日，出席"全国四大经典课程教学骨干教师培训班"并讲话。6 月 28 日至 30 日，出席中华中医药学会与南通市政府主办的"著名中医药学家学术传承高层论坛"代表老中医药学家发言，参与点评、答疑、解惑。7 月 1 日，被聘为国家重点基础研究发展计划（973 计划）"中医基础理论整理与创新研究"项目首席科学家。7 月 15 日，聘为 973 计划中医理论基础研究专项专家组组长。7 月 22 日，广东省委书记张德江接见邓铁涛，听取建设广东中医药强省意见。10 月 26 日，受聘广西中医学院经典中医临床研究所名誉所长。10 月 29 日，就禽流感问题建言，写信给广东省委书记张德江。11 月 2 日，在广州中医药大学大学城校区召开国家 973 计划中医基础理论研究专项"中医五脏相关理论继承与创新研究"课题实施启动会。11 月，《实用中医诊断学》获中华中医药学会科学技术（著作）奖三等奖。"中医近代史研究"获中华中医药学会科学技术奖二等奖。12 月 14 日，出席全国中医临床优秀人才第八期培训班并讲话。12 月 24 日，广东省中西医结合学会授予其特别贡献奖，受聘为终身理事。

2006 年　2 月 15 日，邓铁涛连同吕玉波写信给广东省委副书记蔡东士，建议将《中国中医药报》连载的一部小说《药铺林》拍摄成电视剧。3 月 18 日，为广州中医药大学医学求益社讲课"继承国医不忘历史"。3 月 29 日，出席广东省中医药局"广东省中医工作会议"。6 月，受聘中国中医科学院首届学术委员会主任委员。7 月 24 日，出席"落实中医药强省战略部署全面推进河源五指毛桃产业建设研讨会"并发言。10 月 21 日，出席广东省中医药学会中医诊断委员会成立大会暨中医诊断学术研讨会。12 月 20 日，荣获中华中医药学会首届中医药传承特别贡献奖。12 月 20 日，出席第二届"著名中医药学家学术传承高层论坛"并讲话。

2007 年　6 月 25 日，入选首批国家级非物质文化遗产传统医药"中医诊法"项目代表性传承人。9 月 15 日，出席第八次全国中西医结合心血管病学术会议开幕式并发言。9 月 22 日，出席第三届世界中西医结合大会开幕式。11 月 26 日至 27 日，出席第三届著名中医药专家学术传承高层论坛暨全国首届中医药传承高徒奖颁奖典礼。

2008 年　1 月 23 日，国家中医药管理局聘其为"治未病"工作顾问。4 月 15 日，获世界中医药学会联合会"王定一杯"中医药国际贡献奖。9 月 8 日，受聘同济大学"中医大师传承人才培养计划项目"特聘教授及导师。

2009 年　3 月 15 日，被美国 2009 中医药发展五洲论坛暨美中第三届国际中医药学术研讨会授予终身成就奖。5 月 13 日，人力资源和社会保障部、卫生部、国家中医药管理局授予其"国医大师"荣誉称号。6 月，获中华中医药学会终身成就奖。7 月 15 日，主持"中医五脏相关理论基础与应用研究"，获广东省科学技术奖励一等奖。11 月 30 日受聘中国中医科学院荣誉首席研究员。

2010 年　6 月，《千年中医》——首批"名医"系列邓铁涛专辑开拍。国家中医药管理局支持，中国中医科学院和"中国千年文化工程"联合摄制。

2011 年　6 月 14 日至 18 日，美国人类学家艾理克博士第三次采访邓铁涛。7 月 1 日，中共广东省委颁发"南粤七一纪念奖章"。7 月 22 日，国家中医药发展论坛（"珠江论坛"）第四届学术研讨会在白云国际会议中心召开。邓铁涛视频发言。

2012 年　1 月 1 日，《中医基本理论》由科学出版社出版。11 月，国家中医药管理局为其颁发《中国中医药年鉴》工作特别贡献奖。11 月 12 日，出席由国家中医药管理局、广东省中医药局主办的"国医大师邓铁涛教授学术经验研修班"并做特别报告。12 月 16 日，接受"文化广东"节目组的采访和拍摄。

2013 年　7 月 24 日，北京中医药大学校长徐云龙教授到访咨询。8 月 1 日，主编高等医药院校教材《中医诊断学》第 3 版，第 48 次印刷，由上海科技出版社出版。10 月 27 日，香港注册中医学会到访，邓铁涛为"中医经典与临床学术研讨会"录制视频讲话并题词。11 月 19 日，接受广东邓铁涛凉茶药业集团有限公司采访。12 月 3 日，受聘"王老吉文化研究会名誉会长"。12 月 19 日，接受中国中医科学院访谈。

2014 年　1 月，《邓铁涛医话集》由中国医药科技出版社出版。7 月 3 日，向广东省档案馆捐赠档案。8月15日，不赞成关于首乌限量使用规定，亲笔致信广东中医药局。8月26日，南武中学校长、校友会会长到访。为母校南武中学2015年校庆110周年录制视频讲话，并题词祝贺。10月1日，《邓铁涛新医话》（国医大师亲笔真传系列）正式出版。11月8日，"国医大师邓铁涛学术思想暨中医五脏相关理论研讨会"在广州白云国际会议中心召开。11月28日，"国医大师邓铁涛向广东中医药博物馆捐赠仪式"在家中举办。12月11日，再次向广东中医药博物馆捐赠。

2015年　1月8日，越南留学生会代表拜访邓铁涛。2月9日，致信王国强副部长，指出"医疗航母"不是中国医改方向。3月，题字祝贺广州潘高寿药业125周年庆。4月16日，题字祝贺《朱良春医学全集》出版——"良医良师传薪火，春风春雨育英才"。7月30日，首届国医大师邓铁涛教授赠书活动在邓铁涛研究所举办。8月，《医碥》和《子和医集》先后由人民卫生出版社重刊。9月21日，题字纪念黄耀燊教授100周年诞辰。9月20日，与首届"铁涛班"学生见面并合影。

2016年　1月5日，为中国中医科学院拍摄《百年中医传承录》题写片名。4月19日，在家中会见广东科技出版社社长，受聘为《岭南中医药精华书系》总主编。6月1日，"强肌健力合剂"取得广东省食品药品监督管理局医疗机构制剂注册批件。8月24日，视频讲话致"第三届中医科学大会"。

2017年　12月，邓铁涛主编，郑洪执行主编的《中国养生史》由广西科学技术出版社出版。12月29日，获首届北京中医药大学"岐黄奖"。

2018年　2月6日，将首届"岐黄奖"奖金悉数赠予广州中医药大学第一附属医院开展中医药防治心血管疾病和重症肌无力的研究。

2019年　1月10日，清晨6时6分邓铁涛安然长逝。1月16日上午10时

扫码看视频

2009 年 11 月 9 日，邓铁涛在"传统医药国际科技大会校长论坛"所做报告——《中医药与世界传统医药发展》

30 分邓铁涛同志遗体告别仪式在广州殡仪馆白云厅举行。1 月 16 日下午 3 时，广东省中医药学会在广州珠岛宾馆岭南厅举行"国医大师邓铁涛追思与学术传承座谈会"。9 月 29 日，人力资源和社会保障部、国家卫生健康委、国家中医药管理局追授邓铁涛"全国中医药杰出贡献奖"。

2021 年 6 月 28 日，中共中央追授邓铁涛"全国优秀共产党员"荣誉称号。

参考文献

[1] 邓铁涛.耕耘集 [M].上海：上海中医学院出版社,1988

[2] 邓铁涛.岭南医学文集 [C].广州：中华医学会广东分会、中华全国中医学会广东分会,1988

[3] 广州中医药大学第一附属医院.邓铁涛教授从医从教六十三周年纪念册 [G].广州：广州中医药大学第一附属医院,1999

[4] 邓铁涛.中医近代史 [M].广州：广东高等教育出版社,1999

[5] 周毅，李剑，黄燕庄.国医大师邓铁涛 [M].广州：广东科技出版社,2004

[6] 邓中光，郑洪，陈安琳.邓铁涛寄语青年中医 [M].北京：人民卫生出版社,2004

[7] 邓中光，陈安琳.国医大师邓铁涛之"铁杆中医"说 [G].广州：广东省发展中医药事业基金会、广州中医药大学邓铁涛研究所,2009

[8] 邓中光，陈安琳，郑洪.邓铁涛审定中医简便廉验治法 [M].北京：人民卫生出版社,2009

[9] 刘小斌，郑洪，靳士英.岭南医学史·上 [M].广州：广东科技出版社,2010

[10] 刘小斌，陈安琳.中华中医昆仑·邓铁涛卷 [M].北京：中国中医药出版社,2011

[11] 刘小斌，郑洪.岭南医学史·中 [M].广州：广东科技出版社,2012

[12] 陈安琳，邓中光，邱仕君.国医大师邓铁涛墨迹 [M].广州：花城出版社,2012

［13］ 刘小斌,陈凯佳.岭南医学史·下 [M].广州:广东科技出版社,2014

［14］ 邓铁涛.邓铁涛医话集 [M].北京:中国医药科技出版社,2014

［15］ 邓中光.邓铁涛新医话 [M].北京:中国医药科技出版社,2014

［16］ 邓中光,陈安琳.缘:我与国医大师邓铁涛 [M].广州:花城出版社,
2019

后　记

　　走进邓铁涛纪念馆，书房里一卷《中医与未来医学》墨宝尚未完成，书桌上的羊毫毛笔仍凝着墨迹，仿佛这位"铁杆中医"刚刚走开，出远门会诊某个急症患者。书架上陈列的一册册泛黄的手稿，字迹遒劲如刀刻，记录着中医命运的惊心动魄。这一方书房，既是个人生命的注脚，亦是百年中医历史的缩影。

　　邓铁涛的传奇，始于1932年广东中医药专门学校的青衫学子，他的一生，是中医存亡绝续的见证。邓铁涛的传记，本质是一部"中医现代突围史"，他留给后世的不仅是62张验方，更是一种文化自觉。抗战期间以行医掩护地下工作，"非典"时87岁挂帅出征，他将"悬壶济世"与"家国情怀"熔铸一体。他主张用现代语言诠释古老智慧，推动中医理论研究参与国家973计划，一次次以临床实证回应质疑。他嘱托最大遗产是"仁心仁术为人民服务"，以"生是中医人，死是中医魂"的挽联，诠释何为大医精诚。

　　当新冠疫情再次验证"中西医并重"的战略价值，当人工智能技术开始解析和运用中医经典理论和思维，我们愈发理解他"血荐岐黄"的果敢与勇毅，理解他以追求"经得起考验的社会效益"为"铁涛理想"的深意。他用一生提醒我们：中医不仅是"中国的医学"，更是"人类的医学"。

　　本书的写作，以邓老的自传体文章《万里云天万里路》为主线，以2004年周毅、李剑、黄燕莊所著《国医大师邓铁涛》为补充，在刘小斌、陈安琳撰写的《中华中医昆仑·邓铁涛》传记的基础上，由主编单位广州中医药大学第一附属医院和广州中医药大学邓铁涛研究所组织编委会再次创作而成。编撰过程，得到陈文锋、邝卫红、李俊、徐志伟、吕玉波、古展群、胡延滨、黄绍刚、吴伟、邹旭、李剑、黄燕莊、陈瑞芳、程宾、郜洁、邓彦等领导和专家的大力支持和悉心指导，黄子天、杨晓军、陈凯佳、王晓燕、方一静、邝秀英、刘成丽、刘淑婷、江其龙、孙海娇、李荣、李培武、陈斌、晏显妮、常少琼、梁翘楚等一批邓铁涛再传弟子及同仁参与了编写工作。刘小斌、邱仕君和邓中光三位老师无偿承担了书稿的主审工作。感谢广州中医药大学、广州中医药大学第一附属医院对该书宣传推广工作的大力支持。本书是致敬邓老之作，是集体智慧的结晶，在此，谨向所有协作者致以诚挚的感谢。

窗外木棉正红，热烈如同邓老的中医梦。邓铁涛的名字，已化作中医史上的一座丰碑，而碑文的注解，将由每一位岐黄后学共同书写。

"大梦谁先觉？平生我自知。"——这或许正是对邓老最好的告慰。

《悬壶济世：邓铁涛》编著者

2024 年 11 月